区域耕地数量控制与
质量提升实践

孔祥斌 著

科学出版社
北京

内 容 简 介

本书依据区域耕地资源禀赋特点，结合土地资源学、土地经济学、资源经济学等众多学科知识，从耕地数量质量管理的技术创新出发，针对区域耕地资源数量质量管理中出现的问题，准确把握耕地数量质量并重管理的需求，秉承研究来源于实践、服务于实践的宗旨，通过 10 年的系统研究，建立适合我国区域耕地资源数量质量并重管理的科技支撑体系。

本书可作为土地利用与保护领域技术人员、研究人员及管理人员的技术指导用书，也可作为高等院校相关专业师生的参考用书。

图书在版编目(CIP)数据

区域耕地数量控制与质量提升实践 / 孔祥斌著. —北京：科学出版社，2014.1

ISBN 978-7-03-039533-7

Ⅰ.①区… Ⅱ.①孔… Ⅲ.①耕地管理–研究–中国 Ⅳ.①F323.211

中国版本图书馆 CIP 数据核字（2014）第 006751 号

责任编辑：林 剑 / 责任校对：宣 慧
责任印制：赵德静 / 封面设计：耕者工作室

科 学 出 版 社 出版
北京东黄城根北街 16 号
邮政编码：100717
http://www.sciencep.com

强 生 印 刷 厂 印刷
科学出版社发行 各地新华书店经销

*

2014 年 1 月第 一 版 开本：720×1000 1/16
2014 年 1 月第一次印刷 印张：19 1/2
字数：400 000

定价：118.00 元
（如有印装质量问题，我社负责调换）

主要参加人员

孔祥斌　　赵　晶　　李翠珍　　秦　静

张青璞　　谭　敏　　刘　怡　　林　晶

王　健　　董　涛　　李　涛

作 者 简 介

孔祥斌，中国农业大学土地资源管理系教授。2003 年至今从事中国耕地资源利用与保护的研究工作。2011~2012 年先后两次到美国俄亥俄州立大学做访问学者。

截至 2013 年年底，累积发表学术论文 110 多篇，其中 SCI/EI 收录 30 多篇；在《中国土地科学》《资源科学》《地理学报》《自然资源学报》《地理科学进展》等刊物发表论文 70 多篇；先后接受《国土资源部报》、South China Morning Post、《科学时报》记者约稿，发表我国耕地利用与保护方面的相关文章 30 多篇。独立完成《区域农户土地利用转型对耕地质量的影响》《大都市区域耕地利用与保护》《华北集约化农区土地利用变化及其可持续研究》3 部专著，主编了研究生教材《土地资源利用与保护》，参编教材 5 部，撰写国家级及北京市、天津市、重庆市等省部级区域耕地资源利用与保护研究报告 20 多部。

其中，学术专著《大都市区域耕地利用与保护》获得 2010 年北京市哲学社会科学成果二等奖。科研项目中"大都市区耕地多功能保护理论与技术集成研究"（副主持人）获得了国土资源部 2010 年国土资源科学技术一等奖，"北京山区土地利用变化规律及持续持续模式研究"获得 2009 年北京市科技进步三等奖；参与的科研项目"全国耕地质量等级调查与评定"获得国土资源部 2012 年国土资源科学技术奖一等奖。

2003 年至今被聘为国土资源部农用地分等专家、补充耕地数量质量等级折算专家、农用地产能核算专家、国土资源部土地利用规划专家、国土资源部土地集约利用评价专家，北京市、上海市、重庆市和天津市耕地质量利用与保护专家。2010 年被聘为农业部"耕地质量利用与建设"专家，2013 年被聘为"国土资源部专家评论员"。

前 言

我国是一个拥有十三多亿人口的大国，要养活约占世界四分之一的人口，保证国家粮食安全，就必须保证相当数量和质量的耕地资源。可以说，耕地资源数量控制与质量提升不仅关系到我国粮食安全，也是关系到整个社会可持续发展的全局性战略问题。土地资源要满足我国的全球化、工业化、城市化、气候变化、粮食安全、农村安全等多种需求，而这些都对耕地数量的控制和质量的提升提出了压力和挑战。要化解这些矛盾和压力，应对挑战，必须提出新的应对思路和技术方法。

为了保证耕地数量不减少，我国实行了全世界最严格的耕地保护制度，耕地总量动态平衡。而"耕地占补平衡"作为耕地资源保护的一种平衡机制，在保护耕地数量的同时，其负面影响也在不断增加，就是仅考虑耕地数量的占补平衡，难以保障耕地的质量，因而迫切需要建立数量与质量同时考虑的补充耕地的设计技术与方法。在城市化进程中，大量的优质耕地资源转化为建设用地，迫切需要对这些优质土壤资源的价值进行核算，采取移土造地的方法，补充耕地，提高补充耕地的质量。都市农业的快速发展，使得耕地资源的利用控制更加需要深入的研究和探索，需要通过对具体地块的耕地资源进行设计，才能满足现代农业、都市农业发展的用地需求，同时使耕地资源得到有效保护。在耕地资源实际的保护主体缺失的条件下，如何寻求增加效益和持续利用农田进行平衡，需要进行技术和政策创新，为都市农业发展提供条件。我国的耕地资源保护采用行政手段一刀切的大一统的保护策略，如何平衡不同的利益主体的需求，特别是农户、村、乡镇集体增加耕地保护的动力，迫切需要设计耕地资源保护的补偿机制。

现有的耕地占补平衡技术存在的问题以及原有的耕地资源管理技术重视耕地的数量控制，缺乏对提升耕地质量的技术研究，从而导致了耕地资源管理出现了极大的问题，这些问题已经影响了我国耕地资源的可持续利用。因此，耕地保护必须从仅重视耕地数量的管理转移到耕地数量质量并重管理上来，并对耕地数量控制质量提升技术进行创新：从以耕地数量控制为主，耕地质量建设缺少，转移到耕地数量控制与耕地质量提升并重的技术上来；从重视耕地保护的行政控制转化到多种方法包括经济手段的应用上来；从仅重视补充耕地数量转化到耕地数量质量并重的技术上来；从仅重视区域尺度的耕地控制技术转移到从区域到村级多种尺度下耕地质量提升技术创新上来；从建设占用优质耕地表层土壤管理的技术缺失到建设占用优质耕地土壤管理技术创新上来。

在近 10 年的不断求证、研究过程之中，我们先后承担了北京市、天津市、重庆市、上海市等多个区域的耕地数量控制和质量提升技术方面的研究与实践。我们完成了北京市耕地保护专题研究，北京市移土造地研究，天津市土地开发潜力研究，重庆市耕地与基本农田保护研究，北京市补偿耕地数量质量按等级折算研究，北京市耕地保护补偿机制研究，首都都市型现代农业用地规模及附属设施用地控制标准研究，海淀北部新区农村居民点整理模式、布局及其对策研究，房山区耕地和基本农田保护专题研究等研究，有着丰富的耕地数量控制与质量提升方面的实践经验，在研究中，形成了完善的区域耕地数量控制与质量提升技术方法。

本书依据区域耕地资源禀赋的特点，结合土地资源学、土地经济学、资源经济学等众多学科知识，从耕地数量质量管理的技术创新出发，针对区域耕地资源数量质量管理中出现的问题，提出区域耕地数量控制和质量提升的关键技术创新。

全书分为 6 个部分，15 章。第 1 部分对区域耕地数量控制与质量提升的相关理论进行简单的概括和总结。第 2 部分从 2~4 章重点介绍了区域耕地数量补充和数量控制实践技术，包括区域未利用地补充耕地潜力评价技术、区域农村居民点整理补充耕地潜力评价技术、区域耕地保有量测算技术。第 3 部分从 5~8 章重点介绍了区域耕地质量提升和保护的相关技术、机制与对策。区域耕地质量提升技术包括区域耕地质量提升潜力测算技术、区域耕地资源和耕地表土资源价值测算技术、区域耕地表土剥离与覆土技术、区域补充耕地数量质量等级折算技术。第 4 部分和第 5 部分重点介绍了区域耕地与基本农田布局优化和预警技术。第 6 部分主要介绍了耕地数量质量控制与提升的保障机制，包括耕地保护经济补偿标准测算技术等。

区域耕地资源数量质量控制与提升技术，准确把握耕地数量质量并重管理的科技支撑需求，秉承理论来源于实践、服务于实践的宗旨，通过 10 年的系统研究，建立起适合我国国情的区域耕地资源数量质量并重管理的科技支撑体系；同时将这些成果研究与耕地资源保护的需求进行紧密结合，为国土资源部门的相关管理提供全面、系统、长期的技术支撑，使区域耕地资源数量质量控制与提升技术在国家、省市、区县多尺度得到了广泛的应用，取得了显著的社会效益和经济效益。

本书是在课题组承担的国家科技支撑项目以及为国土资源部及北京市、天津市、上海市等地的国土资源局进行专题研究报告基础上形成的。完成耕地数量控制与质量提升的研究，正是顺应了国土资源管理的需求，本书是各级国土资源管理者智慧的结晶。在这里要感谢国土资源部耕地保护司，北京市、天津市、重庆市、上海市等地的国土资源局的相关领导、专家及同行的大力支持、悉心指导和鼎力帮助。

鉴于耕地数量控制与质量提升问题的系统性、复杂性、集成性以及作者知识、能力及研究水平有限，书中难免存在不妥与疏漏之处，还请读者给予批评和指正。

孔祥斌

2013 年 8 月

目　　录

第 1 部分　区域耕地数量控制与质量提升的理论基础

1 区域耕地数量控制与质量提升理论基础 ··· 3
　1.1 我国耕地资源分布的空间差异性特征 ··· 3
　1.2 相关理论基础 ·· 10
　1.3 耕地保护理念创新 ·· 15

第 2 部分　区域补充耕地潜力评价与数量控制技术

2 区域未利用地补充耕地潜力评价技术 ·· 23
　2.1 北京市未利用地开发补充耕地潜力评价 ··· 23
　2.2 天津市未利用地开发补充耕地潜力评价 ··· 32
　2.3 房山区未利用地开发补充耕地潜力评价 ··· 44
3 区域农村居民点整理补充耕地潜力评价技术 ······································· 48
　3.1 天津市农村居民点整理补充耕地潜力评价 ······································ 48
　3.2 海淀北部地区农村居民点整理补充耕地潜力评价 ····························· 53
4 区域耕地保有量测算技术 ·· 61
　4.1 房山区耕地保有量测算 ·· 61
　4.2 重庆市耕地保有量测算 ·· 76
　4.3 北京市耕地保有量测算 ·· 84

第 3 部分　区域耕地质量提升技术

5 区域耕地质量提升潜力测算技术 ·· 91
　5.1 基于生产能力的天津市耕地质量提升潜力测算 ································· 91
　5.2 基于质量优先的北京市未利用地宜耕性质量评价 ····························· 96
　5.3 基于质量优先的房山区未利用地宜耕性质量评价 ····························· 99
　5.4 北京市基本农田保护区内耕地等别提升潜力评价 ····························· 100
6 区域耕地资源和耕地表土资源价值测算技术 ······································· 112
　6.1 耕地资源与表土资源功能价值的区别与联系 ·································· 112

6.2　耕地资源价值测算——以北京市为例 ················· 116

6.3　表土资源价值测算——以大兴区、通州区为例 ················· 120

7　区域耕地表土剥离与覆土技术 ················· 126

7.1　表土剥离和覆土区的空间匹配分析 ················· 126

7.2　表土剥离和覆土的技术环节 ················· 128

7.3　表土剥离和覆土的工程类型 ················· 130

8　区域补充耕地数量质量等级折算技术 ················· 133

8.1　上海市崇明县耕地占补平衡等级折算系数的制定 ················· 133

8.2　北京市补充耕地数量质量等级折算系数的验证技术 ················· 158

第4部分　区域耕地与基本农田空间布局优化、划定与设计技术

9　区域耕地空间布局优化技术 ················· 163

9.1　北京市耕地空间布局优化方案 ················· 163

9.2　房山区耕地空间布局优化 ················· 166

10　区域基本农田划定技术 ················· 173

10.1　北京市市级基本农田保护区划定 ················· 174

10.2　大兴区基本农田划定 ················· 176

10.3　房山区基本农田保护区划定 ················· 187

10.4　滦县新兴矿区基本农田划定 ················· 189

11　区域项目区优质耕地设计技术 ················· 201

11.1　项目区耕地利用功能分区设计 ················· 201

11.2　项目区工程设计 ················· 203

第5部分　区域耕地预警技术

12　区域耕地预警技术 ················· 221

12.1　村镇耕地资源利用安全预警体系的建立 ················· 221

12.2　预警结果分析 ················· 226

第6部分　耕地数量质量控制与提升的保障机制

13　耕地利用经济过程分析和耕地保护经济补偿标准测算技术 ················· 233

13.1　当前耕地资源价值的实现程度分析 ················· 233

13.2　耕地利用的经济过程分析技术 ················· 234

13.3　耕地转为建设用地的经济过程及其收益分析 ················· 238

13.4　集体土地流转过程中乡镇府和村集体的收益分析 ················· 250

13.5　耕地保护补偿标准测算技术 ……………………………………… 254

14　耕地保护补偿资金需求测算技术和资金分配技术 ……………… 259

14.1　耕地保护补偿资金的需求测算 …………………………………… 259

14.2　方案对比分析 ……………………………………………………… 266

15　都市型现代农业用地及其附属设施用地控制技术 ……………… 267

15.1　都市型现代农业用地在土地利用与管理中存在的问题 ………… 267

15.2　都市型现代农业用地类型及其附属设施用地类型的划分技术 …… 269

15.3　都市型现代农业用地分区控制技术 ……………………………… 272

15.4　都市型现代农业用地控制规模和附属设施用地控制标准 ……… 277

参考文献 ……………………………………………………………………… 290

附录 …………………………………………………………………………… 294

第1部分

区域耕地数量控制与质量提升的理论基础

1 区域耕地数量控制与质量提升理论基础

1.1 我国耕地资源分布的空间差异性特征

耕地作为一种资源，与货币资本、劳动力要素等市场化要素具有重要区别。经济学上的耕地往往与货币、劳动力等生产要素结合更加紧密，只是一个数量上的概念，在经济学家的角度看来，任何耕地具有同样的功能。作为进行粮食生产的重要因素，耕地资源现实生产能力取决于光照、温度、降水、坡度、土壤、作物品种、灌溉、排水条件和农户的投入积极性等众多因素，由于我国自然条件差异巨大，耕地的粮食生产保障能力差异巨大，因此，谈耕地资源利用与保护，必须从耕地资源分布的空间特征出发，从耕地资源是承载作物生产力的要素的空间出发，否则，失去这个生产力承载的空间，粮食生产就无从谈起，粮食安全就无法保障。

1.1.1 我国自然资源条件差异特征

1.1.1.1 气候条件空间差异特征

我国境内有平原、丘陵、盆地、高原、山地等各种地貌类型，大部分地区相对高差大，气候状况在东西南北、高低上下各个方向都有变化。

1) 纬度地带性强，南北热量相差悬殊

我国自南向北有南热带、中热带、北热带、南亚热带、中亚热带、北亚热带、南温带、中温带、北温带九个气候带（温度带），热量由南向北递减。最南部的南热带（赤道热带），主要包括南海中的一些岛屿，热量资源十分丰富，年平均气温高于25℃，最热月平均气温28~29℃，最冷月平均气温不低于20℃，年较差5~8℃，>0℃积温9300℃左右，长夏无冬。而最北部大兴安岭北端的北温带，年平均温度为-5~-2℃，最热月平均气温18~20℃，最冷月平均气温达-31~-26℃，冬长无夏。这就是说，受地理纬度的影响，我国南北年平均气温差 27~30℃，最冷月平均气温差 50℃，>0℃积温差 7000℃左右，差别十分显著。温度差异使我国的耕地资源在利用上形成了一年一熟、一年两熟和一年三熟等多种耕作制度。

2）距海远近不同，东西干湿差异大

我国位于太平洋西岸，西南距印度洋也不远。受东南季风和西南季风的影响，从沿海向内陆湿度逐渐减小，降水量越来越少。东南沿海的福州、广州一带，大气年平均水汽含量为 1900~2200 帕，年平均相对湿度为 77% 左右，年降水量为 1300~1700 毫米；而西北内陆新疆的吐鲁番、哈密一带，年平均水汽含量为 500~800 帕，年平均相对湿度为 40% 左右，年降水量仅 15~35 毫米。自东南向西北，有湿润、半湿润、半干旱、干旱和极干旱地区，相应的天然植被有森林、森林草原、典型草原、荒漠草原等类型。这些差异，形成了我国以 400 毫米为特征的降雨线分布特征，从而形成了胡焕庸线。在胡焕庸线以东，降雨量超过 400 毫米，包括了中国东部区域的东北平原区、华北平原区、长江中下游平原区和江南丘陵区以及珠江三角洲，这些区域是中国耕地资源分布最为集中、质量最为优越的区域。而在 400 毫米降雨量以西，则是高原、沙漠，是中国的农牧交错带，是中国牧业发展的重点区域。因此，东西差异，是造成中国耕地质量空间差异的一个重要因素。

1.1.1.2 光照条件空间差异特征

我国全年太阳总辐射量的分布具有显著的地区差异，其基本规律是西部多于东部，干燥地区多于湿润地区，高原多于平原。年太阳总辐射量 586 000 焦耳/平方厘米等值线大致从大兴安岭西麓向西南延伸至云南和西藏的交界处。此线东南部由于阴雨天气多，日照少，年太阳辐射总量小于 586 000 焦耳/平方厘米；此线西北部的干旱、半干旱地区，晴天多，云量少，年太阳总辐射量一般都大于 586 000 焦耳/平方厘米。

太阳总辐射量年内变化的规律是夏季最多，冬季最少，春季多于秋季。月总辐射量最大值和最小值出现的时间也有明显差异。全国大部分地区月总辐射量最大值一般出现在 4~8 月，最小值多出现在 12 月。因各地情况不同，具体出现时间也有差异。冬季，西藏东南部为全国太阳辐射高值区，川黔、湘西一带形成低值中心。春季，西藏东部和内蒙古为太阳辐射高值中心；在长江和珠江之间，由于阴雨太多，形成低值区。秋季，低值中心位于川黔之间，夏季则出现在西南季风影响强烈的云南高原西部。光照条件的差异对播种作物的种类影响显著。

1.1.1.3 降水条件空间差异特征

根据降水量的分布状况，我国降水资源可分为三大类地区：①西北干旱地区。该地区降水总量不能满足农作物最低限度的需求，必须依靠灌溉，降水只对农作物需水起部分补充作用。②秦岭—淮河以北的北方地区。该地区从降水量多年平均值来说，能满足一季旱作物的需要；但降水季节分配不均，夏雨集中，且多暴雨，多数时间缺水，冬春干旱和夏秋洪涝交替出现，降水变率也大，保证率不高，需采取蓄、排、引、溜等水利措施才能实现农业的稳产、高产。③秦岭—淮河以南的南方地区。该地区降水量一般能满足水旱作物的需求；但降水时段往往不与作物需水时段相吻合，特别是在推广双季稻三熟制的情况下，天然降水总不能适时满足作物的水分需求，必须相应的采取水利措施。

1.1.2 我国社会经济条件差异特征

1.1.2.1 我国人口分布特点

我国人口地区分布的总特点是东部多，西部少；平原、盆地多，山地、高原少；农业地区多，林牧业地区少；温湿地区多，干寒地区少；开发早的地区多，开发迟的地区少；沿江、海、交通线的地区多，交通不便的地区少。我国人口分布一般东部沿海地区多，西部内陆地区少，地理上主要以黑龙江漠河与云南腾冲连线为分界线，东南多，西北少。从全国各省份（不含港澳台地区）来看（图1-1），2008年，北京市、天津市、山东省、河南省、江苏省、上海市、浙江省、广东省的人口密度达到500人/平方公里以上；辽宁省、河北省、山西省、湖北省、重庆市、安徽省、湖南省、江西省、福建省的人口密度为200～500人/平方公里；西部省份人口密度较小。

历史上，自宋朝以来，中国的经济重心逐渐由西部向东部转移，由黄河流域向长江流域转移，良好的自然环境推动了经济发展；近代以来，东部地区便利的交通为其发展与交流提供了极其便利的条件，为东部提供了良好的发展基础；改革开放以来，东部良好的基础使东部成为经济发展的重心，经济的发展带来了人口的流动，西部地区尽管人口密度比中东部低很多，但西部地区人口对环境的相对压力已经大于中东部地区。

1.1.2.2 我国经济发展水平空间差异特征

我国的东西部存在着巨大的差异，其中比较突出的是社会经济发展水平的差

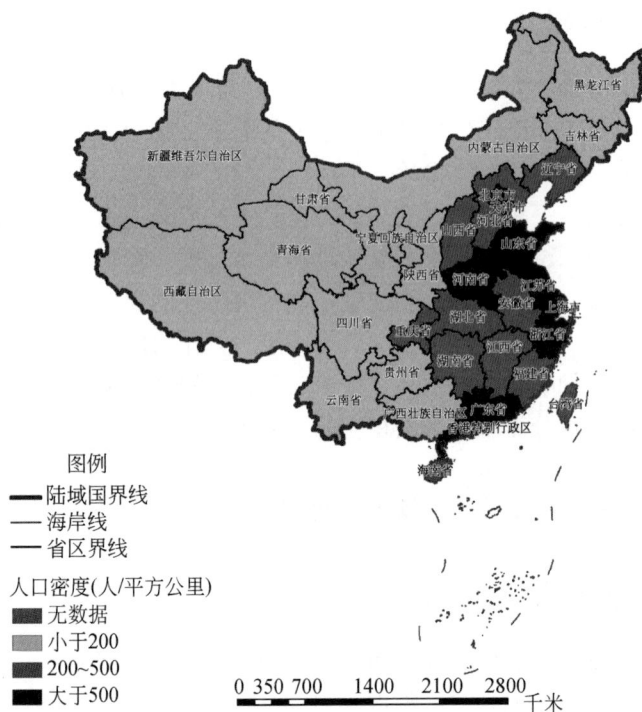

图 1-1　全国人口密度空间差异图

别。从全国各省份（不含港澳台地区）来看（图 1-2），2008 年北京市、天津市、山东省、江苏省、上海市、浙江省、广东省的地均 GDP 达到 2000 万元/平方公里以上；吉林省、辽宁省、河北省、河南省、山西省、陕西省、湖北省、重庆市、安徽省、湖南省、江西省、福建省的地均 GDP 为 500～2000 万元/平方公里；西部省份地均 GDP 水平较低，在 500 万元/平方公里以下。

东西部的差异是一系列自然环境和社会环境因素叠加的结果（胡兆量，1997）。①历史背景。历史上我国的文化中心、经济和政治中心都有东移趋势。东部地区有较深厚的文化、经济和政治基础。②开放顺序。1978 年，我国的改革开放是从沿海开始向内地推进的。先进的科学技术首先传到沿海一带，商品经济首先在沿海地区兴起。③人文因素。东南沿海华侨、海外华人、港澳台亲属多。他们为家乡带来丰富的信息、资金、先进的技术和管理经验，促进了故乡经济和社会的繁荣。④经济结构。东部地区集体企业、外资企业比重大，受旧体制束缚小，比较活跃；西部地区，受旧体制影响的国有企业多，改革任务重，发展相对迟缓，资源型产品比重较大，利润率低。

图 1-2　全国地均 GDP 空间差异图

1.1.3　我国耕地数量、质量空间差异性特征

1.1.3.1　我国耕地数量及空间分布

我国耕地主要分布在沿海东部季风区，即大约在年降水量 400 毫米等值线以东的湿润半湿润地区，约占全国耕地面积的 90% 以上，尤其集中在东北、华北、长江中下游、珠江三角洲等平原、山间盆地以及广大的丘陵地区（图 1-3）。

耕地分布与人口分布相匹配，我国人口大致可以分为东南、西北两个部分，即黑龙江黑河市—云南腾冲一线：该线以东的地区为我国人口的稠密区，而此地大体上为我国耕地集中区，该地区气候条件优越，地形平坦，交通便利，利于农业发展，经济相对发达。西北地区，耕地有限再加上干旱缺水，恶劣的气候条件使这一地区人口稀少经济落后。

1.1.3.2　我国耕地质量及空间差异性特征

根据《中国耕地质量等级调查与评定》结果，全国耕地质量等别状况总体偏低，优、高等地仅占耕地总面积的 33%，平均等别仅处于中等水平；而且，

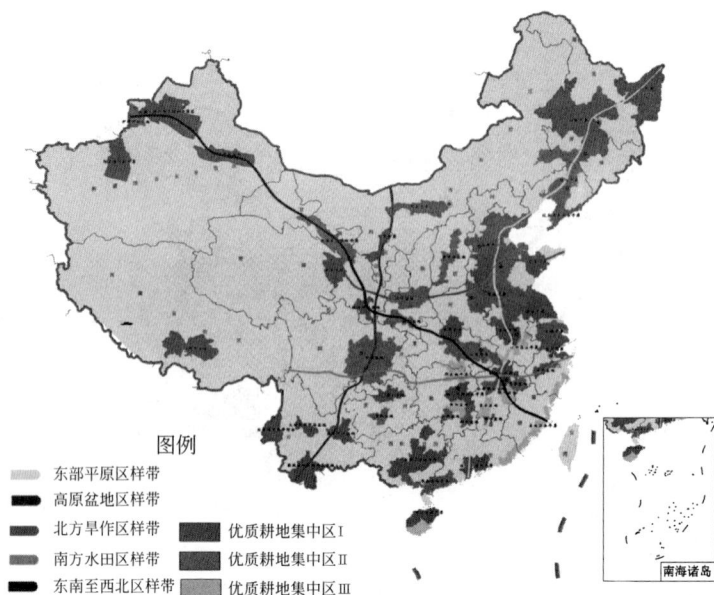

图例

东部平原区样带
高原盆地区样带
北方旱作区样带   优质耕地集中区 Ⅰ
南方水田区样带   优质耕地集中区 Ⅱ
东南至西北区样带   优质耕地集中区 Ⅲ

图 1-3 全国优势耕地集中区分布图

旱地比例超过了一半，水田仅为 26%。同时，我国耕地质量等别分布上还存在经济发达地区与优质耕地分布区域在空间上复合的特点。

1）全国耕地质量总体情况

根据 2009 年 12 月国土资源部发布的中国农用地分等成果，中国农用地划分为 1～15 等（图 1-4），以 7～13 等为主，面积加权平均等为 9.8 等，说明中国的耕地质量总体水平明显偏低（王洪波等，2011）。

2）优等地分布范围小，低等地分布范围广

根据《中国耕地质量等级调查与评定》结果，中国只有 14 个省份分布有优等地（1-4 等），其中湖北、广东、湖南 3 个省份面积大于 50 万公顷；浙江、江西、安徽 3 个省份面积为 5 万～50 万公顷；海南、广西和四川 3 个省份为 0.5 万～5 万公顷；福建、山东等 5 个省份不足 5000 公顷。总体来看，优等地只分布在全国不足 1/2 的省份，而且面积总量也较小，只有 333.75 万公顷。低等地（13-15 等）分布在中国 22 个省份，面积大于 300 万公顷的有内蒙古和甘肃 2 个省份；面积为 100 万～300 万公顷的有山西、黑龙江等 5 个省份；面积为 10 万～100 万公顷的有新疆、宁夏等 7 个省份；面积为 0.5 万～10 万公顷的有福建、西藏等 5 个省份；面积小于 5000 公顷的只有湖北、天津和浙江 3 个省份。与优等地的分布情况不同，

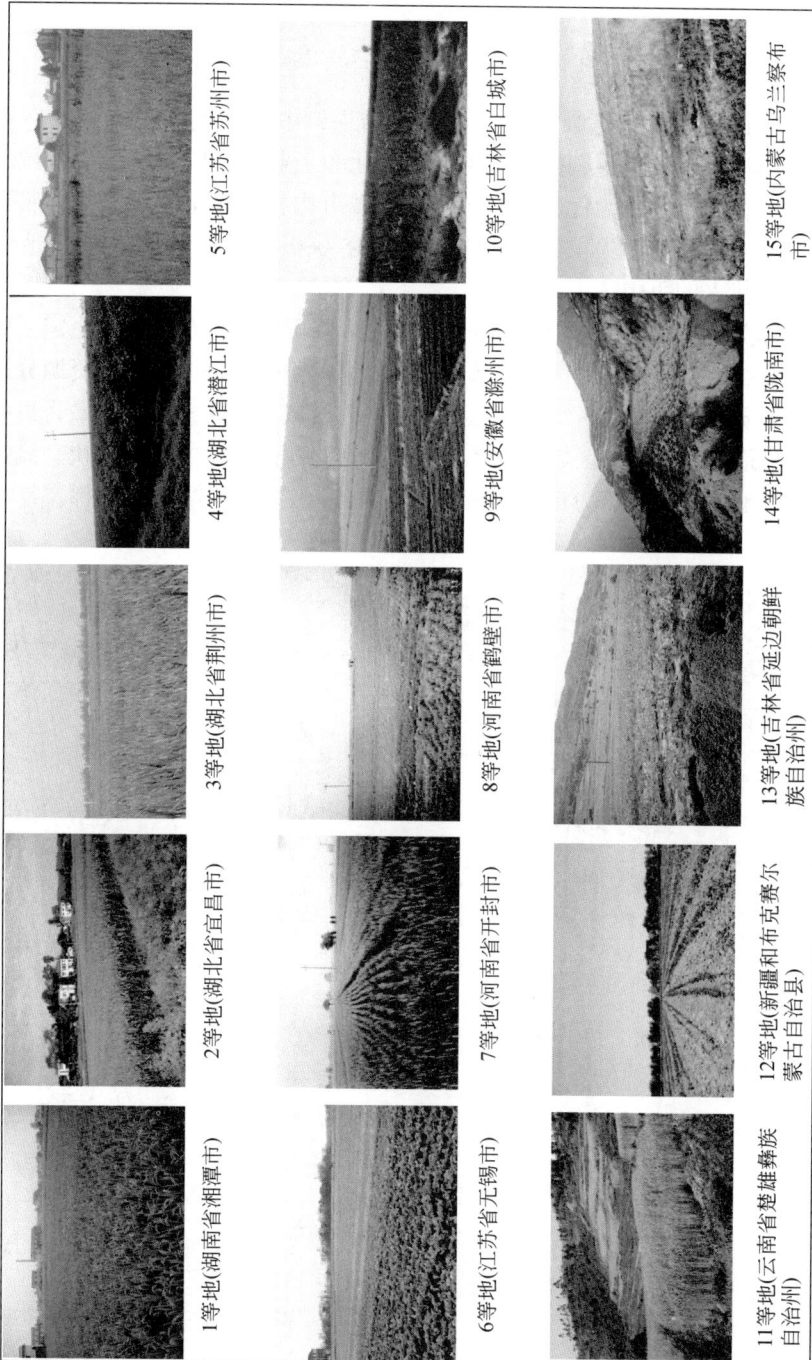

图 1-4 全国农用地(耕地)等别分布图

低等地分布在全国 2/3 的省份，而且面积总量也较大，有 2090.73 万公顷。

3）中国的优质耕地资源与都市圈在空间具有高度重合性

根据《中国耕地质量等级调查与评定》结果，中国的优质耕地资源在空间分布上与中国的都市圈是重叠的；中国的城市化和工业化的快速发展的区域，恰恰是中国耕地资源质量最为优越的区域。任由城市化和工业化的发展，必然导致中国优质耕地资源快速消失，则生产能力大于 15 000 千克/公顷的优质耕地资源将在我们这一代人的手中消失殆尽。

中国地理空间三级阶梯的分布特征和 400 毫米降雨线的分布特征，决定了中国人口和经济发展的空间非均衡性。东部区域地处第三阶梯，是中国耕地资源分布最为集中、耕地质量最为优越、水土资源匹配最好的区域；因此，是人口最为集中的区域，也是最适合工业化的区域，也是耕地资源转化建设用地的速度最快、流失的速度最快、耕地资源保护压力最大的区域（图 1-5）。中国的第二级阶梯，是承接

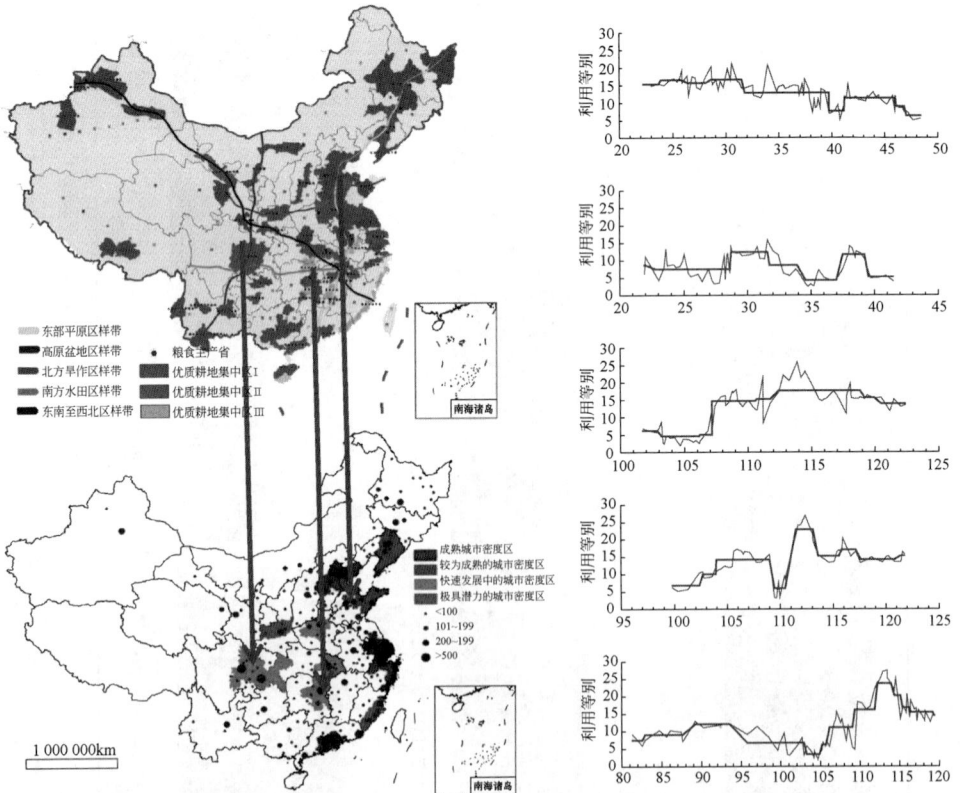

图 1-5　优质耕地集中区与经济快速发展区高度重合

第一和第三级阶梯的桥梁，主要分布在内蒙古和黄土高原区，是中国的主要牧业用地区，优质耕地资源集中分布在山区谷地。第一阶梯，是中国的青藏高原，是中国的山地区，高寒、高海拔分布区域，优质耕地资源分布有限。

中国的地理空间决定了耕地资源在空间上分布的差异特征，在很大程度上决定了中国的人口和产业发展的区域特点，因此，区域耕地资源利用与保护，必须紧密结合三级阶梯所形成的气候、地貌和人类活动对区域水土资源的影响规律，从区域的自然、经济和土地利用的区域特征出发，建立适合区域特点的耕地数量控制与质量提升技术。

1.2 相关理论基础

1.2.1 耕地资源的生产能力形成及其层次性差异性

1.2.1.1 作物生产潜力的概念与层次划分

作物潜在的生产力称为作物生产潜力，也称理论潜力。它是假设作物生长所需的光、温、水、土、气等自然条件都得到满足，耕作技术、品种和管理水平等都处于最佳状态时的生产能力。作物生产潜力具有时空性，即作物生产潜力随着地点的改变或社会经济技术条件的改变而变化。国内外许多学者从不同的角度对作物的生产的潜力进行了研究，提出了不同的生产潜力概念，如光温生产潜力、光温水生产潜力（气候生产潜力）、光温水土生产潜力（土地生产潜力）等。本书将前人的研究结果系统化、层次化，在综合诸多学者的观点后，根据作物生产潜力的实现层次及对生产潜力开发的意义做出生产潜力金字塔（图1-6）。

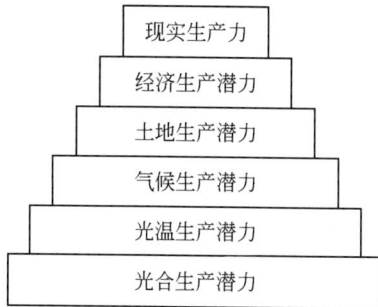

图1-6 作物生产潜力金字塔

（1）光合生产潜力是指除光照以外，其他生态条件（温度、水分、空气、矿质营养等）满足，生产条件（灌溉、肥料、技术、植物保护等）最佳，理想作物群体在当地光照条件下，单位面积上所形成的最高产量，是作物产量的理论上限。

（2）光温生产潜力是指除光、温外，其他生态条件（水分、空气等）及所有生产条件（灌溉、肥料、技术、植物保护等）最佳时，理想作物群体在当地实际光照和温度条件下，单位面积上所形成的最高产量，是在当前技术水平下，通过合理投入可能达到的作物产量上限。

（3）气候生产潜力是指在土壤、投入和管理等条件没有限制的情况下，受水分限制的作物的光温水生产潜力。

（4）土地生产潜力是指受到土壤条件限制的作物生产潜力，或者称作物的光温水土生产潜力。土地生产潜力可作为当地作物生产争取达到的产量水平。

（5）经济生产潜力在土地生产潜力的基础上，在当地社会经济条件下，通过物质和能量的投入及农业技术作用所能实现的产量。它反映了人类对自然的改造程度，是人们可以实现或基本可以实现的产量。

（6）现实生产力是在现实条件下土地的实际产量，它反映了当前的生产水平。

1.2.1.2 影响作物生产潜力实现的因素

作物生产潜力的实现受诸多因素的影响，用系统科学的观点分析作物生产系统，可将其分为四个子系统：生态系统、技术系统、经济系统和社会系统。作物生产系统的实质就是在一定生态条件下，运用经济学规律和一定的农业技术体系调节和控制的生态系统。生态系统中的气候因子、水分因子、土壤因子及其他生态因子决定了作物土地生产潜力的大小。土地生产潜力的挖掘程度又取决于技术、经济和社会系统中的各因子。在技术、经济和社会系统中的所有因素都可能影响作物生产潜力的实现程度。技术系统中的栽培耕作技术、良种生产技术、机械化、管理水平，经济系统中的物质能量投入、人工投入以及社会系统中的政策、市场等因素都制约着生产潜力的实现。

1.2.2 耕地多功能特征

1.2.2.1 耕地具备多功能特征

耕地系统由土壤系统和土地利用系统两个子系统组成。

土壤是在五大成土因素的综合作用下形成的，生物小循环使土壤抵御地质大循环的淋溶作用而积累了肥力。土壤系统的突出特征就是具备支持植物生长、水分涵养、碳汇、净化和保持生物多样性等多种功能。一旦土壤层被侵蚀，土地虽在，但它已经不再具备支持植物生长的功能。因此，具有肥力的土壤是耕地实现粮食生产功能的前提和必要条件；具备高肥力土壤的耕地资源，则具有更好的生产功能。土壤肥力是耕地生产功能的根本。

耕地的另外一个子系统就是人类的土地利用系统。当人类选择将具有肥力的土壤用于生产粮食和蔬菜等农产品时，这时的土地利用就以耕地类型表现出来，这即为耕地的本质功能，也即生产功能。在生产功能基础之上，衍生了耕地的社会保障功能。耕地的生态服务、景观等其他功能也是由生产功能衍生而来的。

对于同样肥力的土壤，如果选择种植林木、果树、草地等时，土壤的生产功能就表现为林木产品、果品、牧草的生产，这时就会以林地、园地、草地的利用类型出现（图1-7）。耕地、园地、林地和草地都具备生产功能，因为这些土地利用系统依赖的均是具有肥力的土壤。但如果在具有肥力的土壤上建造房屋，即转换为建设用地时，土壤肥力特征就消失了，只是还保留了建设承载功能，而以植物生产功能为基础的其他碳汇、水分涵养、净化和保持生物多样性等多种功能也彻底随之消失了（图1-7）。

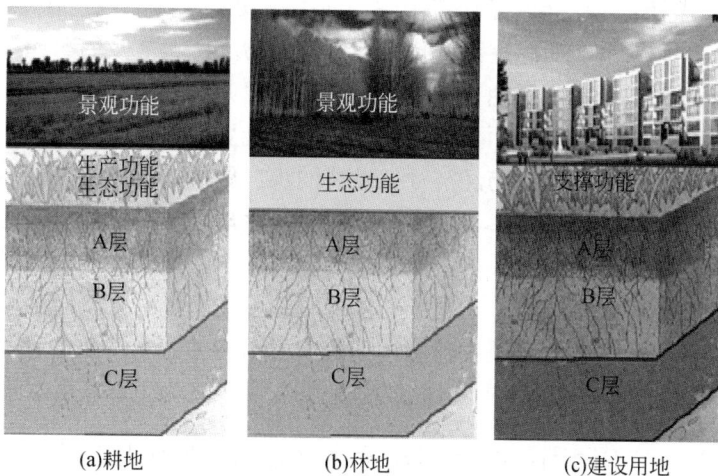

图1-7 耕地、林地、建设用地在功能上的异同

A. 淋溶层；B. 淀积层；C. 母质层

1.2.2.2 耕地各种功能在不同经济社会发展阶段显化度存在差异

耕地的多功能即耕地满足人多种需要的功用。一般而言，人的需要具有生

存、享受、发展三个从低级到高级的层次序列和渐进性特征。耕地的各种功能是凭人的感知而存在的。在城市居民需要的不同阶段，耕地的主次功能显化各异，二者存在着耦合演替特征（图1-8）。

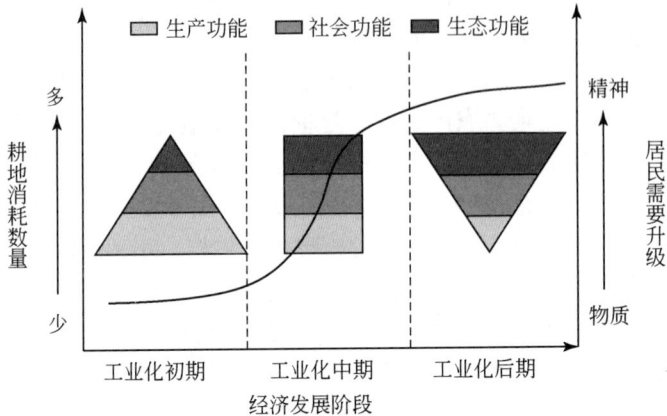

图1-8 耕地多功能的显化特征与社会经济发展关系图

对于大都市区域来说，工业化初期，耕地相对数量大，减少慢，耕地功能以生产功能及其衍生的社会保障功能为主，而生态功能并不显现；在工业化中期，耕地锐减，耕地的生产功能逐渐淡化，社会保障功能也随之减弱，而生态功能逐步为人们所意识；工业化后期，耕地大量减少，生产功能极度弱化，耕地对居民的社会保障功能微乎其微，而生态功能和景观功能更为人们所青睐。

耕地功能的演替，不仅与经济社会发展同步，更清晰地通过人的需要升级规律得以印证。经济发展初期，人的需要以生存、生理等低层次需求为主，重视粮食、水果、肉蛋奶等生活物质的消费，这可以对应于耕地的生产及其社会保障功能；随着工业化阶段的递进，人对于物质需求不仅要求丰富、安全，更愿意为良好环境、愉悦体验、知识拓展支付费用，趋向于精神的需求；而这种需求，体现在都市居民的农业体验旅游中，相应的耕地功能则表现为生态或者景观功能。

1.2.2.3 不同利益主体对耕地多功能/价值的认知存在差异

我国政府历来重视粮食安全问题，坚守"民以食为天""无粮不稳"的原则，保护耕地的主要目标是保障国家的粮食安全。中央政府是最为坚定的耕地保护者，关注耕地的生产功能，通过制定基本农田保护、耕地占补平衡等一系列耕地保护法规政策以维持耕地数量、质量以及生态的稳定。在现有的土地产权体系下，通过实施土地利用总体规划以及划定基本农田保护区，将耕地落实在各级政府层面。省级政府的耕地保护目标与中央政府基本是一致的。

地方政府或市（县）政府是我国区域经济社会活动的主体，在中央和地方政府财权与事权分离或不对称的情况下，地方政府更注重的是将耕地转化为建设用地以获得级差地租收益和推动地方经济发展；保护耕地基本上成为完成上级下达的耕地保护指标的被动行为。当前，在农产品流通自由的市场经济下，地方政府不必为解决居民吃饭问题而承担责任，则加重了这种被动性。对于大都市而言，以自有耕地保障农产品自给是不现实的；城市化工业化使得农业所占 GDP 比重越来越小，也使得农业的地位不断下降。

农户作为独特的社会经济微观实体，耕地经营目标是追求利益最大化，重视耕地的经济产出功能及其衍生的社会保障功能，并不看重耕地的生态、景观等其他外部性功能。对农户来讲，耕地保护就是保护其生产功能。在大都市区，农业占农户的总收入比重很低；再加上较高的机会成本使农民更加不重视耕地，甚至很想把耕地转为其他非农用地以获取农转非带来的级差地租收益或高额征地补偿费，即使改为绿化隔离带，其补贴也比一般种地收入高，这使得农民也不再把耕地作为"保命田"。

城市居民是耕地多功能外溢的受益者，更关注耕地的生态功能和景观功能。在较高的生活水平下，城市居民对耕地的休闲游憩、生态、景观文化等效用认识逐渐显现。

1.3　耕地保护理念创新

1.3.1　满足多目标、多层次的保护需求

都市区城乡用地矛盾日益尖锐，仅仅倡导一般意义上的耕地保护已无法遏制其锐减势头。针对城市绿化建设片面重视林草，耕地非生产价值被长期忽视的现状，研究大都市区耕地生产功能及其衍生出的生态、景观功能及其相互层次（图1-9），充分显化和发展耕地多功能以促进耕地保护区域空间多功能协调利用是应对土地资源不足的必然选择；发挥耕地综合功能高的优势，充分显化和发展耕地多功能，对满足社会经济发展、协调各业用地的争地矛盾具有重要意义（姜广辉等，2011）。

耕地面积和质量保护是耕地基本功能发挥之根本，也是发展耕地衍生功能的基础。耕地数量的减少和质量的降低，不仅仅失去了耕地的生产能力，也失去了耕地发展其衍生功能的可能性。提升耕地生产功能，增加农作物产量和质量，可

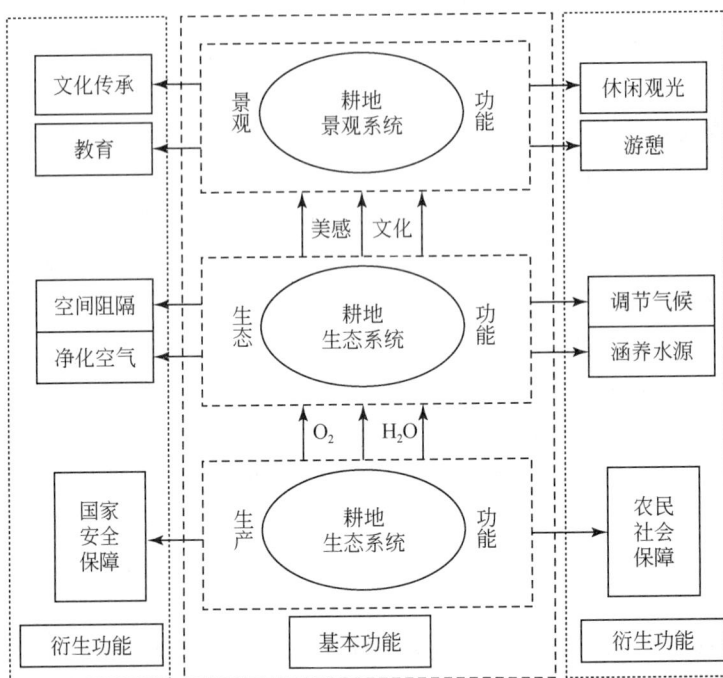

图 1-9 耕地多功能保护层次性示意图

增加耕地利用的市场价值；发展耕地生态功能，在生产农作物的同时改善生态环境，可提升人们对耕地重要性的认识，获取食物之外的多种收益和附加升值，也提供了耕地生产功能得以持续保持的基础。中国第三轮土地利用总体规划中要求将大面积连片基本农田、耕地纳入城市绿色空间，作为绿心、绿带的重要组成部分，突出了耕地的重要生态和景观功能。发展耕地衍生功能可显著提升耕地利用价值，是促进耕地深入保护的关键。例如，景观文化功能衍生出美化城市、文化传承和教育功能，将生态功能延伸为城市阻隔功能。又如，在老龄化社会到来之际，随着城市更新的需要，可大力开展土地整理复垦，将农田引入城市，既缓解热岛效应，又可布置在居住地周边供老年人耕作之用，既满足了生活产品所需，绿化美化城市，也丰富了市民生活，提供了一种休闲娱乐、规避孤独的方式。此外，随着乡村旅游产业的兴起，发展并显化耕地的景观文化功能，有利于农村资源的综合开发和利用。可借助相关的景观设计手段和制度规制以便更好地体现此类功能，增加耕地利用收益。而衍生功能的发挥可反过来促进耕地基本功能的保护，促进耕地面积、质量的保持和提升。而且，充分显化耕地的多功能，契合不同利益主体对耕地功能的关注点，可提高不同社会阶层对耕地的关注度，增强耕地保护的意识和责任感，形成社会共同保护耕地的良好氛围。

1.3.2 构建耕地资源"数量、质量、产能以及空间布局"保护体系

充分尊重我国自然、人口和社会经济条件的区域差异性，构建基于耕地资源"数量、质量、产能以及空间布局"四位一体的耕地资源安全支撑体系，这种四位一体的耕地资源保护空间布局具有保障耕地资源生产能力的稳定性、差异性和互补性特征，从而可有效应对城市化工业化耕地资源刚性减少的趋势，气候变暖、极端天气导致的产量下降，区域农户土地利用转型等对粮食生产的不利影响，为我国粮食产量持续增长提供资源保障。

把粮食安全紧紧寄托在粮食单产持续增加，在技术上可以小幅度实现，但是大幅度提高有限，并且，只有优质耕地资源作为保障，作物的单产增加才能成为可能。中国作物单产依靠高投入增加所带来的巨大的环境代价是耕地资源短缺产生的直接原因。在人均耕地资源紧缺条件下，有限的耕地资源迫使中国农户土地利用目标多样，使国家政策调控的空间有限。因此，无论是从科技进步、政策调控来讲，还是从耕地资源生态安全来讲，只有一定数量的耕地资源保障，才能有效协调粮食高产和耕地资源持续利用的问题，才能既保障当代人使用，又能保障子孙后代永续利用。粮食产量增加的另一因素是播种面积，而作物播种面积直接影响粮食安全，从这个意义上讲，耕地资源数量与粮食安全不具有一一对应关系，但是耕地资源数量对播种面积具有直接且显著的影响，只有一定数量的耕地资源数量，才能保障一定的作物播种面积。

现在的 18 亿亩①耕地与 30 年前耕地在空间上比较，已经发生了显著变化。由于城市化和工业化的发展，使中国的耕地资源重心已经发生了明显转移。中国珠江三角洲、长江中下游平原及三角洲是中国传统的鱼米之乡，但是耕地资源质量重心已经从中国的东南部向西部和北部转移。最为显著的变化就是中国东北地区大面积的湿地和内蒙古、新疆的草地转化为耕地，东北成为中国水稻的重要产区就是耕地资源重心变化的结果。根据李月娇等（2010）的研究，2008～2010年，全国耕地占补呈现南占北补的空间分布格局，黑河—腾冲线以西以补充耕地为主，而黑河—腾冲线以东以占用耕地为主。其中新疆耕地补充较多，占全国补充耕地总量的 76.8%，长江三角洲、京津冀等地区耕地占用较为严重。甘肃、内蒙古、黑龙江等北方地区占用与补充耕地交错分布，在数量上基本达到占补耕地

---

① 1 亩 ≈ 666.7 平方米。

的动态平衡。

依据《国土资源部农用地分等成果》表明，我国耕地分布集中性特征显著，局部性的耕地资源与水热资源匹配度低，耕地资源与生态要素存在空间互补性。相同的自然条件变化可能对不同区域的耕地质量存在不同的影响，从而造成耕地质量的稳定性存在空间互补性，并从整体上保障了中国的粮食安全。全球气候变化导致的异常天气频繁更加剧了耕地资源生产能力的波动，导致即使是优质的耕地资源生产能力也出现巨大波动。例如，全球气候变暖对东北、华北耕地资源生产产生不利影响，但是对新疆、青海等地产生短期的有利影响。因此，中国耕地资源空间分布的特殊性决定了中国的粮食安全不仅要有 15.6 亿亩基本农田的保护，还要 18 亿亩耕地数量，只有确定 18 亿亩耕地落实到中国的不同区域、不同的生态条件区域，才能有效地支撑粮食生产，从而有效应对全球气候变化对我国粮食生产波动性的不利影响，可以起到"东方不亮，西方亮"的保护作用，中央才能够有效进行全国范围内的实施粮食安全保护策略。仅仅依靠几个区域和部分优质耕地资源也是无法保障我国耕地资源安全。只有足够的耕地数量才能应对全球气候变化带来的粮食生产的不确定性问题，才能保障度过极端自然灾害。自然天气的波动性、极端性、突破性对粮食生产影响的不利性只有通过足够的耕地资源数量保护才能进行有效化解，就如同"鸡蛋不能放在一个篮子里"一样，尽管这个篮子生产能力很好，也需要增加一些篮子，防范风险。

1.3.3　保护与建设并重

不仅对优质耕地进行保护，还要进行建设，只有保护和建设好基本农田，才能为粮食生产提供最重要、最坚实和最基础的保障。我国粮食生产的单项技术不断提升，如水资源管理技术、精准施肥控制技术、农田土壤培肥和地力提升技术等。但这些单项突破技术的应用，必须依托高标准基本农田建设提供良好的"光、温、水、土"等立地条件，才能最大限度地发挥其提高生产潜力的作用；必须依托农村整体空间支撑能力提升、生产要素循环、人地关系协调发展，才能推动高能、高效、低耗和绿色生产能力的实现。

1.3.3.1　耕地质量提升的技术需求

耕地质量建设技术不仅包括具体实现耕地生产能力的农田支撑子系统，还应包括支撑生产能力发挥的"田、水、路、林、村"整个农村空间，高产、低耗、高效的耕地生产能力的实现要基于农村空间各子系统协调的整体生产功能。

从耕地生产能力的光温限制条件出发，要研究提高光温生产效率的农田支撑技术。在一定时期内，区域内的光照、温度在短时间是相对稳定的，但依然可以通过高标准基本农田建设，提高区域光温利用效率。我国地域差异显著，随海拔上升，光温潜力降低，迫切需要研究提高耕地光温保障条件的半设施化的农田建设技术。例如，东北建三江水稻产区，就是通过构筑温室大棚实施温室育秧，解决了温度限制问题，单项技术的突破显著提高了区域的光温生产力。因此，在高寒区域，高标准基本农田建设的技术突破应该从提高光温生产潜力入手。

从提升气候生产潜力的角度出发，要研究提升农田区域稳产的灌溉支撑技术体系。我国光照、温度和降水匹配存在显著差异，如东北、华东、华南、西南等气候湿润区域，光、温、水匹配条件好；而西北、内蒙古高原和华北平原等干旱、半干旱和半湿润区域，匹配性显著下降。在全球气候变化的背景下，我国北方降水会进一步减少，西北区域降水将增加，而西南和华南的降水相对稳定。对于光、温、水资源匹配好的区域，要研究提升节水灌溉技术；对于匹配差的区域，不仅要全面提高灌溉的配套水平，而且要提升水资源的利用效率。

从耕地自身支撑粮食生产能力水平来讲，要研究高标准基本农田质量提升技术。影响耕地生产能力的关键要素在于土层厚度、土壤质地、土壤中的砾石含量、土壤有机质含量和土壤 pH 值等条件，以及土壤盐碱化程度、地形坡度、海拔等因素，而不同区域存在不同的主导限制因素。

20 世纪 50 年代以来，我国开展了大量的土壤改良工程，取得了显著成效，如黄淮海区域的盐渍土改良、南方丘陵山区的酸性土壤改良等。具体来说，以工程措施切实改善土壤条件，提高农田支撑生产能力水平，可以实施的耕地资源保护与整治技术有：基本农田划定技术、土地整治技术、提高耕地质量的限制因素提升和改良技术等。只有提升优质农田立地支撑条件，育种技术、栽培技术、田间管理技术、施肥技术、灌溉技术等成果才有可能发挥作用。

1.3.3.2 高标准基本农田建设技术需求

高标准基本农田系统设计实现农田投入"减量化、无害化、低碳化、循环化"，就是要突出节地、节水，减小劳动强度，提高各种资源的利用效率，保障农田生产的稳定性、安全性、持续性、生态性以及多样性。

在不同的生产能力导向下，产生了不同的农用地利用结构，这种结构表现出对生产能力的强化还是以耕地生产能力为核心，促进其他功能协调发展。"田、水、路、林、村"组成整个农村空间系统，而人地关系协调是保障区域生产能力总体协调的关键问题。最大限度地利用农田生产的投入要素，是实现农田投入"减量化、无害化、低碳化、循环化"的关键。把农田生产系统的粮食生产投入和产出纳入农村空间系统,可以切实提高农田生产效率,降低物质投入,并做到农田投入物质的循环利用。从高标准基本农田系统设计来讲,就是要突出节地、节水,减小劳动强度,提高各种资源的利用效率,保障农田生产的稳定性、安全性、持续性、生态性以及多样性。

提高农田生产的稳定性迫切需要通过线状廊道实现防护林网络化,提高连通性。建立农田系统缓冲带,不仅可以起到减少病虫害的作用,还可以显著降低硝态氮向地下水和水体的迁移速度,有效减缓环境污染。对于农田道路沟渠实施来讲,要减少生境破碎化的生态桥和生态隧道建设,如传统的桑基鱼塘模式、黄淮海区域水盐控制模式、滴灌模式等都是技术上的突破。

农田生产降低资源耗费需要将农村空间的农村居民点、农田、林网、道路等进行统筹考虑研究。从我国传统的农田生态系统汲取"营养",构建村级尺度上水、土、肥等资源循环利用的农田整治新模式,提升绿色生产能力。建立农田系统生产力高、农民耕作效率高、物质循环利用低碳的农田整治系统,如云南哈尼梯田、广西龙胜梯田都是降低资源耗费,实现资源循环利用的典范。

从农村空间整体功能出发,要提高耕地利用效率,降低要素投入。耕地生产能力提升不仅要考虑耕地本身生产能力提高,还要从影响区域耕地生产能力的人地系统出发,在整个农村空间因地制宜,统筹考虑"田、水、路、林、村"整体土地利用结构控制及其优化,通过进行农田基础设施建设,提高耕地利用规模,降低劳动强度,减少要素投入,循环利用资源,最终形成区域的高产、生态和低碳的农田系统建设技术。

第 2 部分

区域补充耕地潜力评价与数量控制技术

2 区域未利用地补充耕地潜力评价技术

本章以大都市区域的北京市、天津市和北京市房山区为例，在对不同区域不同尺度下未利用地现状进行分析的基础上，构建了未利用地补充耕地潜力评价指标体系，选取不同指标从自然适宜性、生态适宜性、宜耕质量①及经济可行性等多个角度出发对未利用地补充耕地潜力进行评价，形成了区域未利用地补充耕地潜力评价技术。

2.1 北京市未利用地开发补充耕地潜力评价

2.1.1 北京市未利用地现状分析

根据 2004 年土地利用变更调查数据，北京市未利用地面积共 213 487 公顷，其中荒草地、裸岩石砾地、河流水面和滩涂面积较大，分别有 141 957 公顷、33 856公顷、19 592 公顷和 13 316 公顷，占未利用地面积比例分别是 66.49%、15.86%、9.18% 和 6.24%（表 2-1）。

表 2-1 北京市各区县未利用地面积表　　　　　单位：公顷

权属名称	荒草地	盐碱地	沼泽地	沙地	裸土地	裸岩石砾地	其他未利用地	河流水面	湖泊水面	苇地	滩涂	合计
朝阳区	215	0	0	0	0	0	38	568	0	5	95	921
丰台区	1 469	0	0	0	2	0	60	834	0	9	13	2 387
石景山区	92	0	0	0	2	0	1	211	0		6	312
海淀区	105	0	0	0	10	325	24	263	0	4	4	735
门头沟区	18 601	0	0	40	461	6 167	5	596	0		832	26702
房山区	21 111	0	0	1	0	22 039	161	2 876	0	18	2 237	48 443

---

① 未利用宜耕性质量评价主要在第 3 部分详细阐述。

续表

权属名称	荒草地	盐碱地	沼泽地	沙地	裸土地	裸岩石砾地	其他未利用地	河流水面	湖泊水面	苇地	滩涂	合计
昌平区	3 775	0	0	2	0	736	8	859	0	9	668	6 057
顺义区	5 242	0	17	471	19	2	340	2 563	1	280	318	9 253
通州区	441	287	0	1	0	0	4	2 412	0	11	886	4 042
大兴区	1 155	0	0	370	0	0	1 214	1 061	0	103	2236	6 139
平谷区	9 739	0	33	0	157	128	25	1 167	4	1	409	11 663
怀柔区	37 399	0	0	12	0	1 639	0	2655	0	3	837	42 545
密云县	29 904	0	1	71	10	2 272	33	2 800	0	5	1 307	36 403
延庆县	12 709	0	0	138	195	548	47	727	53	0	3 468	17 885
北京市	141 957	287	51	1 106	856	33 856	1 960	19 592	58	448	13 316	213 487

　　未利用地主要分布在房山区、怀柔区、密云县、门头沟区、延庆县和平谷区，这几个区县未利用地面积为 183 641 公顷，占到未利用地总面积的 85.02%。房山区、怀柔区和密云县面积最大，面积分别为 48 443 公顷、42 545 公顷和 36 403 公顷，占到总面积的 22.69%、19.93% 和 17.05%。其他 13.98% 的宜耕未利用地零星分布在其他区县（图 2-1）。

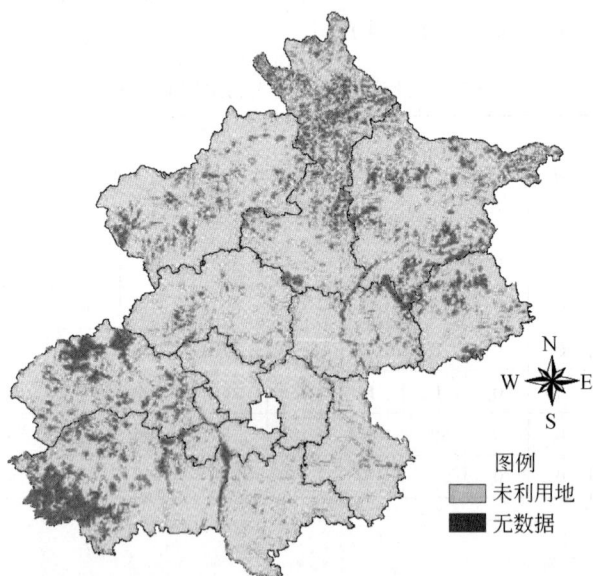

图 2-1　北京市未利用地分布图

2.1.2 北京市未利用地的开发适宜性分析

2.1.2.1 未利用地的自然适宜性评价

通过对未利用地的适宜性评价，将未利用地分为宜耕和暂不宜耕未利用地。在此基础上，选定相关指标并根据作物种植要求建立了评价指标的分级体系，用特尔菲法确定了各评价因素的权重后，并将宜耕未利用地分为三等，评价结果见表2-2和图2-2。其中宜耕未利用地为108 674.37公顷，面积最大的为一等宜耕未利用地，面积为53 576.01公顷，二等宜耕未利用地为28 226.74公顷，三等宜耕未利用地为26 871.62公顷，暂不宜耕未利用地为104 812.63公顷，所占比例分别为25.09%、13.22%、12.59%、49.10%。

表2-2　未利用地宜耕性等级面积表

项目	宜耕未利用地				暂不宜耕未利用地	总计
	一等宜耕未利用地	二等宜耕未利用地	三等宜耕未利用地	小计		
面积/公顷	53 576.01	28 226.74	26 871.62	108 674.37	104 812.63	213 487
所占比例/%	25.09	13.22	12.59	50.90	49.10	100.00

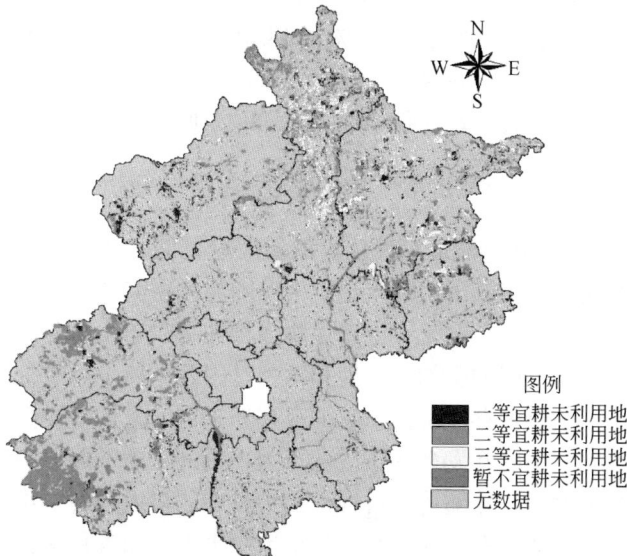

图2-2　北京市未利用地宜耕性等级图

宜耕未利用地各土地类型面积及比例情况见表 2-3。在宜耕未利用地中，荒草地面积最大，为 92 397.86 公顷，占宜耕未利用地总面积的 85.02%，是北京市最主要的后备资源。其次是滩涂和其他未利用地，面积分别为 11 630.4 公顷和 2133.74 公顷，比例分别是 10.70% 和 1.96%。

表 2-3 北京市宜耕未利用地土地类型面积及比例表

未利用地类型		荒草地	滩涂	苇地	沙地	裸土地	其他未利用地	沼泽地	盐碱地	总计
一等宜耕未利用地	面积/公顷	40 014.35	9 699.99	464.21	1 073.41	276.91	2 022.97	24.17	0	53 576.01
	所占比例/%	74.69	18.10	0.87	2.00	0.52	3.78	0.04	0.00	100
二等宜耕未利用地	面积/公顷	26 547.13	1 044.21	1.01	77.54	153.05	53.37	12.09	338.34	28 226.74
	所占比例/%	94.05	3.70	0.00	0.28	0.54	0.19	0.04	1.20	100
三等宜耕未利用地	面积/公顷	25 836.38	886.2	0	29.2	44.31	57.4	18.13	0	26 871.62
	所占比例/%	96.15	3.30	0.00	0.11	0.16	0.21	0.07	0.00	100
合计面积/公顷		92 397.86	11 630.4	465.22	1 180.15	474.27	2 133.74	54.39	338.34	108 674.37

在一等宜耕未利用地中，荒草地和滩涂面积分别为 40 014.35 公顷和 9699.99 公顷，所占比例分别为 74.69% 和 18.10%。二等宜耕未利用地中，荒草地面积为 26 547.13 公顷，占 94.05%，滩涂面积为 1044.21 公顷，占 3.70%。三等宜耕未利用地中，荒草地面积为 25 836.38 公顷，占 96.15%。

2.1.2.2 宜耕未利用地开发的生态适宜性分析

2.1.2.1 的分析是在自然适宜性评价的角度进行的宜耕未利用地开发潜力评价，但现存未利用地大多属于边际土地，生态脆弱，将其开发为耕地常常引发许多问题，如水土流失、生态恶化，导致生物多样性减少等生态问题。这些未利用地的存在，有可能是良好的生物栖息地和物种基因库，使生态系统的结构更复杂而稳定，具有难以估量的存在价值。它的存在还丰富了景观多样性。

同时，对未利用地的开发多属于政府行为，目的是为了保障国家的粮食安全和社会经济的持续发展。伴随着以占补平衡为目的的耕地开发，耕地的后备资源逐步减少，其存在价值也在当前低水平的垦殖中丧失。随着科学技术的发展，人类认识世界、改造世界的能力会更强，对于未利用地的利用会更理性更充分。因此将未利用地留给后代，其可能价值和效用将会得到更大发挥。在一定程度上，盲目开发未利用地是对子孙发展权的一种侵害。

基于以上考虑，应重新审视未利用地的生态功能、存在价值和选择价值，慎重开发未利用地资源，防止生态环境的恶化。在进行后备土地资源开发时，必须非常认真谨慎地考虑生态环境成本。

在当前社会经济条件和政策状态下，要保护对土地生态环境意义较大的地类，如沼泽、苇地等珍贵的湿地资源以及部分滩涂等。湿地具有调节气候、调节河川径流、涵养水源、防止水土流失、降解污染物等重要生态功能，被有关专家称为地球之"肾"，并受到国际社会的广泛关注，在北京市当前环境下湿地和滩涂也有着不言而喻的重大意义。因此不宜将这些地类纳入到土地开发的对象或范畴之中。

遵循以上思路，扣除开发后会对生态产生重要影响的北京市的湿地及其他具有生态意义的地类外，则可大体计算北京市生态环境要求下可开发的各质量等级宜耕土地面积（图 2-3 和表 2-4）。在生态环境允许条件下，一等宜耕未利用地中，不宜开发和可开发宜耕未利用地面积分别为 10 188.37 公顷和 43 387.64 公顷；二等宜耕未利用地中，不宜开发和可开发宜耕未利用地面积分别为 1057.31 公顷和 27 169.43 公顷；三等宜耕未利用地中，不宜开发和可开发宜耕未利用地面积分别为 904.33 公顷和 25 967.29 公顷；三者合计，不宜开发和可开发宜耕未利用地面积分别为 12 150.01 公顷和 96 524.36 公顷。

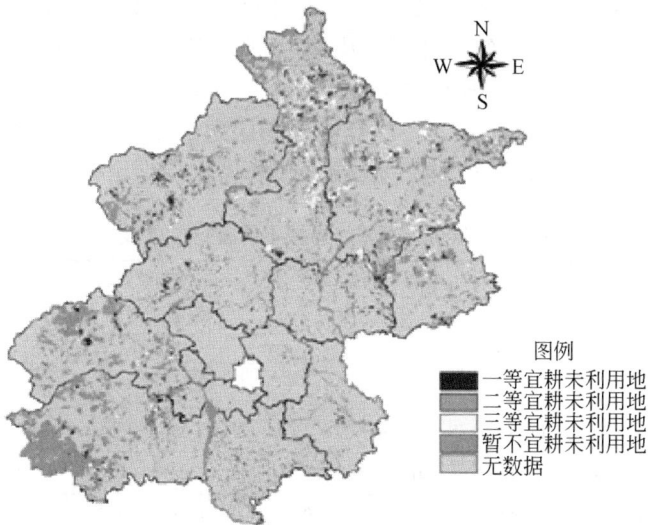

图 2-3　可开发宜耕未利用地质量等级图

表2-4　北京市宜耕未利用地土地类型面积及比例表　　　单位：公顷

等别	可开发宜耕未利用地						不宜开发宜耕未利用地			
	荒草地	沙地	盐碱地	裸土地	其他未利用地	宜耕小计	沼泽地	滩涂	苇地	小计
一等宜耕未利用地	40 014.35	1 073.41	0	276.91	2 022.97	43 387.64	24.17	9 699.99	464.21	10 188.37
二等宜耕未利用地	26 547.13	77.54	338.34	153.05	53.37	27 169.43	12.09	1 044.21	1.01	1 057.31
三等宜耕未利用地	25 836.38	29.2	0	44.31	57.4	25 967.29	18.13	886.2	0	904.33
合计	92 397.86	1 180.15	338.34	474.27	2 133.74	96 524.36	54.39	11 630.4	465.22	12 150.01

2.1.2.3　可开发宜耕未利用地分布和集中连片性分析

1）可开发宜耕未利用地分布

可开发宜耕未利用地主要分布在怀柔区、密云县和延庆县（表2-5），面积分别为24 823.32公顷、21 794.07公顷和10 952.67公顷，分别占宜耕未利用地总面积的25.81%、22.66%和11.39%。其中一等宜耕未利用地在密云县分布最多，占一等宜耕地面积的20.20%，面积为8762.51公顷，怀柔区、延庆县和顺义区的分布面积分别为7670.98公顷、6848.29公顷和4090.24公顷，所占比例分别为17.68%、15.78%和9.43%。二等宜耕未利用地在怀柔区、门头沟区、密云县、房山区和延庆县分布较多，面积分别为5041.78公顷、5126.36公顷、5034.73公顷、3649.18公顷和3246.39公顷，所占比例为18.79%、19.11%、18.76%、13.60%和12.10%。三等宜耕未利用地主要分布在怀柔区和密云县，面积分别为12 110.56公顷和7996.83公顷，所占比例为46.64%和30.80%。

表2-5　各区县可开发未利用地不同宜耕性等级面积表

权属名称	一等可开发宜耕未利用地		二等可开发宜耕未利用地		三等可开发宜耕未利用地		可开发宜耕未利用地合计	
	面积/公顷	所占比例/%	面积/公顷	所占比例/%	面积/公顷	所占比例/%	面积/公顷	所占比例/%
怀柔区	7 670.98	17.68	5 041.78	18.79	12 110.56	46.64	24 823.32	25.81
海淀区	154.06	0.36	60.42	0.22	3.02	0.01	217.5	0.22
顺义区	4 090.24	9.43	1 082.47	4.03	960.71	3.70	6 133.42	6.38
平谷区	2 443.88	5.63	2 267.64	8.45	1 354.46	5.22	6 065.98	6.31

权属名称	一等可开发宜耕未利用地		二等可开发宜耕未利用地		三等可开发宜耕未利用地		可开发宜耕未利用地合计	
	面积/公顷	所占比例/%	面积/公顷	所占比例/%	面积/公顷	所占比例/%	面积/公顷	所占比例/%
门头沟区	2 834.58	6.53	5 126.36	19.11	1 450.12	5.58	9 411.06	9.78
通州区	492.41	1.13	3.02	0.01	0	0.00	495.43	0.51
石景山区	92.64	0.21	16.11	0.06	0	0.00	108.75	0.11
密云县	8 762.51	20.20	5034.73	18.76	7 996.83	30.80	21 794.07	22.66
丰台区	685.73	1.58	358.47	1.34	32.22	0.12	1 076.42	1.12
房山区	3 635.11	8.38	3 649.18	13.60	1 074.5	4.14	8 358.79	8.69
大兴区	3 036.98	7.00	1.01	0	2.01	0.01	3 040	3.16
朝阳区	276.91	0.64	0	0	0	0	276.91	0.29
延庆县	6 848.29	15.78	3 246.39	12.10	857.99	3.30	10 952.67	11.39
昌平区	2 363.32	5.45	943.51	3.52	124.87	0.48	3 431.7	3.57
北京市	43 387.64	100.00	26 831.09	100.00	25 967.29	100.00	96 186.02	100.00

2) 可开发宜耕未利用地斑块的集中连片性分析

集中连片是进行农业综合开发和形成规模效益的必要条件，也是确定土地开发整理项目时所要考虑的条件之一。在《国家投资土地开发整理项目管理暂行办法》中对不同地貌区的开发规模有着不同规定：丘陵山区 100~600 公顷，项目的相对集中连片，单片面积不少于 20 公顷，片块不超过 10 片；平原地区 400~2000 公顷，项目相对集中连片，单片面积不少于 50 公顷，片块不超过 10 片。因此，分析可开发未利用地图斑集中连片程度对土地开发可行性的研究以及开发项目的确定有重要意义。

下面利用景观指数的数量方法来描述可开发未利用地的景观形态及分布情况。选取斑块个数（NP），平均斑块面积（MPS），斑块密度（PD），平均最邻近距离（MNN），聚集度指数（AI），以及分离度指数（SPLIT）来反映未利用地的分布状况。各指数计算公式如下。

（1）斑块数（number of patches，NP）。n_i 为某一景观类型中所有斑块数目。

$$NP = n_i \tag{2-1}$$

（2）斑块密度（patch density，PD）。斑块密度反映景观的破碎化程度。N 为景观中所有斑块数目；A 为景观总面积。

$$PD = \frac{N}{A}(10,000)(100) \tag{2-2}$$

（3）斑块平均大小（MPS）。斑块平均大小单位为公顷，范围是 MPS>0。MPS 可以表征景观的破碎程度。

$$MPS = \frac{A}{N}\left(\frac{1}{10000}\right) \tag{2-3}$$

（4）分离度指数（splitting index，SPLIT）（1≤SPLIT≤景观内单元格数）。a_{ij} 为斑块 ij 的面积；A 为景观总面积。

$$SPLIT = \frac{A^2}{\sum_{j=1}^{n} a_{ij}^2} \tag{2-4}$$

（5）平均最近邻近距离。平均最近邻近距离（MNN），是指景观中每一个斑块与其最近邻体距离 h_{ij} 的总和（米）除以具有邻体的斑块的总数 N。平均最近邻近距离反映斑块之间的临近程度，平均最近邻距离越小，说明斑块越密集。一般来说 MNN 值大，反映出同类型斑块间相隔距离远，分布较离散；反之，说明同类型斑块间相距近，呈团聚分布。

$$MNN = \frac{\sum_{i=1}^{m} \sum_{i=1}^{n} h_{ij}}{N} \tag{2-5}$$

（6）聚集度指数（aggregation index，AI）（0≤AI≤100）。该指数表征了斑块间的聚集程度。

$$AI = \left[\frac{g_{ii}}{\max - g_{ii}}\right](100) \tag{2-6}$$

式中，g_{ii} 为景观类型 i 内斑块像素之间邻接数目；max 为景观类型 i 内斑块像素之间可能邻接最大数目。

使用景观分析软件 Fragstats 3.3 对可开发宜耕未利用地景观水平指数进行计算，结果显示（表2-6），可开发宜耕未利用地景观水平上共有斑块个数（NP）为9140个，斑块密度（PD）为9.54，平均斑块大小（MPS）为10.48公顷，说明了可开发未利用地斑块比较破碎；而分离度指数（SPLIT）为616.38，聚集度（AI）为63.49，平均最近邻近距离为495.65米。由于宜耕未利用地大多分布在远郊山区，受地形切割的限制，各斑块之间比较离散，互相之间距离不邻近。因此，可以认为，可开发未利用地斑块破碎、分布离散，未利用地的集中连片性不强，宜耕未利用地中真正达到国家标准集中连片开发要求的并不是太多。

表 2-6　宜耕未利用地景观水平指数表

景观指数	NP/个	PD/（个/平方公里）	MPS/公顷	SPLIT	AI	MNN/米
数值	9140	9.54	10.48	616.38	63.49	495.65

2.1.2.4　宜耕未利用地经济可行性分析

由于后备耕地资源自然条件差，其开发成本很高。土地开发的经济可行性研究关系到开发决策的科学性，关系到开发后土地利用能否具有微观收益及利用可持续性；因此，土地开发必须核算开发成本。土地开发的成本核算应该在该区域社会经济发展大背景下，综合考虑土地开发利用过程中各种开发成本、生产成本和生态成本。

经济发展水平和耕地产量存在着一种如图 2-4 所示的关系。随着经济的发展，耕地对于农户的功能也在逐渐变化，由生活保障功能向生产功能再向收益功能过渡。此时，农户经历了一种从追求产量最大化到利润和产量最优再到利润最大化的阶段。在北京市这样的经济发达地区，农户行为已经到达了追求利润最大化阶段。因此，土地经营经济上的权衡，即农户对其耕作的合算与否，可大体决定开发后耕地是否能被持续性的耕作。

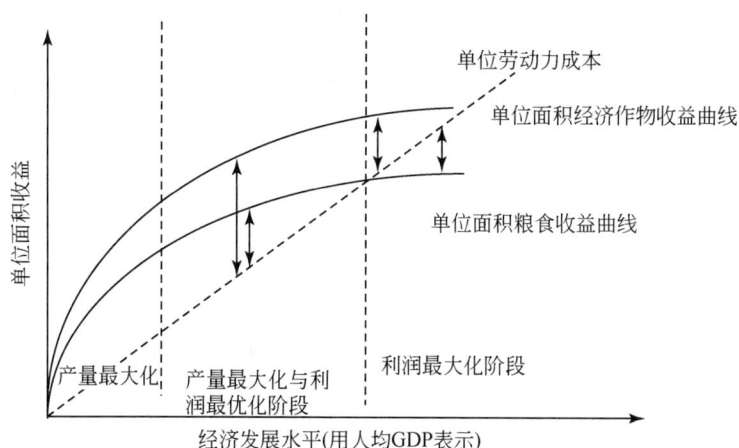

图 2-4　经济发展水平与土地产量关系图

据实地调查，在不计劳动力成本的情况下，黄淮海平原区每亩粮田的年净收益在 200～300 元。之所以收益这么低，主要是因为种子、化肥、农药等各种农业生产成本较高。如果进一步在经营成本中计入活劳动的投入成本，以每亩地每年用工 20 个，每天工值 10 元计，则经营耕地种植粮食作物的净收益基本为零或是微利。

北京市农民劳动力的机会成本高，种植耕地已经不合算甚至无利可图。因此，北京市一些瘠薄耕地大面积撂荒，甚至现在山区城镇周围优质耕地撂荒现象也不足为奇了。而且，一般来说，目前正在耕种的耕地包括一些近几年撂荒耕地的自然条件要优于新开垦后备土地资源而得到的耕地质量。在市场经济体制下，土地利用受经营土地的效益影响，在经营土地仅仅被当作一种收益手段而非生活保障手段的情况下，如果一种土地利用的成本超过效益或报酬，它就是不经济的，就不可能为经营者所接受。因此，从经济可行性上考虑，将宜耕未利用地开垦为耕地进行耕作基本上不具有经济可行性。

更进一步讲，开发后备耕地资源首先要考虑后备耕地资源开发成本。根据相关研究，如果仅计算田间工程土地平整、田间的灌溉、排水沟渠与道路的修筑费用，每开垦 1 公顷后备土地资源（不以净增耕地为计算基数，而是毛面积），其费用就为 2 万~9 万元。假定按 30 年使用年限计算，每亩土地上的折合开发成本每年就分摊 45~200 元不等。如果考虑这种固定投资折旧，几乎可以说北京市开发后备耕地资源为耕地是无利可图的。如果宜耕未利用地开发再计算上农业机械设备购置费和修建水库、引水干渠、骨干道路等较大型农田配套工程费用，后备资源开发更是无利可图。

因此，从经济意义上而言，北京市宜耕未利用地的开发经济可行性不高。

2.2 天津市未利用地开发补充耕地潜力评价

2.2.1 天津市未利用地现状分析

根据 2003 年土地变更调查数据（表 2-7），天津市未利用地面积（荒草地、盐碱地、沼泽地、沙地、裸土地、裸岩石砾地、其他未利用地、河流水面、苇地和滩涂）共 157 620.29 公顷。其中苇地、滩涂和荒草地三类数量最多，三者合计约占未利用地总面积的 68.80%：滩涂面积为 41 535.49 公顷，占 26.35%；荒草地面积为 34 289.63 公顷，占 21.75%；苇地面积为 32 622.03 公顷，占 20.70%；盐碱地有一定的分布，约占未利用地总面积的 4.75%；沼泽地、沙地、裸土地、裸岩石砾地只有零星的分布，这四类用地的面积占总面积的 1.36%。

表 2-7 2003 年天津市未利用地构成表

项目	荒草地	盐碱地	沼泽地	沙地	裸土地	裸岩石砾地	其他	河流水面	苇地	滩涂	合计
总面积/公顷	34 289.63	7 479.16	64.11	128.72	37.12	1 926.15	11 499.25	28 038.63	32 622.03	41 535.49	157 620.29
所占比例/%	21.75	4.75	0.04	0.08	0.02	1.22	7.3	17.79	20.7	26.35	100

从未利用地在各区县的分布来看（表 2-8），主要分布在大港、宁河和宝坻三个区县，合计占全市未利用地总面积的 50%。市区、西青、北辰未利用地数量最少。从未利用地的二级分类来看，苇地主要分布在宁河、大港、塘沽、武清、静海也有不少的分布，而其他的几个区县相对较少。滩涂主要分布在塘沽、汉沽、大港和蓟县，其他几个区县只有零星的分布。荒草地主要分布在大港、宁河和宝坻，盐碱地主要分布在大港和宝坻。其他类型的未利用地的数量较少，但分布比较集中：沼泽地主要分布在塘沽区；沙地主要分布在宝坻；裸土地，裸岩石砾地集中分布在天津市唯一的山区县蓟县。

表 2-8 2003 年天津市未利用地分布比例表

区县名称	面积/公顷	比例/%
天津市	157 620.29	100
市区	69.15	0.04
塘沽区	14 513.88	9.21
汉沽区	10 522.46	6.67
大港区	35 196.54	22.33
东丽区	4 129.64	2.62
西青区	4 152.42	2.63
津南区	3 682.99	2.34
北辰区	3 856.61	2.45
宁河县	24 570.66	15.59
武清区	7 486.05	4.75
静海县	14 157.23	8.98
宝坻区	22 836.75	14.49
蓟县	12 445.91	7.9

2.2.2 天津市未利用地的开发适宜性分析

2.2.2.1 评价单元的划分

评价单元的划分及其数据库的建立评价单元的划分是将同一地区、同一比例的诸评价因子图叠置起来，通过综合分析所有被叠置要素之间的相互作用和联系而完成。鉴于本次评价的目的和规划要求，我们按土地类型结合土地利用现状进行划分。

2.2.2.2 评价因子的选择

耕地质量是耕地自然属性和社会经济属性因素的综合效应，这些因素包括地形、地貌、土壤、植被、水文地质等，这些因素之间的动态联系和组合方式，构成了耕地的质量差异。只有选择了对某种用途有意义的评价因素和确定了各因素的评价标准，才能科学的评定耕地的质量等级。由于影响耕地质量的因子间普遍存在着相关性，甚至信息彼此重叠，故进行耕地质量评价时没有必要考虑所有因子，如何选择主导因素及因子是进行耕地质量评价的关键。评价因子选择地面坡度、土壤质地、盐渍化水平、土壤有机质含量、地下水保证率、土壤污染程度、地下水指数，评价指标选取根据国土资源部《关于后备资源评价》以及《农业地分等定级》规程要求确定。

2.2.2.3 参评指标的评价标准及分值的确定和权重确定

在评级因素选择和鉴定的基础上，根据评价目的和天津市的具体情况，划分各评价因素评级依据。划分的原则以能区别土地的质量差异为准，通过土地评价限制因素评级表将各评价因素的评价标准、分值划分以及各指标权重见表2-9。

表 2-9 各评价因子分值划分表

分值	地面坡度	土壤质地	盐渍化水平	土壤有机质含量级别	地下水保证率级别	土壤污染程度级别	地下水指数级别
100	1级	1级	1级	1~3级	1级	1级	1级
90	2级	2级		4级			
80			2级	5级	2级		2级
70	3级			6级		2级	
60		3级	3级		3级		3级

续表

分值	地面坡度	土壤质地	盐渍化水平	土壤有机质含量级别	地下水保证率级别	土壤污染程度级别	地下水指数级别
50							
40	4级						
30					4级	3级	4级
20	5级	4级	4级			4级	
10	6级		5级			5级	
权重	6	10	24	5	30	15	10

2.2.2.4 评价方法

首先在 SPSS 中根据特尔菲法得到的各评价因子权重对评价因子叠加属性数据库进行加权计算，得到宜农土地的评分值。然后将该属性导入 ArcView，并根据自然断裂点法进行聚类分析，获得宜农土地的适宜等，包括一等宜农地、二等宜农地和三等宜农地。

2.2.2.5 土地资源适宜性评价系统

本书的土地适宜性评价系统由土地适宜类–土地适宜等–土地限制型等三级组成。

1）土地适宜类的划分

土地适宜类的划分是以土地利用现状为依据，用极限条件综合分析法来确定，在评价时根据就高不就低的原则，对土地的适宜性进行评价，以利于后备土地资源的最佳利用方式的确定。即比较评价单元现状的因素值与评价因素指标的相符程度：当两者基本相符时，为利用现状的适宜地类；严重不符时，为此利用现状不适宜地类，并列入下一地类。其先后顺序依次为宜农地类、宜林地类、宜牧地类和暂不适宜地类。

2）宜农土地适宜等的划分

土地适宜等的确定用评价因素加权指数和法，其数学表达式为：$\sum A = \sum a_i \times p_i$（式中，$\sum A$ 为加权指数和；a_i 为各评价单元的单因素指数；p_i 为各因素的权重）。以指数和作出各个适宜等的频率直方图，再在图上找出其转折分界点，确定分等指标，进而划分土地适宜等，一般分为三等，用罗马数字Ⅰ、Ⅱ、Ⅲ表示。

一等地（Ⅰ）：对于该土地适宜类，土地在利用上高度适宜，基本上没有限制，经济效益好，能持续利用。二等地（Ⅱ）：对于该土地适宜类，土地在利用上中度适宜，有一定限制，经济效益一般，利用不当会引起土地退化。三等地（Ⅲ）：对于该土地适宜类，土地在利用上受到较大限制，勉强适宜，经济效益差，容易产生土地退化。

2.2.2.6 未利用地适宜性评价结果

天津市未利用地进行适宜性评价的结果见表 2-10 和图 2-5，宜农未利用地（简称宜农地）数量最多的是宁河县，为 17 659.47 公顷，其中以二等宜农地居多；其次是宝坻区，宜农地面积达 15 261.72 公顷，并且这一地区未利用地的质量较好，一等宜农地超过宜农地数量的一半以上，达 8985.20 公顷。从宜农地所占的比例来看，宜农地所占的比例也较高，均超过 80%。

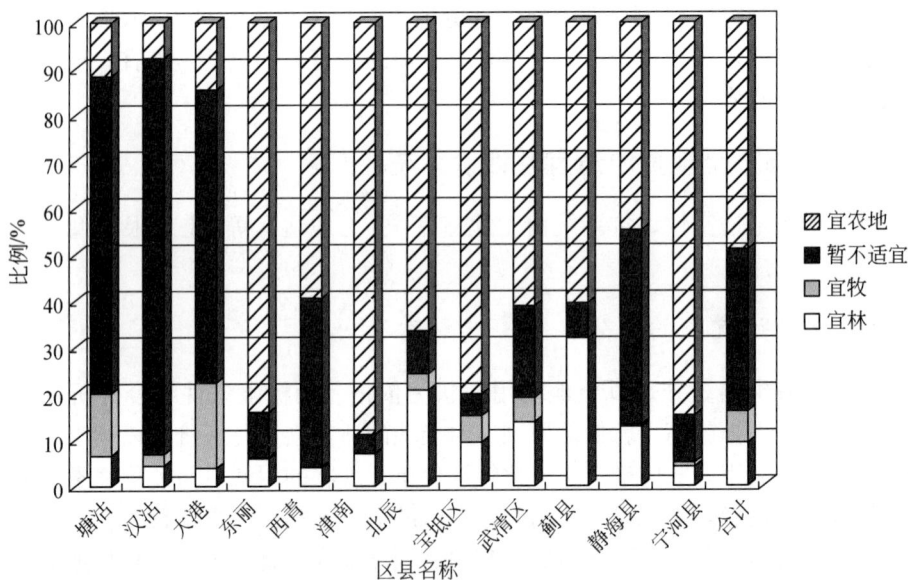

图 2-5 天津市宜农未利用地分布图

表 2-10 天津市土地适宜性评价结果表　　　单位：公顷

区县名称	一等宜农地	二等宜农地	三等宜农地	宜林地	宜牧地	暂不适宜地	合计
塘沽区	0	685.18	702.16	792.36	1618.97	8 210.20	12 008.87
汉沽区	36.37	345.31	355.71	428.44	234.74	8 224.92	9 625.49
大港区	474.64	3 797.44	176.15	1 199.25	5 654.22	19 379.75	30 681.45

续表

区县名称	一等宜农地	二等宜农地	三等宜农地	宜林地	宜牧地	暂不适宜地	合计
东丽区	0	1 723.82	1 075.55	198.49	8.92	327.32	3 334.10
西青区	0	1 557.87	1 341.88	194.71	11.90	1 781.27	4 887.63
津南区	2.04	892.47	2 008.61	228.56	1.21	135.19	3 268.08
北辰区	0	923.21	1 901.13	881.25	148.20	393.76	4 247.55
宝坻区	8 985.20	6 258.45	18.07	1 808.05	1 083.67	895.78	19 049.22
武清区	170.06	3 434.27	1 219.46	1 094.12	413.27	1 568.95	7 900.13
蓟县	7 168.66	300.07	0	3 938.09	0	946.23	12 353.05
静海县	764.94	4 095.92	456.21	1 526.50	47.81	4 976.12	11 867.50
宁河县	1 312.05	11 760.88	4 586.54	871.65	180.74	2 129.88	20 841.74
合计	18 913.96	35 774.89	13 841.47	13 161.47	9 403.65	48 969.37	140 064.81

2.2.2.7 未利用地开发潜力分级

以天津市各区县土地开发潜力系数为基础数据,对天津市各区县土地开发潜力系数进行聚类分析(表2-11),把天津市划分为三个潜力级别区:一级潜力区包括东丽区、宝坻区、西青区、津南区和宁河县。二级潜力区包括塘沽区、北辰区、武清区、静海县;三级潜力区包括大港区、汉沽区、蓟县。

表2-11 天津市土地开发潜力分级表

区县	宜农地面积/公顷	总面积/公顷	潜力系数	潜力等级	区县	宜农地面积/公顷	总面积/公顷	潜力系数	潜力等级
大港区	2 216.81	8 296.95	0.27	三	北辰区	973.71	2 380.41	0.41	二
塘沽区	596.47	1 989.75	0.30	二	武清区	1 728.35	4 286.83	0.40	二
汉沽区	152.19	706.30	0.22	三	宝坻区	11 300.94	25 043.98	0.45	一
东丽区	1 159.35	2 413.60	0.48	一	宁河县	5 877.03	12 311.63	0.48	一
西青区	558.23	1 209.75	0.46	一	静海县	2 168.65	5 609.87	0.39	二
津南区	874.72	1 877.62	0.47	一	蓟县	1 469.55	7 055.87	0.21	三

2.2.2.8 未利用地开发投入产出分析

1)评价方法

在土地利用的过程中带来的收益和付出的成本可以作为衡量土地资源在开发

利用中的获利能力的尺度。因此,可以通过对后备耕地资源开发利用过程中付出的成本和带来的收益之间的比较,对后备耕地资源的获利能力进行评价。

比较收益和成本的方法,常用的有三种:净现值(NPV)、收益/成本比(B/C)和内部收益率(IRR),收益/成本比和内部收益率都是由净现值公式推导出来的。

净现值是将总收益(B)和总成本(C)的值通过贴现率(r)折算到基准年(t=0),用式(2-7)计算净现值:

$$\text{NPV} = \sum_{t=0}^{n} \frac{B_t - C_t}{(1+r)^t} \text{ 或 NPV} = \sum_{t=0}^{n} \frac{B_t}{(1+r)^t} - \sum_{t=0}^{n} \frac{C_t}{(1+r)^t} \quad (2\text{-}7)$$

如果净现值为负,则在经济上不合理。

收益/成本比是将贴现后的收益同贴现后的成本相比:

$$B/C = \frac{\sum_{t=0}^{n} \dfrac{B_t}{(1+r)^t}}{\sum_{t=0}^{n} \dfrac{C_t}{(1+r)^t}} \quad (2\text{-}8)$$

如果 B/C 等于1,那么项目在其生命周期内的净收益为0——贴现后的收益正好等于贴现后的成本。如果 B/C 小于1,则意味着在经济上不合理。

内部收益率是当收益和成本的现值相等时的投资的回报率,即净现值为0时的贴现率,它等于满足式(2-9)时的贴现率 r:

$$\sum_{t=0}^{n} \frac{B_t - C_t}{(1+r)^t} = 0 \text{ 或 } \sum_{t=0}^{n} \frac{B_t}{(1+r)^t} - \sum_{t=0}^{n} \frac{C_t}{(1+r)^t} = 0 \quad (2\text{-}9)$$

然后将计算所得的内部收益率同其他金融利率或贴现率进行比较,以确定项目在经济上是否可行。

收益/成本比和净现值在计算时都需要选择贴现率①,内部收益率在计算时不需要选择贴现率,但是在判断项目的经济效果时,仍然需要同一个特定的利率作比较。

这三种方法都基于相同的数据,但是每一种方法的侧重点不同。例如,收益/成本比侧重于每单位成本产生的收益,净现值则侧重于所产生的净收益的绝对数量。

本书选用净现值法比作为评价方法。因此,当土地资源的以某种利用方式获得的总收益与付出的总成本的差值大于0时,这块地就具备了经济供给能力,可以以这种方式被利用;反之,则不适合以此种方式利用,不具备经济供

---

① 对于贴现率的选择存在着很多不同的看法,本书中选择比较常用的社会贴现率为0.12。

给能力。

2）土地开发利用的成本

（1）后备耕地资源的开发成本。进行后备耕地资源的开发就是要为作物生长创造条件，营造满足作物生长所需要的水分、肥力、热量的设施，维持土地经营的必要设施以及维持土地生产力的措施等。后备耕地资源的开发主要包括土地开发工程、土地治理工程、土地保护工程。

（2）后备耕地资源的利用成本。我国农业是高投入高产出，每千克农产品中的化肥农药水平是世界上最高的国家之一。研究表明（李芳柏和廖宗文，1996），物质投入对形成耕地生产力的贡献率可排序为：灌溉—化肥—良种—农机—役畜—农药—农膜。其中，化肥对单产增长的贡献份额达40%左右。由此可见，灌溉措施和施用化肥是影响粮食产量的主要因素，它们对产量的贡献率可达到80%以上。

综上所述，土地开发利用过程的成本为土地开发工程的费用以及农产品生产过程中的农业投入的费用。

3）后备耕地资源开发利用的收益

目前，我国耕地的使用者同时也是农产品的经营者，对于具有使用者和经营者双重身份的农民来说，耕地的使用所带来的收益同劳动带来的收益已经密不可分，农产品的价值中凝结了由于利用土地而产生的价值。在这种情况下，可以通过耕地资源的产品—农产品的收益情况对耕地资源的收益能力进行分析。农产品的收益在去除生产成本以外，还会有一部分的盈余，这部分的盈余被看做是土地利用所带来的收益。

2.2.2.9　未利用地经济供给能力分析

1）土地开发成本

（1）依据国土资源部土地整理中心《土地开发整理项目亩均预算标准技术报告》，各地区土地开发成本如表2-12所示。预算标准根据自然条件、社会经济发展水平和土地开发整理的类型等将全国划分为七个大区（不含香港、澳门、台湾、青海、西藏地区），并根据土地资源开发采取的工程措施和开发难易程度的不同，将标准划分三大类：平原、丘陵、滩涂。单位开发费用以被开发的后备耕地资源的总面积为基数进行计算（不以净增耕地为计算基数）费用中只包括标准化农田建设的田、水、路等综合配套设施，不包括修建水库、交通桥、机械设备的购置、林网建设、土壤化学改良等较大型工程。

表 2-12　土地开发预算标准　　　　　单位：元/公顷

地区	平原	丘陵	滩涂	备注
东南沿海地区	31 050	33 750	88 800	上海、江苏、浙江、福建、广东、海南
环渤海区	26 850	31 800	38 250	北京、天津、山东、河北、辽宁
东北地区	17 250	18 150	25 350	黑龙江、吉林、内蒙古东部
中部地区	20 400	43 200	52 200	河南、安徽、湖北、湖南、江西
西南地区	27 450	41 700	88 800	重庆、四川、云南、贵州、广西、
黄土高原区	26 700	44 700	96 150	山西、陕西、宁夏、甘肃陇东南
西北区	19 500	42 600	93 000	新疆、内蒙古西部、甘肃陇西

依据这一标准，天津市隶属环渤海区，平原区土地开发预算标准为 26 850 元/公顷，丘陵的开发预算标准为 31 800 元/公顷，滩涂的开发预算标准为 38 250 元/公顷。

（2）根据《天津市耕地资源后备资源调查评价》，新增耕地单位面积的投入标准如下（工程设施、防护林及田坎等用地以 20% 扣除①）：①水利工程预算（蓄水池、防护堤工程、灌溉渠等）为 21 000 元/公顷；②生态工程预算（森林覆盖工程、水土流失防治工程、土地污染治理工程、土地质量提高等）为 750 元/公顷；③配套设施预算（交通设施、电灌站、供电等）为 3750 元/公顷；④项目勘测规划设计费等预算为（①+②+③+④）×5% =2175 元/公顷；⑤管理费预算为（①+②+③+④）×3% =1305 元/公顷；⑥不可预见费为（①+②+③+④）×4% =1740 元/公顷。

工程投入费用为（①+②+③+④+⑤+⑥）= 30 720 元/公顷。

（3）（天津市近期开展的土地开发整理项目工程投资概况见表 2-13。天津市土地开发整理项目单位面积投资额最高为 82 274.65 元/公顷，最低为 24 235.76 元）/公顷。平均投资额根据下列公式计算：平均投资额=总投资额/项目工程规模=32 737.95 元/公顷。

---

① 对土地的开发不涉及土地使用权转让，权属状况基本不变，所以不列入资金概算。

表 2-13 天津市土地开发整理工程投资概况

区县	项目所在乡、镇、村	开发用地规模/公顷	新增用地规模/公顷	总投资/万元	单位面积投资额/(元/公顷)
宁河县	潘庄镇	148.85	130.6	316.519	24 235.76
静海县	满井子村	68.48	63.33	211.4	33 378.95
	团泊镇	27.96	25.17	114	45 298.01
	唐官屯镇	22.01	16.53	136	82 274.65
	杨成庄乡	18.66	16.26	101.62	62 496.92
大港区	太平镇	29.76	26.72	110.43	41 328.59
	南抛庄	5.2	4.71	24.8	52 653.93
	北和顺	5.1	4.7	20.4	43 404.26
	南和顺	16.23	14.54	70.15	48 246.22
	郭庄子村	16.25	14.2	61.32	43 183.1
	西街联盟村	9.87	8.29	35.25	42 534.79
	中塘镇马圈村	17.56	15.21	61.57	40 479.95

综上所述，依据以上三种预算方法，天津市土地开发成本在 30 000 元/公顷左右，以《天津市耕地资源后备资源调查评价》提供的数据为准，即 30 720 元。这一开发费用只包括标准化农田建设的田、水、路等综合配套，不包括修建水库、交通桥、机械设备的购置、林网建设、土壤化学改良等较大型工程。根据天津市后备耕地资源开发调查报告的出地率 80% 计，即工程设施、防护林及田坎等用地以 20% 扣除，则每增加一公顷耕地则需投入为 30 720/0.8＝38 400 元。

2）土地利用成本和收益

经营成本以现有耕作水平为基础进行计算，农作物生产成本＝某作物生产成本×该作物粮食产量。天津市各区县粮食产量见表 2-14。考虑种子、化肥、农药、灌溉等物质投入，又考虑机械投入、活劳动投入及运输成本得到小麦、玉米和水稻的单位产品生产成本，分别是 1.31 元/千克、0.94 元/千克、1.14 元/千克。

土地的收益取决于土地的产出和价格，在这里土地的产出主要指粮作物产量，价格指的是小麦、玉米和粳稻的作物价格，分别是 1240 元/吨、1043 元/吨和 1383.6 元/吨。粮食收入＝作物价格×单位面积作物产量。

表 2-14 天津市各区县粮食作物产量 　　单位：千克/公顷

区县名称	小麦产量	稻谷产量	玉米产量	区县名称	小麦产量	稻谷产量	玉米产量
塘沽区		5 522	2 968	北辰区	3 795	5 250	5 035
汉沽区		7 546	5 780	宁河县	3 239	7 946	6 286
大港区	343		698	武清区	4 613	6 960	4 850
东丽区		7 582	4 224	静海县	1 709		2 537
西青区	4 597	6 556	5 015	宝坻区	4 312	8 011	5 164
津南区		4 343	2 810	蓟县	6 155	6 926	6 043

3）天津市未利用地经济供给能力分析

计算得到天津市现有耕作水平下耕地和未利用地的经济供给能力，见表 2-15 和表 2-16。

表 2-15 天津市现有耕作水平下耕地经济供给能力表 　　单位：元/公顷

区县名称	小麦			稻谷			玉米		
	投入	产出	净现值	投入	产出	净现值	投入	产出	净现值
塘沽区		0	0	6 295.08	7 640.24	1 345.16	2 789.92	3 095.62	305.70
汉沽区	0	0	0	8 602.44	10 440.65	1 838.21	5 433.2	6 028.54	595.34
大港区	449.33	425.32	-24.01	0	0	0	656.12	728.01	71.89
东丽区	0	0	0	8 643.48	10 490.46	1 846.98	3 970.56	4 405.63	435.07
西青区	6 022.07	5 700.28	-321.79	7 473.84	9 070.88	1 597.04	4 714.1	5 230.65	516.54
津南区	0	0	0	4 951.02	6 008.97	1 057.95	2 641.4	2 930.83	289.43
北辰区	4 971.45	4 705.8	-265.65	5 985	7 263.90	1 278.90	4 732.9	5 251.51	518.61
宁河县	4 243.09	4 016.36	-226.73	9 058.44	10 994.09	1 935.65	5 908.84	6 556.30	647.46
武清区	6 043.03	5 720.12	-322.91	7 934.4	9 629.86	1 695.46	4 559	5 058.55	499.55
静海县	2 238.79	2 119.16	-119.63	0	0	0	2 384.78	2 646.09	261.31
宝坻区	5 648.72	5 346.88	-301.84	9 132.54	11 084.02	1 951.48	4 854.16	5 386.05	531.89
蓟县	8 063.05	7 632.2	-430.85	7 895.64	9 582.81	1 687.17	5 680.42	6 302.85	622.43

表 2-16 天津市耕地未利用地经济能力供给表 单位：元/公顷

区县名称	小麦	稻谷	玉米	区县名称	小麦	稻谷	玉米
塘沽区	−38 400	−30 759.76	−38 094.30	北辰区	−38 665.65	−31 136.10	−37 881.40
汉沽区	−38 400	−27 959.35	−37 804.66	宁河县	−38 626.73	−27 405.91	−37 752.54
大港区	−38 424.01	−38 400.00	−38 328.11	武清区	−38 722.91	−28 770.14	−37 900.45
东丽区	−38 400	−27 909.54	−37 964.93	静海县	−38 519.63	−38 400.00	−38 138.69
西青区	−38 721.79	−29 329.12	−37 883.46	宝坻区	−38 701.84	−27 315.98	−37 868.11
津南区	−38 400	−32 391.03	−38 110.57	蓟县	−38 830.85	−28 817.19	−37 777.57

在现有耕作水平下，玉米及水稻的净现值大于 0，这说明在不考虑土地开发成本的情况下，人们种植水稻及玉米还是有利可图的，但小麦的净现值为负值，种植小麦对农民而言无经济利益可言；而考虑土地开发成本后，种植小麦、水稻及玉米均是无利可图的。农产品经济效益下滑甚至出现亏本，大大降低了农民从事农业生产的积极性，大量耕地撂荒，耕地的转向经营导致耕地的保有量迅速下降。

根据前人研究以二级生态区为最小单位，用收益/成本比对我国后备耕地资源的经济供给能力进行分析（张迪，2002），天津市所在的华北平原区，在现有耕作水平下，耕地的净收益为 2677.94 元/公顷；该区耕地现有耕作水平的收益/成本比为 2.3673；可垦平原土地资源开发利用后的收益/成本比为 0.8377；可垦丘陵山地资源开发利用后的收益/成本比为 0.7540；可垦滩涂资源开发利用后的收益/成本比为 0.6671。在不考虑开发成本的情况下，以现有耕作水平为基础，华北平原区耕地的平均收益/成本比为 2.3673，远远大于 1，但低于全国平均水平 2.93，这说明在目前状况下，在华北平原区对耕地的利用仍然是可行的，但表现为由于高投入产出水平一般形成的低收益/成本比。考虑开发成本后，各类未利用地的收益/成本比均小于 1，尤其是滩涂资源。

2.2.2.10 天津市未利用地开发潜力小结

上述 2.2.2.6 的未利用适宜性评价更多的是表征理论上进行土地开发整理的潜力评价，对于土地开发整理在目前的技术条件下是可行的，但是如果把土地开发整理后进行粮食生产，则未利用地开发在经济上是不可行的，考虑到目前土地利用规划确定以耕地占补平衡的指导方针和区域建设用地总量的角度，可以根据土地利用潜力，将区域内宜于开发的未利用地优先开发。

土地后备资源开发成为耕地资源，如果从开发的角度来讲，土地开发后的效益较低，但从保障区域粮食安全的角度，对于适宜开发成耕地的，根据开发投入水平以及开发难易进行，对于那些不适宜作为耕地的用地保留为生态用地，或者发展农业综合利用模式。

2.3 房山区未利用地开发补充耕地潜力评价

2.3.1 房山区未利用地现状分析

2.3.1.1 未利用地的分布

根据房山区 2004 年土地变更调查（表 2-17），房山区 2004 年未利用地面积为 48 443 公顷，其中荒草地、裸岩石砾地、河流水面和滩涂面积较大，分别有 21 110.7 公顷、22 038.9 公顷、2876.2 公顷和 2237.2 公顷，占未利用地面积比例分别是 43.6%、45.5%、5.9% 和 4.6%。未利用地主要集中房山区的西南部山区，特别是十渡、张坊两个乡镇，所占面积达到 32.7%、14.4%。平原区未利用地面积较小，而且图斑细碎。

表 2-17 2004 年房山区各乡镇未利用地面积

乡镇名称	未利用地面积/公顷	所占比例/%
平原区	4 000.6	8.3
城关镇	920.6	1.9
良乡镇	115.3	0.2
琉璃河	337.5	0.7
阎村镇	158.5	0.3
窦店镇	159.2	0.3
石楼镇	121.2	0.3
长阳镇	2 013.8	4.2
燕房镇	174.5	0.4
山前区	7 463	15.4
长沟镇	466.7	1
大石窝	2 885.4	6
青龙湖	2 874.7	5.9
韩村河	1 236.2	2.6
低山区	25 220.9	52.1
周口店	1 620.3	3.3

乡镇名称	未利用地面积/公顷	所占比例/%
河北镇	274.4	0.6
张坊镇	6 965.7	14.4
十渡镇	15 832.1	32.7
南窖乡	528.4	1.1
高山区	11 758.4	24.2
霞云岭	2 488.5	5.1
佛子庄	2 527.2	5.2
大安山	1 021.4	2.1
史家营	2 760.8	5.7
蒲洼乡	2 960.5	6.1
总计	48 442.9	100

2.3.1.2 未利用地的构成

未利用地各土地类型面积及比例情况见表 2-18。在未利用地中，裸岩石砾地比例最大，为 22 038.9 公顷，占未利用地用地总面积的 45.49%。荒草地面积次之，为 21 110.7 公顷，占未利用地总面积的 43.58%，是该区最主要的后备资源。其次是河流水面和滩涂，面积分别为 2876.2 公顷和 2237.2 公顷，比例分别是 5.94% 和 4.62%。

表 2-18　2004 年未利用地构成表

项　目	荒草地	裸岩石砾地	河流水面	滩涂	其他未利用地	总计
面积/公顷	21 110.7	22 038.9	2 876.2	2 237.2	179.4	48 442.4
所占比例/%	43.58	45.49	5.94	4.62	0.37	100

2.3.2　房山区未利用地开发适宜性评价

将未利用地分为宜耕和暂不宜耕未利用地。在此基础上，选定相关指标并根据作物种植要求建立了评价指标的分级体系，用特尔菲法确定了各评价因素的权重后，并将未利用地分为三等（图 2-6）。

通过图斑面积比较，可以得到未利用地中一等宜耕、二等宜耕、三等宜耕的未利用地分别占 20.17%、17.19%、62.64%。考虑各种生态因素，其中三等宜

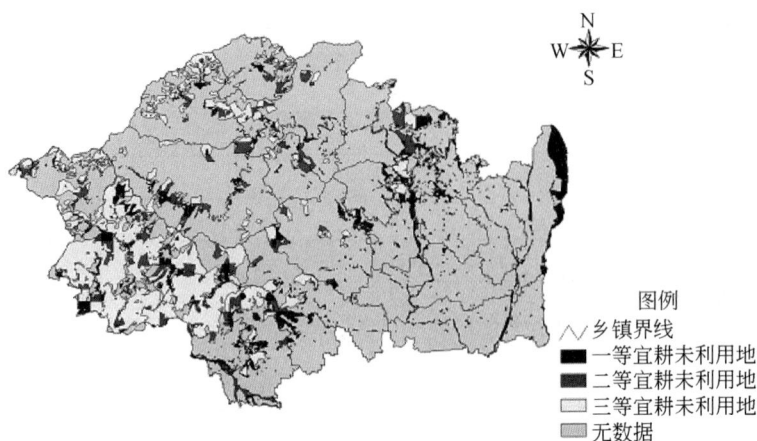

图 2-6 房山区宜耕未利用地分布图

耕未利用地原则上属于不宜耕未利用地，占很大的比例（表2-19）。

表 2-19 未利用地宜耕性等级面积表

等别	宜耕未利用地			
	一等宜耕未利用地	二等宜耕未利用地	三等宜耕未利用地	总计
面积/公顷	9 770.3	8 326.6	3 0346	48 442.9
所占比例/%	20.17	17.19	62.64	100

　　一等宜耕未利用地开发的生态适宜性分析参考 2.1.2 中北京市的宜耕未利用地生态适宜性分析方法。在当前社会经济条件和政策状态下，要结合房山区实际情况，要保护对土地生态环境意义较大的地类，它们在房山区当前环境下也有着重大意义。因此，不宜将这些地类纳入到土地开发的对象或范畴之中。对一等宜耕可开发未利用地的地类面积进行统计（表2-20），一等宜耕未利用地中荒草地面积为4411.7公顷，占总面积的45.15%。

表 2-20 一等宜耕未利用中不适宜开发的地类面积表

地类	图斑数/个	面积/公顷	占总面积的比例/%
荒草地	645	4 411.7	45.15
沙地	2	0.6	0.01
裸岩石砾地	81	1 922.1	19.67
其他未利用地	81	146.8	1.50

续表

地类	图斑数/个	面积/公顷	占总面积的比例/%
河流水面	205	1 560.8	15.98
苇地	10	18.0	0.18
滩涂	175	1 710.3	17.51
总计	1 199	9 770.3	100

3 区域农村居民点整理补充耕地潜力评价技术

本章选取天津市和北京市海淀北部四个乡镇为例,分别从市级尺度和乡镇尺度对所在区域农村居民点整理补充耕地潜力进行评价,构建了区域农村居民点用地整理补充耕地的潜力评价技术,在对农村居民点用地现状和存在问题进行分析的基础上,提出了农村居民点用地标准和整理模式、特点,并科学测算农村居民点用地整理补充耕地潜力。

3.1 天津市农村居民点整理补充耕地潜力评价

3.1.1 农村居民点现状分析

3.1.1.1 天津市农村居民点用地现状

截至 2003 年年底,天津市居民点用地总面积为 81 094.79 公顷,农业人口为 374.44 万人,人均居民点用地面积为 216.57 平方米。各区县的农村居民点用地现状见表 3-1。

表 3-1 2003 年天津市农村居民点现状用地表

区县	居民点用地总面积/公顷	农业人口/人	人均居民点用地/平方米
塘沽区	1 480.47	60 093	246.36
汉沽区	1 066.21	44 747	238.28
大港区	3 149.03	102 864	306.14
东丽区	3 595.53	198 741	180.92
西青区	4 723.85	228 824	206.44
津南区	4 317.66	274 921	157.05
北辰区	2 771.45	197 213	140.53
宁河县	7 238.49	278 532	259.89
武清区	13 884.60	692 626	200.46

续表

区县	居民点用地 总面积/公顷	农业人口 /人	人均居民点 用地/平方米
静海县	9 305. 65	424 469	219. 23
宝坻区	14 481. 33	552 661	262. 02
蓟县	15 080. 52	688 756	218. 95
天津市	81 094. 79	3 744 447	216. 57

3.1.1.2 规划期末农业人口预测

根据《天津市人口年龄统计表》提供的农业人口数据，得出天津市各区县近6年的年均人口自然增长率，并对规划期（2020年）的农业人口进行预测（表3-2）。

表3-2 天津市各区县近年人口自然增长率和规划期末农业人口预测表

区县	1998~ 1999年 人口自然 增长率/%	1999~ 2000年 人口自然 增长率/%	2000~ 2001年 人口自然 增长率/%	2001~ 2002年 人口自然 增长率/%	2002~ 2003年 人口自然 增长率/%	平均 增长率 /%	2003年现 状人口 /人	规划期末 2020年预测 人口/人
塘沽区	-0. 576	-0. 320	-0. 073	-0. 483	-0. 095	-0. 310	60 093	35 204
汉沽区	-0. 054	-0. 067	-0. 035	-0. 020	-0. 009	-0. 037	44 747	42 013
大港区	-0. 212	-0. 135	0. 043	0. 089	-0. 049	-0. 053	102 864	94 032
东丽区	-0. 145	-0. 056	-0. 006	0. 005	0. 116	-0. 018	198 741	192 888
西青区	-0. 027	-0. 031	0. 047	0. 025	-0. 013	0. 011	228 824	228 828
津南区	-0. 119	-0. 049	-0. 043	-0. 030	-0. 031	-0. 054	274 921	250 590
北辰区	-0. 202	-0. 143	-0. 018	-0. 041	-0. 055	-0. 092	197 213	168 608
宁河县	0. 018	-0. 033	-0. 012	-0. 000 071	-0. 146	-0. 034	278 532	262 623
武清区	-0. 042	-0. 042	-0. 026	-0. 021	-0. 048	-0. 036	692 626	651 914
静海县	-0. 001	-0. 004	0. 006	-0. 004	-0. 043	-0. 009	424 469	417 863
宝坻区	-0. 010	-0. 065	-0. 043	-0. 036	-0. 030	-0. 037	552 661	519 054
蓟县	-0. 014	-0. 033	-0. 028	-0. 021	-0. 064	-0. 032	688 756	652 330
天津市	—	—	—	—	—	—	3 744 447	3 515 946

3.1.2 农村居民点整理潜力分析

在中心村模式整理中，人均建设用地标准采用 120 平方米，原地改造整理模式中，人均建设用地面积采用 150 平方米。计算出天津市农村居民点整理潜力（表 3-3），结果显示天津市农村居民点整理潜力重点区域在蓟县、宝坻、武清、宁河等区县。

根据上节得到的天津市农村居民点整理潜力系数及面积，通过式（3-1）计算农村居民点待整理面积：

$$\alpha_{整} = s_{整} / S_{整} \tag{3-1}$$

式中，$\alpha_{整}$ 为农村居民点整理潜力系数（%）；$s_{整}$ 为农村居民点整理潜力面积（公顷）；$S_{整}$ 为农村居民点待整理区面积（公顷）。$\alpha_{整}$ 既反映了单位面积农村居民点整理潜力的大小，又反映了农村居民点整理的效率。

天津市各区县居民点综合整理清理系数见表 3-3。

表 3-3　天津市农村居民点整理潜力和整理潜力系数表

区县	人均用地标准/平方米	规划期末用地面积（2020 年）/公顷	2020 年潜力面积/公顷	待整理区面积（2020 年）/公顷	2020 年潜力系数
标准	150	—	—	—	—
塘沽区	150	528.06	952.406 67	1 480.466 7	64.33
汉沽区	150	630.20	436.018 67	1 066.213 3	40.89
大港区	150	1 410.48	1 738.553 3	3 149.033 3	55.21
东丽区	150	2 893.32	702.206 67	3 595.526 7	19.53
西青区	150	3 432.42	1 291.426 7	4 723.846 7	72.66
津南区	150	3 758.85	558.81	4 317.66	12.94
北辰区	150	2 529.12	242.326 67	2 771.446 7	8.74
宁河县	150	3 939.35	3 299.148 7	7 238.493 3	45.58
武清区	150	9 778.71	4 105.89	13 884.6	29.57
静海县	150	6 267.95	3 037.702	9 305.646 7	32.64
宝坻区	150	7 785.81	6 695.52	14 481.327	46.24
蓟县	150	9 784.95	5 295.57	15 080.52	35.12
天津市	150	52 739.21	28 355.573	81094.78	34.96

3.1.3 农村居民点整理模式和重点区域

天津市不同区域农村居民点整理的模式分别为城镇化聚集模式、人口增长型聚集模式、定居型聚集模式、自然缩减模式和合并型缩减模式（表3-4）。天津市农村居民点主要分布在蓟县、宝坻区、武清区、静海县、宁河县等区县，由于受到经济发展水平、传统生活方式的制约，农村居民点整理潜力大；但是要将潜力转化成为现实，还要受到经济发展水平、生活方式、农村规划、宅基地审批、资金投入等多方面的影响。天津市城市农村居民点与城市扩展进行治理区域主要分布在中心城市以及县城周边一些农村居民点。

表3-4 天津市农村居民点整理模式

模式	特点	2000~2010年主要分布区域	2010~2020年主要分布区域
城镇化聚集模式	由农村居民点转变为城市建设用地	全市城镇郊区，以及新兴的小城镇。大部分集中在天津市及县城周围	全市城镇郊区，以及新兴的小城镇
人口增长型聚集模式	农村居民点用地面积呈增加趋势	主要分布在北部和中部社会经济不太发达的农村腹地	城镇郊区有少量分布，农村腹地多
定居型聚集模式	新增农村居民点用地	主要分布在北部，以及其他区域条件比较好的牧区	—
自然缩减模式	农村居民点用地面积呈下降趋势	分布在广大的农村腹地，特别是优势农产品产业区（北部和中部）	分布在广大的农村腹地，包括优势农产品产业区
合并型缩减模式	农村居民点用地面积呈下降趋势	零星分布在广大的农村腹地	较多地分布在广大的农村腹地

3.1.4 天津市农村居民点整理的时间特征

从居民点潜力的利用时序安排上，对于农村居民点应首先明确规划，根据规划要求，严格控制新建农村居民点，对原有空心村采取迁村并点的方式进行整理，可以在2010年实现农村居民点的控制，并且促进向林地、园地和耕地转化。在农村居民点整理中应优先对重点区域进行农村居民点整理。影响农村居民点整理的因素很多，本书采用特尔菲法打分法，确定了几个影响因素的权重（表3-5），对天津市各区县农村居民点整理进行了排序。

表3-5　开发时序指标权重表

指标	潜力系数	潜力面积	国内生产总值	建设用地需求量
权重	0.15	0.15	0.4	0.3

首先，农村居民点的整理需要巨大的财力支持，因此选择了国内生产总值作为指标；其次，在全国范围内来看，农用地的减少是一个不可阻挡的趋势，它是城市扩张和经济发展的必然结果，农村居民点整理具有比较大的潜力，可以为耕地总量动态平衡提供支持，因此选择了建设用地需求量作为评价指标；潜力系数反映了单位农村居民点整理的效率；潜力面积在总量上反映出了农村居民点整理潜力，和潜力系数互相补充，可以更准确的反映农村居民点整理的前景。具体见表3-6。

按照评价结果，居民点开发时序依次为：宁河县、蓟县、武清区、西青区、宝坻区、大港区、塘沽区、静海县、东丽区、北辰区、汉沽区、津南区。

表3-6　天津市农村居民点整理时间序列指标计算表

区县	国内生产总值	潜力面积	潜力系数	建设用地量	得分	最后排序
塘沽区	4.4	1.2	0.3	0.3	6.2	7
汉沽区	4.8	1.65	0.9	2.1	9.5	11
大港区	4	0.9	0.45	0.6	6.0	6
东丽区	2.4	1.35	1.5	2.7	8.0	9
西青区	0.8	1.05	0.15	3	5.0	4
津南区	3.2	1.5	1.65	3.6	10.0	12
北辰区	1.2	1.8	1.8	3.3	8.1	10
宁河县	0.4	0.6	0.6	2.4	4.0	1
武清区	1.6	0.45	1.35	1.2	4.6	3
静海县	3.6	0.75	1.2	1.5	7.1	8
宝坻区	2.8	0.15	0.75	1.8	5.5	5
蓟县	2	0.3	1.05	0.9	4.3	2

3.2 海淀北部地区农村居民点整理补充耕地潜力评价

3.2.1 海淀北部地区农村居民点现状分析

3.2.1.1 海淀北部地区农村居民点用地现状分析

1）海淀北部地区农村居民点用地规模分析

根据 2004 年海淀区北部地区土地详查数据，截至 2004 年底海淀北部地区建设用地为 99 177.5 亩，其中居民点及工矿用地为 90 082.7 亩，约占建设用地总量的 90.83%。其中，农村居民点用地为 27 234.2 亩，占建设用地总量和居民点及工矿用地总量的 27.46%、30.23%。

海淀北部地区 4 个镇共有 104 个自然村，农村居民点用地（土地类 203）在图上显示由 459 个斑块组成，其中最大的一个斑块为 13 272 平方米，属温泉镇白家疃村；其中最小的一个斑块为 66 平方米属北庄子村。可见，海淀北部地区的农村居民点的集中度还是不够，并且用地规模差别也非常大。

2）海淀北部地区农村居民点人口、户数分析

海淀北部地区 2004 年共包括 4 个乡镇，64 个行政村，104 个自然村。此地区的农村居民点，承担了大量的非本村村民（外来人口）的住宿、生活。其中非本村村民人数最多的乡镇是最靠近城区的西北旺镇，占北部四镇总非本村村民人数的 58.27%。非本村村民人数占本村实际人数比例最小的镇为苏家坨镇，比例只有 7.79%，西北旺镇比例最高，达到 27.27%。

3）农村居民点人均用地现状分析

根据海淀区 2004 年变更调查土地统计台账（表 3-7），从人均居民点用地来看，海淀北部四镇平均为 215.39 平方米，普遍超过了人均 150 平方米的国家标准。其中上庄镇最多，达到 246.23 平方米，苏家坨镇最小。在考虑本村居住的外来人口后，人均居民点用地面积普遍减少，其中西北旺镇最少，人均只有 154.32 平方米，四镇平均水平为 174.76 平方米。四镇农村居民点用地中的闲置用地，相对来说较少，仅占 3.02%。其中，苏家坨镇最多，达到 258 亩；温泉镇最少，只有 68 亩。

表 3-7　海淀北部地区人均居民点用地表

地区	农村居民点面积/亩	实际居住村民		实际居住总数		户籍人均面积/平方米	实际人均面积/平方米
		户数	人数	户数	人数		
西北旺镇	9 047.9	12 027	28 495	16 602	39 088	211.68	154.32
温泉镇	4 119.3	5 951	12 434	7 101	17 137	220.86	160.25
上庄镇	6 368.3	7 368	17 242	8 172	19 307	246.23	219.90
苏家坨镇	7 698.7	11 522	26 125	12 673	28 361	196.46	180.97

4）农村居民点用地结构分析

由于"国家土地分类"不能提供农村居民点内部的用地细节，所以，对农村居民点用地结构进行了全面调查。通过调查可以看出，居住用地是居民点用地中比例最大的，这说明，农村居民点用地的超标问题，很大原因是由于单家独户的住宅形式造成的。服务设施用地比例普遍较低，说明各镇农村居民点的服务设施急需改善。村民管理机构用地的比例基本相似，一般占到居民点用地的1%左右。另外，还有一部分企业用地，也占了农村居民点用地的较大比例，主要原因是有部分企业用地与农村居民点用地相互交错，在调查时，都被统计在农村居民点用地之中。

5）农村宅基地用地结构分析

由于在海淀北部地区的农村，普遍存在着本村以外的人口居住，因此对其居住用地进行了调查，其结果见表3-8。非村民住房用地也占用了大量的住房用地，其中温泉镇最多，其用地面积占本村总居住用地总面积的比例达到了36.04%，苏家坨镇最小为6.61%，上庄镇为14.99%，西北旺镇为16.23%。

非村民的住房用地，占用的是本村的集体土地，在性质上是违法的。其形成原因主要是海淀北部四镇地处城乡结合部，受城市的辐射作用较大。城市的发展促进了城乡结合部的迅速生成，而这一地区与城市接近，并拥有大量的集体土地，对许多投资者和个体具有相当大的吸引力。大量人口涌入，这些进城务工人员的收入较低，大部分人选择居住在城市边缘的农村。

表 3-8　海淀北部地区农村宅基地用地结构组成表

地区	住房用地		村民宅基地		非村民住房用地	
	人口数/人	用地/亩	人口数/人	用地/亩	人口数/人	用地/亩
上庄镇	19 307	6 227.00	17 242	5 293.60	2 065	933.40
温泉镇	17 137	3 458.71	12 434	3 223.40	3 311	1 246.61

地区	住房用地		村民宅基地		非村民住房用地	
	人口数/人	用地/亩	人口数/人	用地/亩	人口数/人	用地/亩
西北旺镇	39 088	9 475.60	28 495	6 187.60	10 658	1 537.60
苏家坨镇	28 971	8 924.20	26 715	8 628.70	2 256	590.00
合计	104 503	28 085.51	84 886	23 333.30	18 290	4 307.61

3.2.2 海淀北部农村居民点整理潜力分析

3.2.2.1 农村居民点整理模式

通过对海淀北部地区农村居民点现状及存在问题进行分析，结合农村居民点特点，设立了以下整理模式：田园模式；公寓化或社区化的整理模式；村庄整体搬迁、异地改造的模式；缩并自然村，建设中心村的整理模式；村庄内部用地改造控制型的整理模式。

1）田园模式

田园模式很好地将农村居民点的生产与生活功能结合起来，既可以通过居民点的基础设施的改造达到改善生活的目的，也可以通过发挥居民点的观光、旅游、休闲功能解决农民的生产问题。

这种模式主要适用于分布在浅山区，周围有较好田园风光的农村居民点。这类居民点，可以原地改造，建设成集生态、旅游、休闲于一体的农村居民点，既可以减少农村居民点改造的费用，也可以解决大量农村居民的工作问题。在保护农村居民点原有生活方式的同时，实现生产、生活功能的统一，既符合村民的需要，又符合城市发展的目标定位。

2）公寓化或社区化的整理模式

公寓化或社区化的整理模式，一般适用于在区位上离城镇较近的农村，即一些"近郊村"，甚至是一些"城中村"，在整理上，可以实行一次性搬迁安置的整理模式。城市郊区的村庄，在规划期内则要长期整理、逐步搬迁。

这种模式可以很好地解决农民生活问题，使生活环境与质量得到极大的提高；但农民维持上楼的费用较高，需要农民有稳定的工作来保障其日常的生活。同时，关键是要根据区域高新技术产业发展，解决好失地农民的生产问题，可以考虑成立物业管理公司，以及加强农民自身造血功能的土地开发运作模式，将高新技术企业发展与农民自身利益紧密结合，在土地运作、高新技术发展产业链延伸以及物业管理等方面提供就业服务，促进农民就业以及农村经济发展。

3）村庄整体搬迁、异地改造的模式

村庄整体搬迁、异地改造的整理模式主要针对原址不适宜建设的村庄，如自然环境条件恶劣、交通不便、信息不灵的偏远山区，处于湿地恢复或绿化隔离带的乡村。从长远发展的角度出发，应由政府组织进行异地迁移，将村庄整体搬迁到经济条件好、发展空间大的农村居民点，或选择适宜的地区建设独立新村，并对老宅基地进行复垦还耕。

4）缩并自然村，建设中心村的整理模式

由于农民为方便耕种，故有散居的习惯，因而形成分布密集、规模小的迷你型村庄，使得村庄基础设施配套难度增加，管理不便，土地资源浪费，并制约了这些村庄的发展。对于这样的村庄，可视情况采取一次性整体搬迁或分期逐步搬迁的策略进行迁并。一般采取就近原则，合并到中心村或行政村，并对小自然村进行复垦还耕。将分散变为集中，既增加了耕地面积又方便了管理，同时又有利于公共基础设施配置。组织、资金筹集模式和作业模式可参照村庄整体搬迁，异地改造的整理模式的办法。

5）村庄内部用地改造控制型的整理模式

村庄内部用地改造控制型的整理模式通过将村中旧宅基地收回，将道路、水、电、电信等基础配套设施建设好，同时限制在村外围建设新房，并鼓励利用旧宅基地、废弃坑塘建房。这种模式主要是对农民的生活环境进行改善，农民的生产方式基本不变。

3.2.2.2　农村居民点整理标准

1）国家村镇规划标准

根据《村镇规划标准》（GB50188-93）的规定：村镇规划规模应按其不同层次分级规划常住人口数量，分别划分为大、中、小型三级，而人均建设用地指标按规定分为五级（表3-9）。

表 3-9 人均建设用地指标

现状人均建设用地水平 （平方米/人）	人均建设用地指标级别	允许调整幅度 （平方米/人）
≤50	一级、二级	应增 5～20
50.1～60	一级、二级	可增 0～15
60.1～80	二级、三级	可增 0～10
80.1～100	二级、三级、四级	可增、减 0～10
120.1～150	四级、五级	可减 0～10
>150	五级	应减至 150 以内

新建村镇的规划，其人均建设用地指标宜按第三级确定，当发展用地偏紧时，可按第二级确定。对已有的村镇进行规划时，其人均建设用地指标应以现状建设用地的人均水平为基础，根据人均建设用地指标级别和允许调整幅度确定，并应符合表 3-10 各级的规定标准。第一级用地指标可用于用地紧张地区的村庄集镇。地多人少的边远地区的村镇，应根据所在省份政府规定的建设用地指标确定。

2）地区规定

近年来，部分省份以国家《村镇规划标准》为基础，制定了不同的规划标准。

山西省：《山西省村镇建设规划定额指标》规定：平川地区村庄规划，每户宅基地面积审批控制为 200 平方米；人均耕地在 4 亩以上的山区乡镇，适当放宽到 270 平方米；人均耕地不足 1 亩的村庄，户均宅基地面积控制在 133.4 平方米之内。

广东省：广东省规划农村居民点户均宅基地的面积在平原地区小于 80 平方米；在丘陵地区小于 120 平方米；在山区小于 150 平方米。

浙江省：浙江省实施《村镇规划标准》的有关技术规定：①一般农村居民点规划人均建设用地不超过 60 平方米；②城市规划建设用地以外的区域，农村居民点规划人均建设用地不超过 80 平方米；③公寓式农村居民点，人均建设用地不准超过 38 平方米；④建筑面积指标按 6 人以上户不超过 240 平方米，4～5 人户不超过 200 平方米，3 人以下户不超过 145 平方米的标准执行。

天津市：天津市农村居民点人均用地规划当人均耕地面积小于 1 亩时，户均宅基地面积小于 167 平方米；当人均耕地面积大于 1 亩时，户均宅基地面积小于 200 平方米。

湖北省：2004 年湖北省人民政府办公厅发出关于加强农村宅基地管理的通

知中界定农村村民兴建、改造房屋，宅基地（含附属设施）总面积使用农用地每户不得超过 140 平方米，使用未利用土地的每户不得超过 200 平方米。

3）综合分析

综上所述，各省份村镇体系层次的划分基本和国家标准一致，但由于我国人口分布不均，人均宅基地，户均宅基地，人均建设用地面积等指标根据村镇体系划分也略有不同。一般人口密度较低的地方，人均用地指标较高；经济发展水平较高的地区，人均用地指标较低。

村镇规划规模分级：由于各省份之间村庄集镇人口不一，规模分级不能分成国家统一的大、中、小型。例如，陕西省，其基层村的人口均在 100 人以上，故只分成一级，中心村与一般镇分成两级，这均可依据村庄人口自行划定。

人均建设用地指标分级：人均建设用地各省之间差别都在第五或第六级的指标上，按照国家标准，划分成五级，每级相差大约 20 平方米，但有的省份人多地少的情况比较突出，故其最高人均建设用地规定在 120 平方米以内，比国家标准低 30 平方米。而有的省份山区比较多，地广人稀，故可分成六级，人均建设用地最高可达 180 平方米。

北京市 2003 年完成的城镇规划中，规定 2010 年的规划指标为：镇中心人均建设用地一般为 110~120 平方米，镇域规划人均建设用地为 140~150 平方米，农村居民点用地从 80~150 平方米，镇中心居住小区以及配套公共设施人均用地为 45 平方米左右。

城市总体规划规定：首都和经济特区城市的规划人均建设用地指标宜在105~120 平方米确定。本着严格控制城镇建设用地规模的原则，该次规划采取人均建设用地标准的最低限 105 平方米。2020 年，人均建设用地控制在 105 平方米。其中，中心城城镇人均建设用地控制在 92 平方米，新城城镇人均建设用地控制在 112 平方米，镇及城镇组团人均建设用地控制在 120 平方米以内。

4）各类模式整理标准

（1）公寓化模式整理标准——人均 100 平方米。公寓化模式主要指已经规划为市区的居民点所采用的模式。中心城区区域，按目前北京市农村居民点统计资料整理结果，人均居民点建设用地为 100 平方米。因此，规划为市区的农村居民点，整理标准暂定为 100 平方米。

（2）田园式模式整理标准——人均 200 平方米。田园式整理模式所处的农村居民点，主要是指一些浅山区的农村居民点，考虑到山区自然条件的特殊性，再加上社会经济发展需要用地，包括建设一些旅游设施，用地量可能会超过国家标准，因此控制在人均建设用地 200 平方米。

（3）中心镇模式整理标准——人均 120 平方米。中心镇整理模式的农村居民点，主要为在镇中心 2 公里以内的居民点，部分农民住在二类住宅小区，部分农民居住平房，从事农业生产。综合分析确定中心镇的人均建设用地控制在 120 平方米。

（4）村庄整体搬迁，建中心村整理标准——人均 150 平方米。此类农村居民点，主要是一些人口、用地规模较大的农村居民点，可以把周围的自然村，以及一些较小的农村居民点进行合并，建立中心村。农村住宅以平房为主，综合考虑后，其用地标准限定在人均 150 平方米。

（5）村庄异地搬迁整理标准——人均 150 平方米。此类居民点，主要是一些人口、用地规模较小的农村居民点，在整理时，需要村庄集体搬迁并合并到其他一些较大的农村居民点，建立中心村。农村住宅以平房为主，综合考虑后，用地标准限定在人均 150 平方米。

（6）原地改造整理标准——人均 150 平方米。此类居民点主要以原有的村落为基础进行一些原地改造，海淀北部地区采取此类整理模式的居民点人均用地为197.33 平方米，综合考虑后，可以将其整理标准压缩到人均 150 平方米。

3.2.2.3 各乡镇整理潜力

上庄镇农村居民点整理潜力中，各种模式均具有不同程度的整理潜力，潜力最大的模式为中心镇模式，最小的为内部改造模式。苏家坨镇农村居民点整理潜力中，除田园模式需要加强建设来增加用地面积以外，其余模式均具有一定的整理潜力，整理潜力最大的为中心镇模式。温泉镇的整理潜力中，最大的为中心镇整理模式，内部改造与整体搬迁的现状潜力，都为负值，需要增加用地。西北旺镇的农村居民点整理潜力中，除中心村模式需要增加面积以外，其余模式均具有不同程度的整理潜力，整理潜力最大的为内部改造模式。海淀北部四镇农村居民点不同整理模式及潜力见表 3-10。

表3-10　各乡镇农村居民点整理模式潜力表

地区	改造类型	农村居民点用地/亩	整理标准/平方米	整理潜力/亩
上庄镇	内部改造模式	1261.6	150.00	438.33
	整体搬迁模式	1462.4	150.00	470.38
	中心村模式	1418.2	150.00	473.2
	中心镇模式	2226.1	120.00	959.08
	合计	6368.3		2340.99

续表

地区	改造类型	农村居民点用地/亩	整理标准/平方米	整理潜力/亩
苏家坨镇	内部改造模式	1131.9	150.00	42.23
	田园模式	2364.92	200.00	−278.10
	整体搬迁模式	1049.11	150.00	663.55
	中心镇模式	3152.76	120.00	1040.46
	合计	7698.69		1468.14
温泉镇	内部改造模式	771.00	150.00	−399.75
	整体搬迁模式	99.86	150.00	−21.05
	中心镇模式	3248.44	120.00	884.86
	合计	4119.3		464.06
西北旺镇	公寓化模式	2591.81	100	567.00
	内部改造模式	3491.87	150	805.63
	整体搬迁模式	863.20	150	106.35
	中心村模式	1441.41	150	−752.25
	中心镇模式	659.62	120	138.32
	合计	9047.90		865.05

4　区域耕地保有量测算技术

本章以北京市房山区、北京市、重庆市为例，综合考虑不同区域不同尺度下耕地功能定位的差异，综合考虑耕地的生产功能、社会保障功能、生态服务功能以及区域经济社会发展水平和发展趋势，采取不同方法对区域耕地保有量进行测算，全面构建了区域耕地保有量测算技术，对提出合理的耕地保有量保护目标，实现区域粮食安全、农民增收和社会经济发展的共赢提供了技术支撑。

4.1　房山区耕地保有量测算

根据房山区耕地的功能，分别从耕地生态服务功能、社会保障功能两个方面进行测算。另外，考虑规划期内耕地的占用补充，以及耕地生态服务功能的测算还没有成熟的方法，下面重点从耕地的功能布局进行耕地保有量的测算，耕地社会保障和生态功能在耕地功能空间布局中加以体现。同时，考虑到房山区地处大城市郊区的定位，其耕地保护应该遵循能保则保的原则，在这一原则的基础上对耕地保有量进行测算。根据以上思路，分别从不同角度对未来耕地资源利用和保护提出相应的目标。

4.1.1　基于耕地社会保障功能的保有量测算

4.1.1.1　基于社会保障功能耕地保有量测算方法的确定

对于房山区来说，要考虑到广大山区农业人口的社会和粮食保障需要，将房山区耕地的社会保障功能定位为满足山区农民的自给自足。

4.1.1.2　耕地保有量各测算因子的确定

1）农业人口、人均用粮标准的确定

房山区 2020 年总人口控制在 120 万人以内，以城市总体规划中确定的城市化率，确定 2020 年房山区城市化率为 87%，农业人口总数为 15.6 万，人均用粮标准为 360 千克。

2）粮食播种面积比例的确定

根据历史数据计算出房山区粮食播种面积占总播种面积的比例（图4-1），可知房山区粮播面积下降趋势较平缓。结合考虑结构调整和农户选择等其他因素，确定 2020 年房山区粮食播种面积比例为 60%。

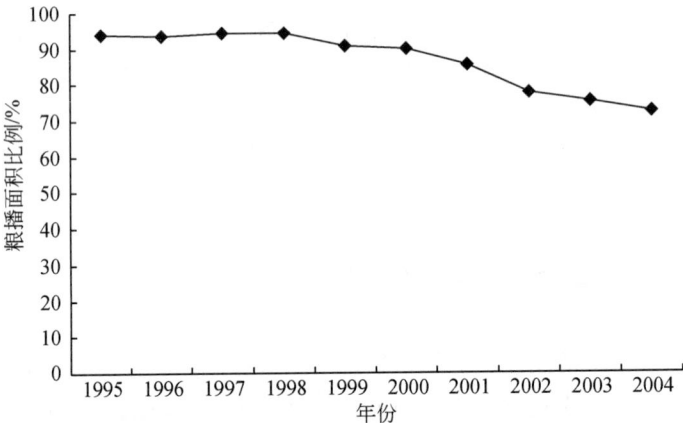

图 4-1　1995~2004 年粮播面积比例变化图

3）复种指数的确定

历年的农作物复种指数如图 4-2 所示。房山区的农作物复种指数变化起伏较大，1999 年以前处于比较平稳的状态，2000 年下降幅度较大，之后变化较平稳。考虑到规划年经济发展还会对农户土地利用模式选择产生影响，确定 2020 年复种指数为 0.9。

4）粮食单产的确定

粮食单产的确定主要根据房山区 1991~2004 年的粮食单产曲线进行预测。从粮食单产历史曲线来看（图4-3），从1991~1994 年，粮食的单产呈上升趋势，在 1994 年达到历史最高值 663.4 千克/亩；1995 年急速下降，之后下降趋势平缓，至 2004 年平均单产为 283.9 千克/亩。考虑到土地整理和科学技术的发展，确定 2020 年采用 300 千克/亩进行计算。

同时，借鉴房山区农用地分等定级调查的数据，得到房山区耕地的粮食单产平均水平为 400~500 千克，山区产量普遍较少，平原产量较高。考虑未来耕地在山区的数量有增加的趋势，将粮食单产定为 400 千克/亩。

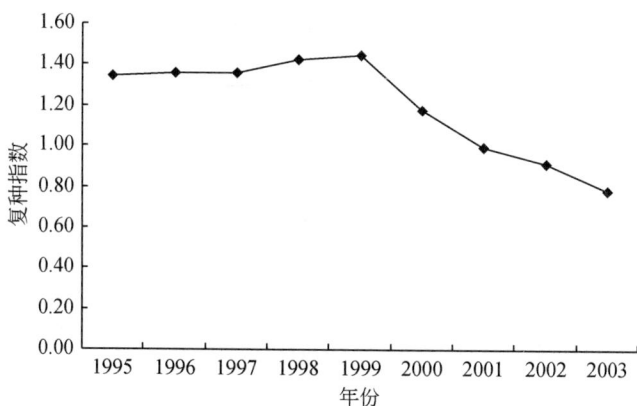

图 4-2 1995～2003 年复种指数变化图

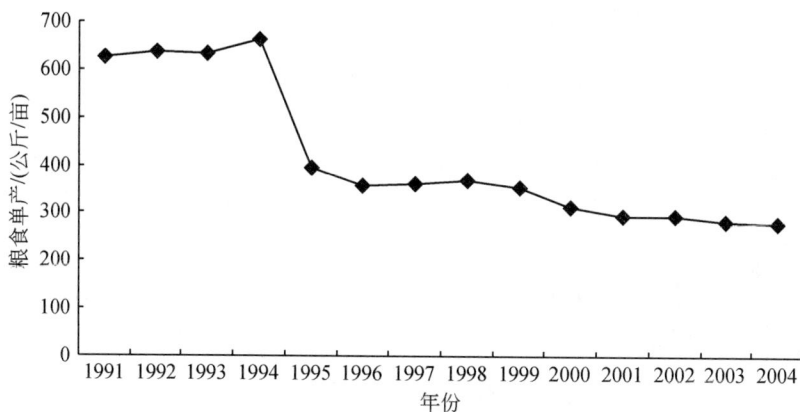

图 4-3 1991～2004 年粮食单产变化图

4.1.1.3 房山区确定规划期末耕地保有量的确定

耕地保有量的测算采取两种方案，即粮食单产分别采用历年统计预测和分等定级调查数据调整来获得，其他因素都不变。测算结果见表 4-1：方案一为 2.3 万公顷；方案二为 1.7 万公顷。

表 4-1 基于耕地社会保障功能的耕地保有量测算表

方案一	农业人口粮食自给率/%	2020 年农业人口/万	粮食单产/(千克/亩)	复种指数	粮播面积比例/%	耕地保有量/万公顷
	100	15.6	300	0.9	60	2.3

方案二	农业人口粮食自给率/%	2020年农业人口/万	粮食单产/(千克/亩)	复种指数	粮播面积比例/%	耕地保有量/万公顷
	100	15.6	400	0.9	60	1.7

比较方案一和方案二，主要是粮食单产的区别，方案一中是采取统计年鉴的数据，粮食单产偏小；方案二采用农用地分等定级数据，粮食单产比较符合实际。考虑到粮食单产在农用地分等定级调查中准确性较高，故考虑采用方案二的结果。结果显示 2020 年耕地保有量为 1.7 万公顷。

4.1.2 基于耕地功能保有量的测算

4.1.2.1 基于耕地功能保有量测算的思路

针对房山区不同区域耕地特点，划分了耕地功能分区，分为高山生态保育区、低山旅游景观区、山前都市农业功能区、平原生态功能区。基于耕地功能保有量的测算主要以功能分区为依据，根据各区的主要功能进行测算。考虑到测算的简洁性、可行性，测算时对功能分区进一步合并，大致分为耕地的社会保障功能区和耕地的生态功能区。耕地的生态功能区主要位于房山区的东部，包括城关镇、良乡镇、阎村镇、窦店镇、长阳镇、石楼镇、琉璃河镇；其余山区乡镇划为耕地的社会保障功能区。

4.1.2.2 生态功能区耕地保有量的测算

1）耕地生态重点保护范围的划分

在划定的平原生态功能中，耕地将成为城市生态体系建设的一部分，《北京市城市总体规划（2004~2020年）》中：禁止在此区域进行城市建设。因此，该区域耕地应纳入房山区"一环一带两核，网络型廊道"生态建设，可以将其作为平原生态区保有量测算的基本依据。以房山区土地利用现状图为底图，划出"一环一带两核，网络型廊道"区域内的耕地面积，作为耕地生态功能重点保护区（表4-2）。

表4-2 平原区耕地生态功能分乡镇面积统计表

乡镇名称	图斑数/个	耕地面积/公顷	占耕地比例/%
城关镇	74	381.1	3.7
良乡镇	190	665.1	6.5
琉璃河镇	507	3 417.7	33.2
阎村镇	95	517.2	5.0
窦店镇	261	1 674.3	16.3
石楼镇	306	1 931.4	18.8
长阳镇	255	1 701.4	16.5
总计	1 688	10 288.2	100

2）生态功能区耕地保有量的确定

根据《北京市城市总体规划（2004-2020年）》，耕地生态重点保护区的耕地可以作为生态功能区耕地保有量测算的基础。另外，由于该区域特殊的地位及其功能，在未来通过开发整理复垦增加的耕地面积，仍然将被纳入耕地保有量测算的范围，即房山区生态功能区耕地保有量的测算可表示为：生态功能区耕地保有量=耕地生态重点保护区面积+未来可增加的耕地面积。

综合考虑房山区的生态安全，建议该范围内的所有耕地都划定为基本农田。根据房山国土资源局、房山区各乡镇土地开发整理调查表分析计算，得到平原区耕地和基本农田的保有量（表4-3）。

表4-3 平原区耕地和基本农田保有量预测表[①]

乡镇名	图斑数/个	耕地面积/公顷	2020年耕地和基本农田保有量/公顷
城关镇	74	381.1	381.1
良乡镇	190	665.1	665.1
琉璃河镇	507	3 417.7	3 417.7
阎村镇	95	517.2	517.2
窦店镇	261	1 674.3	1 674.3
石楼镇	306	1 931.4	1 931.4
长阳镇	255	1 701.4	1 701.4
合计	1 688	10 288.2	10 288.2

①平原区的各乡镇：城关镇、良乡镇、琉璃河镇、阎村镇、窦店镇、石楼镇、长阳镇均基本无开发复垦整理出耕地的潜力，依据平原区划定的初衷，建议该区域中新增建设用地不占用耕地。

4.1.2.3 社会保障功能区耕地保有量的测算

山前区和山区经济比较落后，农民的社会保障来自耕地，该区耕地所体现的首要功能是社会保障功能。这里采用前面测算的在社会保障功能下应该保有的面积，可以算出山区 2020 年耕地保有量为 10 633 公顷（表4-4）。

表4-4 山前区和山区耕地预测表

乡镇名称	土地总面积/公顷	2004 年耕地/公顷	2020 年耕地保有量/公顷
长沟镇	3 811	1 788	722
大石窝镇	9 155	2 675	433
青龙湖镇	9 585	2 024	3 111
韩村河镇	10 081	3 148	867
周口店镇	11 983	840	2 222
河北镇	6 787	45	544
张坊镇	11 870	1 436	361
十渡镇	19 206	179	444
霞云岭镇	20 730	312	444
南窖乡	4 016	57	188
佛子庄乡	14 870	322	511
大安山乡	6 229	226	188
史家营乡	10 987	128	408
蒲洼乡	8 643	145	189
合计	147 953	13 325	10 632

4.1.2.4 基于耕地功能耕地保有量的确定

结合 4.1.2.2 和 4.1.2.3 得到的平原区和山前的耕地保有量，最后得到房山区 2020 年耕地保有量为 20 921 公顷。

4.1.3 基于社会经济发展耕地增减的测算

随着市场经济的逐步深入，社会经济发展对土地资源利用提出了新的挑战和新的要求。房山良乡新城以及各种基础设施的建设，生态环境保护、农业结构调整和土地资源可持续利用都对耕地利用提出了新的要求；必须坚持国家基本国策，综合平衡各行业发展用地需要，尽可能地保护耕地资源，通过分析耕地增减趋势，测算出规划期 2020 年耕地保有量。根据以上的基本思路，可以得出耕地供给法测算规划目标年的耕地保有量的计算公式：

$$S_{目标年} = S_{基期年} - S_{减} + S_{增}$$

$$S_{减} = 城镇建设占用 + 独立工矿用地占用 + 交通水利设施占用 + 其他建设占用$$

$$S_{增} = 土地开发 + 土地复垦 + 农田调整 + 农村居民点整理$$

其中，$S_{目标年}$ 表示规划目标年耕地保有量；$S_{基期年}$ 表示规划基期年耕地面积；$S_{减}$ 表示规划期间耕地面积预计减少量；$S_{增}$ 表示规划期间耕地面积预计增加量。

根据房山区各乡镇提供的规划资料，对房山区规划年建设占用耕地面积进行统计。耕地补充潜力是在一定的经济、技术条件下，按照生态环境保护的要求，其他用地类型转化为耕地的数量。《北京市土地利用总体规划（2005–2020 年）》中规定房山区规划期内土地开发整理增加耕地面积为 27 平方公里，考虑该控制指标，结合房山区土地开发整理复垦增加耕地潜力调查表，确定规划期内土地开发整理增加耕地数量。

根据经济社会发展耕地保有量的测算公式，结合房山区经济发展耕地面积变化的情况，最后得到房山区 2020 年耕地保有量为 21 019 公顷（表4-5）。

表4-5　分乡镇耕地保有量测算表（2020 年）　　　　单位：公顷

乡镇名称	耕地现状	耕地减少	耕地增加	耕地保有量
城关镇	1 188	288	0	348
良乡镇	1 637	300	0	837
周口店镇	840	217	3.4	542
琉璃河镇	4 155	569	0	3 403
阎村镇	1 507	780	0	0
窦店镇	2 100	75	0	1 834
石楼镇	2 292	60	0	2 151
长阳镇	2 212	200	0	1 462
河北镇	45	13	48.6	92
长沟镇	1 788	190	0	1 378
大石窝镇	2 675	239	55.204	2 325
张坊镇	1 436	150	23.6	1 205
十渡镇	179	44	9	91
青龙湖镇	2 024	120	3.12	1 691

续表

乡镇名称	耕地现状	耕地减少	耕地增加	耕地保有量
韩村河镇	3 148	128	11. 12	2 759
霞云岭镇	312	84	35. 6	27
南窖乡	57	33	0	14
佛子庄乡	322	—	0	322
大安山乡	226	13	26. 4	252
史家营乡	128	2	0	105
蒲洼乡	145	2	24	181
燕山地区	0	0	0	0
合计	28 416	3 507	240	21 019

资料说明：房山区各个乡镇提供规划、数据；其中周口店地区 2020 年的数据是根据 2010 年数据，估算 2020 年建设占用耕地的数量为 2010 年的 2.5 倍；佛子庄乡无数据

数据来源：房山区各乡镇调查的土地开发整理复垦潜力统计表

4.1.4 基于能保则保原则的耕地保有量测算

耕地保护应该遵循能保则保的原则，同时与房山区新城规划相衔接。测算的基本思路是：与新城规划相衔接，在现有耕地的基础上，扣除房山区建设占用耕地。除 25 度以上耕地，以及山区质量较差的耕地、河道内的耕地，加上各乡镇的补充耕地的实际能力，最后得到房山区 2020 年的耕地保有量。

根据对耕地坡度的统计，得到 25 度以上耕地全部分布在山区。分布面积见表 4-6。

表 4-6 房山区各乡镇 25 度以上耕地统计表

乡镇名称	图斑数/个	面积/公顷
河北镇	1	2.8
长沟镇	1	7.3
大石窝镇	1	2.7
张坊镇	9	75.5
十渡镇	4	21.0
青龙湖镇	3	8.9
韩村河镇	4	29.9
霞云岭镇	13	60.6
南窖乡	3	4.5

乡镇名称	图斑数/个	面积/公顷
佛子庄乡	6	47.5
大安山乡	12	60.9
史家营乡	10	32.3
蒲洼乡	3	9.9
总计	70	363.8

根据房山区公路局《2001-2020年房山区公路发展规划》，2006～2020年全区新建和改扩建公路项目共需扩展交通用地为1389.6公顷，按总占地面积的60%估算交通用地占用耕地面积约为840公顷。根据房山区水务局《房山区河道规划占地情况统计表》，房山区2005～2020年规划占地面积为3145.96公顷，按总占地面积的70%估算水利设施占用耕地面积约为2200公顷。根据房山区山区人口搬迁安置地建设项目，山区人口搬迁建设用地规模为130.62公顷，其中按60%估算占用耕地面积为78公顷。

房山区山区和低山区存在很多质量较差的土地，根据房山区农用地分等定级的结果，山区和低山区质量较差的耕地共计2046公顷，考虑到生态安全的问题，建议2020年退耕1023公顷。房山区有少量耕地分布在河道范围内，这部分耕地也应该退耕，河道内的耕地面积为373.71公顷。

2005～2020年各项占用耕地项目情况见表4-7。

表4-7 2005～2020年各项占用耕地项目综合估算表 单位：公顷

		2004～2020年	备注
	建设占用总计	6286.9	—
其中	新城建设占用	3168.9	—
	交通用地占用	840	按交通规划占地面积的60%估算
	水利设施用地	2200	—
	搬迁占用	78	按搬迁占地总面积的60%估算
	山区质量差的耕地	2046	2020年退耕1023公顷
	25度以上耕地	363.8	2020年全部退耕
	河道耕地	373.71	2020年全部退耕
	总计占用	9070.41	—

根据房山区实际调查所得的各乡镇土地开发整理复垦潜力统计，得到房山区2020年土地开发整理增加耕地实际潜力为400.1公顷。综合考虑了这各项因素之后，最后得到房山区2020年耕地保有量为19745.69公顷。

4.1.5 基于耕地生产、生态功能综合布局的耕地保有量测算

综合耕地的生产和生态功能，结合房山区现有耕地的质量情况，以及房山区新城规划建设占用土地情况，依据耕地保护的强度不同，将房山区分为四个区域：基本农田重点保护区；基本农田缓冲区；绿色隔离带耕地保护区；一般耕地保护区（图4-4）。

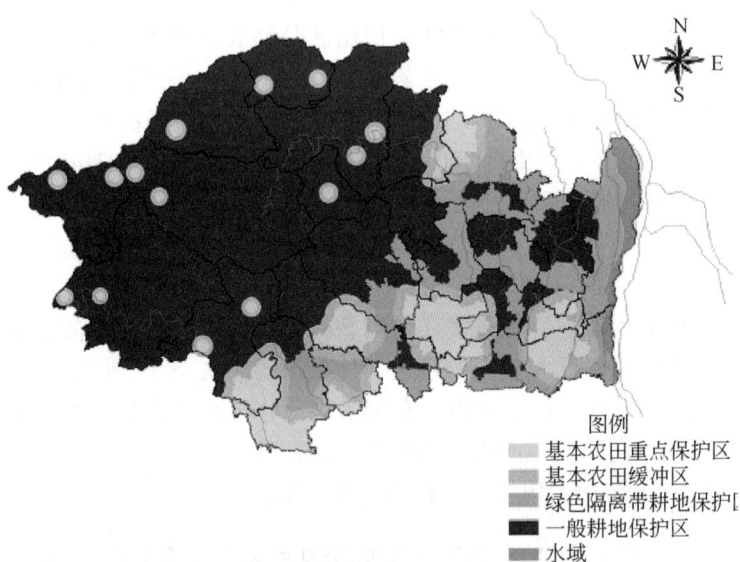

图例
▨ 基本农田重点保护区
▨ 基本农田缓冲区
▨ 绿色隔离带耕地保护[
■ 一般耕地保护区
▨ 水域

图 4-4　房山区耕地综合空间布局图

4.1.5.1 分区耕地保有量现状

依据房山区 2004 年土地利用现状图，统计各耕地保护区的耕地现状面积，见表4-8。

表 4-8　综合布局耕地 2004 年现状面积表 *

保护区名称	地类	图斑数/个	面积/公顷	各地类面积占总面积比例/%
基本农田重点保护区	灌溉水田	69	480	5.6
	水浇地	930	5 807	67.8
	旱地	326	1 987	23.2
	菜地	169	289	3.4
	小计	1 494	8 563	100

续表

保护区名称	地类	图斑数/个	面积/公顷	各地类面积占总面积比例/%
基本农田缓冲区绿色隔离带耕地保护区	灌溉水田	34	117	2.3
	水浇地	690	3 773	74.9
	旱地	239	887	17.6
	菜地	129	259	5.2
	小计	1 092	5 036	100
一般农田保护区	灌溉水田	35	75	0.8
	水浇地	1 270	7 152	74.5
	旱地	664	1 982	20.6
	菜地	159	391	4.1
	小计	2 128	9 600	100
	灌溉水田	17	67	1.3
	水浇地	520	3 082	59.1
	旱地	546	1 766	33.8
	菜地	112	304	5.8
	小计	1 195	5 219	100
总计		5 909	28 417	

＊2004 年现状图图斑属性面积，与实际数据稍有偏差

4.1.5.2　依据耕地综合布局的分区确定规划数量分布

根据各功能区的功能定位，确定基本农田保护区在规划年内耕地面积不能减少。其他三个区域规划年的耕地保有量基于各乡镇规划年耕地增加和减少的面积，通过各功能分区覆盖的各地类图斑在乡镇中所占比例，分别确定三个区域规划年的耕地增加和减少的面积①。结合房山区提供的各乡镇土地开发整理复垦增加耕地潜力调查表和各乡镇建设用地占用耕地需求数据统计的规划年各乡镇耕地增加和减少的面积。

1) 基本农田重点保护区

基本农田保护区的划定综合考虑了耕地在各乡镇的生产、生态功能，结合耕

---

①　根据建设地所占全乡镇建设用地的比例确定耕地建设占用的面积；根据未利用地占全乡镇该地类的比例来确定土地开发的面积；根据农村居民点和独立工矿用地的面积占全乡镇的比例确定土地整理和土地复垦增加耕地的面积。

地自然质量差异,选择质量较好且集中连片的耕地,这部分耕地应该全部划定为基本农田,该区域内的基本农田现有保护区应该全部保留,而且规划期内不应减少。最后确定,2020 年的耕地保有量为 8563 公顷。

2) 基本农田缓冲区

以乡镇行政边界为界线,分别统计农用地等地类的面积,求出其占全乡镇该地类总面积的比例。通过各乡镇对应比例,得到规划年内各乡镇基本农田缓冲区内耕地面积增加的数量,综合前面得到的规划年耕地增加和减少的面积(表4-9)。

依据该区划定的初衷,建议将该区现状划定的耕地的 90% 划定为基本农田,可以得到,2020 年的耕地保有量为 4461.4 公顷。

表4-9 规划年基本农田缓冲区耕地面积汇总表 单位:公顷

乡镇名称	2004 年 耕地面积	2020 年 耕地增加潜力	2020 年耕地减少 (建设占用耕地)	2020 年 耕地保有量
城关镇	203.5	0.0	10.9	176.3
良乡镇	188.3	0.0	6.9	170.0
周口店镇	299.8	0.0	14.7	279.7
琉璃河镇	1 053.4	0.0	157.9	881.0
阎村镇阎	0.0	0.0	0	0.0
窦店镇	643.9	0.0	10.4	606.9
石楼镇	320.4	0.0	8.8	299.6
长阳镇	45.6	0.0	2.1	37.7
河北镇	17.8	0.0	1.3	17.4
长沟镇	593.1	0.0	80.6	425.4
大石窝镇	700.5	39.2	62.9	662.8
张坊镇	178.0	0.0	37.8	112.8
十渡镇	8.5	0.0	2.9	3.0
青龙湖镇	67.2	3.12	14.6	160.2
韩村河镇	591.4	0.0	31.4	491.3
霞云岭镇	52.1	8.8	2.2	55.1
南窖乡	8.1	0.0	1.8	11.2
佛子庄乡	30.4	0.0	0	30.4
大安山乡	17.1	1.6	0.2	26.5
史家营乡	0.0	0.0	0	0.5
蒲洼乡	10.9	0.0	0.2	13.6
燕山地区	0	0	0	0
合计	5 030.0	52.7	447.7	4 461.4

3）绿色隔离带耕地保护区

测算得到绿色隔离带耕地保护区 2020 年耕地保有量为 7167.9 公顷，见表 4-10。

表 4-10　绿色隔离带耕地保护区规划年耕地保有量表　　单位：公顷

乡镇名称	2004 年耕地面积	2020 年耕地保有量
城关镇	752.6	389.2
良乡镇	799.6	534.9
周口店	310.2	260.5
琉璃河镇	1 452.0	1 283.0
阎村镇	776.3	183.7
窦店镇	163.0	122.1
石楼镇	11.7	11.7
长阳镇	1 540.3	1 042.3
河北镇	0.0	0.0
长沟镇	611.6	493.3
大石窝镇	539.8	403.7
张坊镇	0.0	0.0
十渡镇	0.0	0.0
青龙湖镇	1 509.9	1 408.6
韩村河镇	1 131.9	1 034.7
霞云岭镇	0.0	0.0
南窖乡	0.0	0.0
佛子庄乡	0.0	0.0
大安山乡	0.0	0.0
史家营乡	0.0	0.0
蒲洼乡	0.0	0.0
燕山地区	0.2	0.2
合计	9 599.1	7 167.9

4）一般农田保护区

一般耕地保护区中平原乡镇的耕地被划定为新城规划建设范围，为体现土地规划与城市规划的衔接，建议在该区域内城市规划范围的乡镇的耕地数量核减。另外，考虑山区耕地质量差，产量低，影响生态安全等情况，建议山区七个乡镇在该区域的耕地面积核减。

测算出一般农田保护区的耕地保有量见表 4-11，可以得到，2020 年的耕地保有量为 2394 公顷。该区域由于主要划定在山区和平原的城市建设区，耕地保护难度大，可行性不高，故不建议划定为基本农田。

表 4-11　一般农田保护区规划年耕地保有量表　　　　单位：公顷

乡镇名称	2004 年耕地面积	2020 年耕地保有量
城关镇	244.9	0.0
良乡镇	537.1	49.0
周口店	71.2	48.7
琉璃河镇	494.0	138.9
阎村镇	731.2	0.0
窦店镇	340.9	239.4
石楼镇	206.8	202.0
长阳镇	616.1	16.5
河北镇	16.0	16.0
长沟镇	0.0	0.0
大石窝镇	81.6	81.6
张坊镇	267.3	255.9
十渡镇	129.7	81.9
青龙湖镇	301.4	272.0
韩村河镇	475.1	426.0
霞云岭镇	227.6	111.0
南窖乡	26.0	22.1
佛子庄乡	148.7	148.7
大安山乡	110.0	128.3
史家营乡	85.2	68.9
蒲洼乡	87.1	87.1
燕山地区	0.0	0.0
合计	5 197.9	2 394

4.1.5.3 综合布局图规划年的耕地保有量

综合四大分区功能的规划年耕地保有量，可以得到房山区的耕地保有量，见表4-12。基于该功能分区的基本理念，将耕地保护的重要性划分为四个级别，因为基本农田保护的重点应该在前三个区域（基本农田重点保护区、基本农田缓冲区、绿色隔离带耕地保护区），确定规划年基本农田的保有量应该主要分布在这三个区域。综合得到 2020 年房山区耕地保有量为 22 585.9 公顷。

表 4-12　规划年房山区四大功能分区耕地保有量表　　单位：公顷

分区	2004 年耕地面积	2020 年耕地保有量
基本农田重点保护区	8 563	8 563
基本农田缓冲区	5 036	4 461
绿色隔离带耕地保护区	9 600	7 168
一般农田保护区	5 218	2 394
合计	28 417	22 586

4.1.6　耕地保有量的测算结果

分别用四种方法对房山区规划期耕地保有量进行测算，得到如下结果。

方案一为 17 333 公顷。该方案基于农业人口的社会保障考虑，房山区未来经济发展农业人口必定会逐渐减少，个别乡镇甚至会没有。随着经济的发展，农民的第二、第三产业收入会逐渐增加，对耕地的依赖性降低。因此，不适合北京地区，仅供参考而不推荐采纳。

方案二为 20 921 公顷。该方案充分体现平原区耕地的生态功能，将生态绿心、生态廊道、生态敏感区的耕地保留为基本农田，结合方案一山区和山前地区的耕地保有量测算，有较强的综合性。

方案三为 21 019 公顷。此方案结合各乡镇未来建设占用作为耕地减少的数量，由于数据的限制，没有考虑农用地内部结构调整和灾毁耕地的情况。可以考虑作为房山区规划期耕地保有量的上限。

方案四为 19 745.69 公顷。此方案体现能保则保的原则，在现有耕地基础上提出坡度大于 25 度的耕地退耕，结合房山区新城规划，扣除新城规划建设占用的耕地，河道行洪区范围内耕地、山区质量较差耕地，然后加上各乡镇调查所得土地开发整理实际潜力得到。

方案五为 22 585.9 公顷。此方案是在综合方案三、四中耕地功能，划定出功能分区的基础上，最后分耕地保护区的预测规划年耕地和基本农田保有量。

结合房山区城市发展规划，考虑五种方案优缺点，结论如下：方案一、方案二从耕地功能角度出发，方案二既体现了方案一中的社会保障功能，而且体现了耕地的生态功能，确定的耕地保有量是为山区农民提供最低社会保障以及维持区域生态安全的最低耕地保有量；方案三和方案四从房山区经济发展角度出发，扣除经济发展占用耕地部分来测算，方案四是在城市规划的基础上测算，与城市规划相衔接，结合各乡镇实际调查数据，具有更高的现实意义和可行性；而方案五则是基于房山区耕地体现的生产、生态功能以及与房山区新城规划布局图相衔接的综合布局上的，其综合性最高。最后，综合分析取方案四、方案五所得结果来确定房山区规划年耕地保有量区间为 2.0 万 ~2.26 万公顷。

4.2　重庆市耕地保有量测算

4.2.1　基于粮食生产能力的耕地需求量预测

4.2.1.1　综合评判重庆市粮食安全现状

1）粮食总产量波动指数

粮食总产量对粮食供应能力和粮食安全具有决定性作用，但受天气、播种面积、生产投入等各种因素的影响，粮食总产量会出现波动，利用这一特点来测算粮食安全水平状态。计算公式为

$$V_t = (Y_t - F_t)/Y_t \times 100\%$$ (4-1)

式中，V_t 为粮食总产量波动系数（%）；Y_t 为 t 年的实际粮食产量（万吨）；F_t 为 t 年的按时间序列资料计算的趋势粮食产量（万吨）。

采用简单的趋势回归方法，计算出各年相应的趋势粮食产量，当实际粮食产量与趋势粮食产量偏离较远，说明粮食的实际产量稳定性较差，粮食安全水平较低；反之，粮食的实际产量偏离趋势粮食产量的距离小，则稳定性高，代表粮食的安全水平就越高。运用 1997 ~2004 年重庆市粮食总产量的时间序列资料，得到回归分析结果。回归结果表明（表4-13），1997 年以来，重庆市粮食总产量每年约减产16.8 万吨，据此测算各年度粮食总产量的波动指数。从计算结果看，8年来重庆市粮食总产量绝大部分保持在±2%的范围内。最大减产波动指数为 −6.0%，发生在 2001 年，最大增产波动值为2.1%，发生在 2003 年。因此，从粮食生产的稳定性看，重庆市的粮食安全水平比较高。

表 4-13　1997～2004 年重庆市粮食总产量波动指数值

年份	实际粮食产量/万吨	趋势粮食产量/万吨	波动指数/%
1997	1 184.63	1 163.815	1.757 09
1998	1 155.36	1 147.32	0.695 89
1999	1 143.05	1 130.825	1.069 51
2000	1 131.21	1 114.33	1.492 21
2001	1 035.35	1 097.835	-6.035 16
2002	1 082.15	1 081.34	0.074 85
2003	1 087.20	1 064.845	2.056 20
2004	1 144.57	1 130.81	1.202 20

2）粮食自给率水平

1997 年以来,重庆市粮食自给率平均在 96% 左右,各年内变化幅度较小,反映了重庆市有较高的粮食安全水平。

3）粮食储备水平

联合国粮农组织通过多年监测认为,粮食周转储备应达到消费量的 12%,缓冲储备应达到消费量的 5%～6%,总储备量应达到消费量的 17%～18%。从表 4-14 可知,1997～2004 年,从总体上看,重庆的粮食库存是安全的,但从 2003 年起,已出现不安全的苗头,总储备量下降太快,特别是商品周转粮库存,2003 年比 2002 年总量减少了 46.95%,从而导致总储存量下降了 7 个百分点。分析结果表明目前重庆粮食安全程度较高。

表 4-14　1997～2004 年重庆市粮食消费量与储备量*

年份	粮食消费量/万吨	粮食总储备量/万吨	总储备量占消费量比重/%
1997	1168.30	269.50	23.07
1998	1152.33	318.00	27.60
1999	1160.87	312.40	26.91
2000	1148.76	318.70	27.74
2001	1152.58	312.70	27.13
2002	1141.10	215.60	18.89
2003	1154.00	130.70	11.33
2004	1200.00	180.00	15.00

*储备量=商品周转粮库存+地方储备

4.2.1.2 小康水平定额法

1) 基本思路

按照重庆市达到基本小康社会和完全小康社会对耕地的需求标准[①]，可测算出耕地保有量面积。根据全面建设小康社会人均耕地数标准，通过测算重庆市规划期末的人口数，充分考虑重庆市的社会经济状况，测定耕地修正系数，计算得出重庆市规划期末的耕地保有量。小康定额法测算规划目标年的耕地保有量的计算公式为

$$S_{目标年} = P \times B_{小康} \times K_{修正} \tag{4-2}$$

式中，$S_{目标年}$为规划目标年耕地保有量（公顷）；P为区域人口（万人）；$B_{小康}$为规划目标年小康定额国家标准[①]；$K_{修正}$为规划目标年区域修正系数标准[②]。将以上参数进行估算，确定规划目标年内较为切实可行的耕地保有量指标测算结果。

2) 规划期人口测算

分别采取自然增长率法、逻辑斯蒂函数法、人口结构与动态法及经济关系预测法四种方法对重庆市人口进行预测，并与重庆市人口和计划生育委员会测算结果相比较（计划生育委员会是采用自然增长法计算，假设今后机械增长为0，即从长远来看，迁入迁出人口相等），发现预测结果相差不大，考虑到职能部门的特点，决定采用计划生育委员会预测结果作为规划期人口数量，即到2020年，重庆市总人口为3336.00万人（表4-15）。

表 4-15　重庆市 2020 年人口多方案预测结果汇总表　　　　　单位：万人

年份	自然增长率法	逻辑斯蒂函数法	人口结构与动态法	经济关系	计划生育委员会预测
2020	3336.00	3163.33	3127.90	3265.85	3336.00

4.2.1.3 耕地需求法测算结果

根据小康水平定额耕地需求预测模型公式，即式（4-2），到2020年，耕地

---

① 小康社会必须要有充足的农产品作为物质保障，要实现粮食基本自给和保障人民食物安全，必须保证人均1亩耕地。

② 国家给重庆市定位粮食安全地位为"产销平衡区"，在2020年确定粮食自给率为90%。因此考虑将人均耕地修正系数在2020年确定为0.90对耕地保有量进行测算，即重庆市人均耕地保有量在2020年为0.90亩/人。

保有量为 2 001 600.00 公顷。

4.2.2 基于行业发展的耕地可供给量预测

4.2.2.1 耕地供给量预测法简述

1) 基本思路

重庆市城镇化战略的实施以及三峡水库建设，生态环境建设、农业结构调整和土地资源可持续利用都对耕地利用提出了新的要求。通过分析耕地增减趋势，建立规划期 2020 年耕地最大供给模型。按照"供给引导需求"和"能保则保"的原则，将耕地最大供给量作为耕地保有量全部保护起来。

2) 模型选择

规划目标年的耕地保有量的计算公式为：

$$S_{目标年} = S_{基期年} - S_{减} + S_{增} \tag{4-3}$$

$$S_{减} = 建设占用（三峡淹没）+ 生态退耕 + 结构调整减少 + 自然灾毁 \tag{4-4}$$

$$S_{增} = 土地开发整理复垦 + 结构调整增加 \tag{4-5}$$

式中，$S_{目标年}$ 为规划目标年耕地供给量；$S_{基期年}$ 为规划基期年耕地面积；$S_{减}$ 为规划期间耕地面积预计减少量；$S_{增}$ 为规划期间耕地面积预计增加量。

4.2.2.2 耕地减少量预测

1) 建设占用耕地指标测算

据土地利用变更调查资料显示，1997~2004 年重庆市建设占用耕地合计 39 399.31 公顷，年均占用耕地 4924.91 公顷。其中 1997~2000 年建设占用耕地 17 155.00 公顷，即年均占用耕地 4288.75 公顷。进入 21 世纪后，重庆市经济建设进一步加快，必然要求相应的用地来支撑，2001~2004 年建设占用耕地速度明显加快，为 22 244.31 公顷，扣除三峡水库淹没耕地 4867 公顷，占用耕地 17 377.31 公顷，年均建设占用耕地 4344.33 公顷。其中，仅 2004 年达到了 9018.97 公顷（含三峡淹没）。2003 年达到 7661.96 公顷（含三峡淹没）。

考虑到未来是重庆市建设长江上游经济中心和全面建设小康社会的关键时期，城镇建设、能源、交通、水利等基础设施建设等对耕地需求旺盛，年均建设用地呈上升趋势。同时也要坚持节约和集约利用土地的原则，优先保护生态环境，严格控制建设用地规模，切实保护耕地，在促进经济社会全面、协调和可持

续发展的前提下，综合部门测算法、灰色系统模型测算法、建设用地趋势测算
法、经济社会与土地利用相关分析法、人口-固定投资双因子控制模型测算法、
定额指标法等测算方法和测算手段，从 2004~2020 年，重庆市建设占用耕地总
规模将达到 82 600 公顷，年均 5162.50 公顷。

2) 三峡工程淹没耕地指标测算

据三峡工程淹没实物指标显示，预计三峡工程共需淹没土地 86 300 公顷，
其中耕地 15 608 公顷，到 2003 年底，一、二期工程建设已淹没耕地 4867 公顷。

3) 生态退耕减少耕地指标测算

作为长江上游的生态屏障，也是三峡库区中心地带，重庆市生态环境建设十
分重要，确保三峡库区生态安全，是重庆市土地合理利用的现实要求。为实现这
一目标，加强库区陡坡耕地生态退耕显得十分迫切。因此拟将 25 度以上不宜耕
地全部退耕，同时，对 15~25 度的坡耕地，生态环境较差，位于生态脆弱地区、
水土流失严重、地质灾害频发地区，对不适宜耕种的耕地实施退耕还林。

1997~2004 年重庆市共计退耕 23.58 万公顷，年均 2.95 万公顷，其中
1997~2000 年退耕规模较小，总计 4.09 万公顷，年均 1.02 万公顷，2001 年以
来通过实施退耕还林工程，加大了生态退耕力度，2001~2004 年共计退耕 19.48
万公顷，年均 4.87 万公顷。仅 2003 年就达到了 10.26 万公顷。

根据西部大开发土地资源调查评价结果，2000 年年末，重庆市 15 度以上陡
坡耕地共有 1783.78 万亩（其中 25 度以上 606.37 万亩），占耕地资源总面积的
47.14%，其中不宜耕地 594.89 万亩（占 33.3%）（其中 25 度以上不宜耕地
505.42 万亩，25 度以下不宜耕地 89.47 万亩），见表 4-16。扣除 2001~2004 年
重庆市实际已退耕 19.48 万公顷不宜耕地，其他不宜耕地原则上均在 2010 年以
前进行退耕，则 2005~2010 年间实际生态退耕 20.18 万公顷，2011~2020 期间
不安排退耕还林。

表 4-16　重庆市西部大调查坡耕地调查情况资料一览表　　单位：万亩

2000 年耕地数量	合计	15 度以上							
		15~25 度				25 度以上			
		坡地			梯田	坡地		梯田	
		小计	宜耕	不宜耕	宜耕	不宜耕	小计	宜耕	不宜耕
3 784.35	1 783.78	910.54	821.07	89.47	873.24	488.25	118.12	100.95	17.17

根据林业局的统计口径，近年来已实施的退耕面积为 630 万亩，加上"十一五"期间实施的退耕 580 万亩，重庆市退耕面积达到 1200 万亩左右，如按照这一目标实施退耕还林，重庆市耕地保有量最多能保证 190.06 万公顷，粮食安全将难以保证。因此，建议林业等有关部门首先应将近年来退耕还林实施过程中没有按照国家有关政策而退耕的优质耕地进行复耕后纳入耕地与基本农田保护；同时加强与国家有关部委的协调工作，争取国家在退耕还林规划中给重庆市安排更多退耕指标。

4）农业结构调整减少耕地指标测算

1997～2004 年重庆市通过将部分耕地调整为优质园地、设施农用地和牧草地等 38 122.23 公顷，年均 4765.28 公顷。其中 1997～2000 年农业结构调整减少 15 187.00 公顷，年均 3796.75 公顷，2001 年后，加大了农业结构调整力度，2001～2004 年农业结构调整共计 22 935.23 公顷，年均 5733.81 公顷，比前期上升 51%。

根据重庆市优质农产品规划，结合土地适宜性评价，在确保基本农田保护的前提下，预计到 2020 年，重庆市实行农业结构调整将需要减少耕地 6.00 万公顷，年均 3750 公顷。

5）自然灾毁减少耕地指标测算

根据土地利用现状变更调查资料，1997～2004 年重庆市自然灾毁减少耕地 8515.15 公顷，年均减少 1064.39 公顷，其中 1997～2000 年减少 3382 公顷，年均减少 845.50 公顷，2001～2004 年减少 5133.15 公顷，年均减少 1283.29 公顷，其中，2004 年自然灾害较为严重，减少 3281.52 公顷，若扣除该特殊年份，2001～2003 年减少 1851.63 公顷，年均减少为 617.21 公顷，比 1997～2004 年下降 27%，说明通过生态退耕、土地整理和农业结构调整等手段，重庆市防灾减灾工作已经初见成效，有利于进一步保护和改善生态环境。随着水利设施建设、土地整理、生态退耕、水土流失治理及地质灾害综合整治等工程推进，将有效改善生态环境，年均自然灾毁耕地将逐渐下降，以年均 1000 公顷计。

4.2.2.3 耕地增加量预测

1）土地开发整理复垦增加耕地

1996～2004 年重庆市通过土地开发整理复垦共新增耕地 28 360.23 公顷，占耕地增加总数的 95.09%。其中开发、整理、复垦分别增加 18 109.79 公顷、6657.15 公顷、3564.29 公顷，在一定程度减缓了耕地减少的趋势。但是，多年来随着人口不断增加，土地开发利用程度不断提高，目前可供开发利用的土地后备资源相对较少，再加上生态环境建设的需要，大规模的土地开发、开垦并不现实。

根据土地资源后备调查，重庆市土地后备资源仅 6.37 万公顷，分布集中在黔江、石柱、彭水等渝东和渝东南山区，开发工程的投入产出较低，开发回收期较长。预计到 2020 年，未利用地的开发速度将进一步减缓，预计开发新增耕地 1.60 万公顷。

根据重庆市农业综合开发规划、土地开发整理规划等资料分析，未来将加大农业投入力度，大力推进土地整理工作。重庆市 2004 年共有耕地 228.74 万公顷，田坎为 81.48 万公顷，耕地图斑内零星地类（非耕地）0.60 万公顷，净耕地系数仅为 73.59%，目前，重庆市土地整理新增耕地率为 10%～15%，考虑到今后耕地整理难度加大，预计整理后耕地新增 5～8 个百分点的净耕地系数较为切实可行。2004 年重庆市农村居民点用地为 36.12 万公顷，农业人口为 2376.18 万人，人均用地 152.65 为平方米，超过了国家 120～150 人/平方米的农村宅基地建设的最高标准。同时，随着农村城镇化的进一步推进，农业人口将大量减少，因此，农村居民点整理的潜力非常大。另外，可多方筹集资金对一些可垦废弃地、自然损毁地进行复垦，因此，耕地增加具备相当潜力。

预计到 2020 年，开发整理复垦新增耕地面积 4.74 万公顷，因此，规划期实际新增耕地 8.4 万公顷，平均每年新增耕地 5250.00 公顷。

2）农业结构调整

1996～2004 年农业结构调整共增加耕地 683.98 公顷，占耕地增加总量的 2.29%。主要是农民自发把一些低产量收益园地和荒芜林地改造为耕地，集中在三峡库区的云阳、巫山一带，到 2020 年因农业结构调整增加耕地为 854.98 公顷。

4.2.2.4 耕地供给法测算结果

根据耕地供给预测模型公式，计算出到 2020 年，耕地总供给为 2 001 645.65 公顷。

4.2.3 基于土地变化驱动力模型（DSR）的耕地保有量测算

4.2.3.1 土地变化驱动力模型（DSR）构建

下面简单的采用 GDP 进行单因子驱动力分析预测，通过对重庆市 1996～

2004 年的耕地面积同国内生产总值 GDP 进行了曲线拟合，拟合结果见图 4-5 和表 4-17。

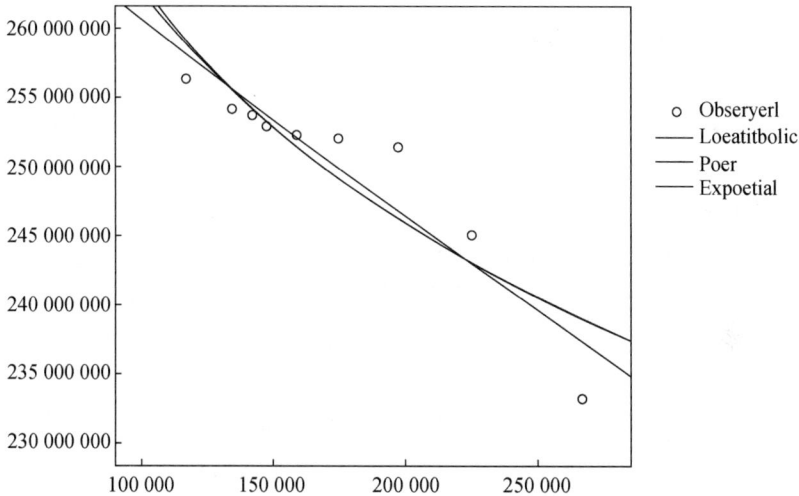

图 4-5　重庆市耕地面积和 GDP 拟和曲线图

表 4-17　模型摘要和参数估计表

Equation	Model Summary					Parameter Estimates	
	R Square	F	df1	df2	Sig.	Constant	b1
Logarithmic	0.799	27.805	1	7	0.001	4 301 247.591	−242 276.726

根据表 4-17 的输出结果，得出耕地–经济的对数模型为：$Y = 4\ 301\ 247.591 - 242\ 276.726 \times \ln X$。式中，$X$ 为模型参数，即 GDP。

4.2.3.2　土地变化驱动力模型参数预测

GDP 预测可采用三种方法：一是根据《重庆市城市总体规划（2005~2020年）》，到 2020 年建成长江上游经济中心，实现全面建设小康社会目标。GDP 达到 9000 亿元左右，在 2010 年基础上翻一番。二是根据历年 GDP 值，以及"十一五""十二五""十三五"GDP 年均增长速度，分别规划为 10%、9%、8% 的速度推算出 2020 年的 GDP 为 10 675 亿元。三是根据重庆市"十一五"规划确定的目标，即到 2020 年为 1.12 万亿元。结合以上三种预测结果，采用第三种方法的预测结果。

4.2.3.3　土地变化驱动力模型预测结果

将确定的自变量 GDP 数值代入耕地–经济对数模型中，可得到该方法测算的耕地保有量结果为 2 042 339.58 公顷。考虑到 2005 ~ 2010 年生态退耕 20.18 万公顷，2020 年耕地保有量为 2 042 339.58 公顷。

4.2.4 耕地保有量指标测算结果

以上三种方法分别基于重庆市粮食生产能力的耕地需求量、行业发展的耕地可供给量和经济影响驱动对 2020 年耕地保有量进行了测算。第一种方法是从小康标准的人均耕地数量基础上，考虑重庆市的粮食安全定位，得出耕地保有量。第二种方法从耕地的最大供给量上进行了测算，在当前重庆市社会经济发展的背景基础上，根据各部门用地的协调要求，综合平衡各行业发展用地需要，得到耕地保有量。第三种方法是从经济发展对耕地变化的影响角度进行测算，得到耕地保有量。

三种方法的预测结果相近，可以作为耕地保有量的三组方案。考虑到耕地保护的严格性，按照"能保则保"的原则，推荐耕地供给法测算结果作为重庆市土地利用总体规划耕地保有量目标，即到 2020 年耕地保有量为 2 001 645.65 公顷。

4.3 北京市耕地保有量测算

4.3.1 基本思路和技术路线

根据耕地在北京市的功能定位，其耕地保有量测算可分别从耕地生态服务功能、社会保障功能和生产功能三个方面进行。鉴于目前对耕地生态服务功能的测算还没有公认的结果，本节仅从耕地生产功能和社会保障功能两方面进行耕地保有量的测算。

首先，从耕地生产功能来看，北京市的耕地主要是从保障全国粮食安全角度，为北京市提供一定的粮食自给，并服务于本地的"菜篮子工程"。北京市作为首都和一个经济发展迅速的超大型城市，人口众多，耕地十分有限，要保障粮食的完全自给是不现实的，但是在全国耕地资源的压力下，必须尽最大努力保护一定数量的耕地，在力所能及的范围内保证一定的粮食自给率，为保障全国的粮食安全贡献一份力量。另外，从服务于北京"菜篮子工程"出发，北京市的耕地也要为众多的北京市民提供新鲜安全的蔬菜瓜果供应。

其次，从耕地的社会保障功能来看，耕地是农民谋生和满足自身粮食需求的重要生产资料,这点对于远郊区农民尤其重要,保护耕地就保障了社会的稳定。因此耕地保有量应从农业人口的保障功能出发进行测算。

除此之外,耕地保护与经济建设具有密切的关系。在一定前提和一定条件下,经济建设促使耕地非农化趋势不可避免,生态环境建设、农业结构调整和土地资源可持续利用也都对耕地利用提出了新的要求。在这种社会经济发展背景和发展态势下,坚持"一要吃饭,二要建设,三保生态环境"的基本要求,综合平衡各行业发展用地需要,尽可能地保护耕地资源,可以作为耕地与基本农田指标论证的另一思路。这一思路主要根据耕地面积变化和经济、人口等历史数据,寻求促使耕地变化的主要驱动因子,并预测在一定发展模式下目标年的耕地数量。这个预测值基于历史数据,并结合相关的理论模型进行分析,所以对于耕地的变化数量和耕地保有量的确定具有较强的参考价值。

根据以上三种思路,分别从不同角度对未来耕地资源利用和保护提出相应的目标,并拟订以下技术路线,如图4-6所示。

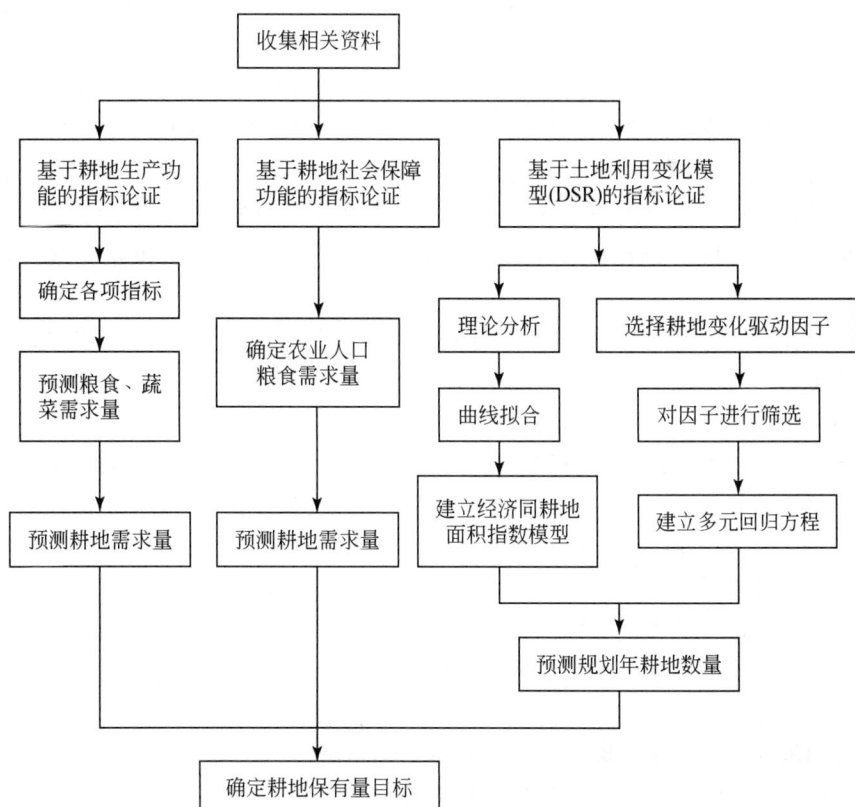

图 4-6 北京市耕地保有量测算技术路线图

4.3.2 耕地保有量测算方法分析及耕地保有量的确定

4.3.2.1 耕地保有量测算方法结果分析

通过上述计算方法，分别得到五种计算结果分别为：20.31 万公顷（粮食自给率法），16.1 万公顷（蔬菜需求法），18.46 万公顷（社会保障法），18.60 万公顷（指数模型）和 15.53 万公顷（多元回归）。由于出发点和计算方法的不同，这五种计算结果也各不相同，为了最终确定一个较为合理的耕地保有量指标，还要对各种计算方法进行分析。

根据粮食自给率和蔬菜需求量预测规划年所需耕地数量，粮食自给率法是计算耕地保有量的传统方法，其优点是数据容易获取，计算相对简单。这种方法的政策性较强，对耕地的保护力度相对较大，在我国当前保障粮食安全的大前提下，这种方法仍具有可行性。虽然对于北京市这样一个大都市来说，耕地粮食生产功能已不是主导功能，要实现粮食的完全自给是不可能的。但是，中央要求北京市在力所能及的范围内也要保证一定的粮食自给率，这不但体现了北京市作为首都对于执行国家政策的示范作用，也在国际上体现了中国实现可持续发展的姿态和决心。因此，根据历史数据结合北京市的实际情况确定一个相对合理的自给率，并计算出应该保有的耕地面积的方法是可行的。同时，从北京市农业要为市民提供鲜活的农副产品出发，通过蔬菜消费需求预测耕地需求也是符合发展需要的。

社会保障法是基于耕地的社会保障功能，根据农业人口的自给需求来预测耕地需要量。这种方法的计算步骤同粮食安全法的大致相同，都是基于耕地产量计算耕地面积，只是出发点和思路有所不同。

指数模型是相关理论分析和数据分析相结合的一种方法。耕地的减少应该同GDP 的增加成指数关系，这项理论是依据多项研究结果和世界上发达国家的城市发展历程总结而得出的，因此对于北京这个国际化都市也同样适用。另外，从构建的指数模型来看，相关性也很好，再次验证了这个理论。

多元回归模型的理论基础同指数模型基本一致，也是基于耕地面积的变化同经济的各项因素成指数关系的前提，采用线性变换将耕地面积同其他因子建立多元线性回归方程。但是多元回归模型除 GDP 外，又综合考虑多方面的因子，借助更多的数学手段来筛选因子，建立模型。同指数模型比较，这种方法考虑得更全面，最后提取的四个因子也比较有代表性。

对于指数模型和回归模型这两种方法，值得注意的是，虽然从理论上说当经济发展到一定程度，每增加一定的 GDP 所占用的耕地面积是减少的，但是这种指数关系的实现并不是完全自发的过程，而是有前提假设条件的，即经济的发展逐渐向第三产业转移，对土地规模的要求逐渐减少；同时，政府对可持续发展和土地的集约化利用越来越重视，经济发展到一定程度，政府意识到耕地的价值大于占用耕地所产生的价值，因此会采取措施、花费代价来保护耕地。因此要实现这个模型确定的耕地保护目标，也要结合一定的政策和经济措施。

从不同测算的计算方法分析来看，指数模型和社会保障法的计算结果比较符合北京市实际情况。一是指数模型不但考虑了建设用地占用耕地情况，也把耕地的结构调整考虑在内，比较符合未来发展趋势；二是随着北京市城市化的发展，发展的产业也多集中在技术密集型产业，所要求的工人大部分都是有技术有学历的，加上北京市的外来人口众多，就业竞争激烈，对农业人口能够提供的就业机会有限。如何保障农业人口生活安定，是关系到北京市稳定发展的重要前提。

4.3.2.2 耕地保有量指标的确定

除上述计算结果外，耕地保有量的确定还要考虑与北京市城市总体规划的衔接。在北京市城市总体规划中规定："2020 年比 2003 年全市规划新增城镇建设用地约 550 平方公里。本着科学发展观，集约利用土地资源为原则，新增城镇建设用地主要通过存量建设用地和未利用地的资源整合予以解决，其中通过村镇整合存量用地的潜力约 270 平方公里，工矿企业土地置换的潜力约 200 平方公里，以及未利用土地的整治开发约 80 平方公里。经过相互协调、综合平衡，确保规划期内市域建设用地总规模控制在 3000 平方公里左右。"基于各种不同计算结果的分析，结合北京市今后的发展方向和趋势，建议确定北京市 2020 年的耕地保有量为 18 万公顷。

第 3 部分

区域耕地质量提升技术

5 区域耕地质量提升潜力测算技术

下面以天津市、北京市和北京市房山区为例，提出了基于耕地生产能力的耕地质量提升潜力测算技术，包括两种区域耕地质量提升潜力测算技术。其中，第一种基于生产能力的耕地质量提升潜力测算，以天津市为实例进行了介绍；第二种基于质量优先的未利用地宜耕性评价，分别以北京市和北京市房山区为实例在市级和县级尺度上进行了介绍。

5.1 基于生产能力的天津市耕地质量提升潜力测算

5.1.1 天津市耕地适宜性评价

5.1.1.1 天津市耕地质量制约因素分析

1）地下水水位埋深

浅层地下水水位埋深主要受地形和开采的控制，天津市总体上水位较浅，北部山前平原地形坡降大，水位埋深多大于 4 米，山前平原以 3～4 米和 2～3 米为主。而在山前平原下部的北部和南部，主要由于浅层水和下伏隐伏岩溶水开采量较大，形成局部下降漏斗。在武清区北部的河西务—下伍旗一带，也出现了一个深埋深带，并由开采所致西北部向东南逐渐变浅，河西务北部>4 米，向东南渐变为 3～4 米，向南部平原水位变浅，以<2 米分布面积最大，滨海地带多小于 1 米。

2）地下水保证率

地下水开采潜力按地下水开采潜力指数 P（P=可开采量/实际开采量）来评价。$P>1.2$ 为有开采潜力区；$0.8 \leq P<1.2$ 为采补平衡区；$P<0.8$ 为超采区。天津市地下水资源分布不平衡，山区以利用岩溶裂隙水为主，山前平原全淡水区以开采浅层水为主，南部平原有咸水区主要开采深层承压淡水。由北向南地下水赋存条件和开发利用条件逐渐变差。北部为有开采潜力区，向南变为采补平衡区和

超采区。

3) 地下水矿化度

浅层水受地貌、含水层岩性和径流条件的影响，从北部山前平原到南部冲积平原和滨海平原，含水层颗粒变细，径流条件变差，含水层系统介质含盐量增高，地下水由强径流带变为滞流带和排泄带，呈现出由西北向东南的水平化学分带规律，地下水由低浓度场的超淡溶卤水、微咸水变为高浓度场的咸水和盐卤水。沿此方向，矿化度由山前平原<0.5g/L 过渡到滨海平原>10g/L。

4) 土壤盐渍化情况

天津市分布有大面积的盐渍化土壤，含盐量>0.1%的盐渍化土壤约占70%，盐渍化类型主要为硫酸盐–氯化物盐渍土和氯化物–硫酸盐盐渍土，其次为氯化物盐渍土和重碳酸盐渍土。

天津市含盐量在0.1%以下的非盐渍化土壤面积为3025平方公里，约占27%，主要分布在蓟县和宝坻区北部地区；含盐量在0.1%~0.2%的轻度盐渍化土壤面积为3292平方公里，约占30%，在各区县均有分布；含盐量在0.2%~0.6%的中—强度盐渍化土壤面积为3576平方公里，约占全区的32%，在黄庄洼、大黄堡洼、里子沽洼、黄港洼、贾口洼、团泊洼等大型的洼地附近土壤的含盐量多为0.2%~0.6%，为中—强度盐渍化土壤；东丽区、西青区、津南区等地土壤的含盐量多为0.2%~0.4%，为中度盐渍化土壤；含盐量在>0.6%的盐土面积为3576平方公里，约占全区的11%，主要分布在海积平原上；在大型的洼地中心地区有零星分布。

5) 土壤质地

天津市壤土面积为622 033.34公顷，占土壤总面积的57.66%，黏土面积为395 840.73公顷，占土壤总面积的36.69%，砂土面积为11 295.26公顷，占土壤总面积的1.05%，砾质土面积为49 691.53，占土壤总面积的4.60%。黏土在各区县均有分布，主要分布在西青区、塘沽区、东丽区、津南区和汉沽区等地，而砾质土主要分布在蓟县等地。因此，土壤质地也是潜在的限制性因素。

6) 天津市耕地质量限制型

由以上各区县的限制型所占的比例，可以总结出天津市的土地限制型：一是水资源不足引起的一系列问题；二是地形土质所引起的一系列问题。大面积中低产田的存在是本区耕地生产力提高的制约因素，但也是耕地生产力提高的潜力之所在。由于地形平坦、低洼，土质黏重，因此排涝不畅、盐碱聚集，所以研究区有大面积的中低产田。造成耕地低产的原因，既有地势低洼，土壤盐碱化，养分缺乏，水源不足等自然因素，也有资金、物质、劳力投入少，水利设施不配套，技术落后和经营粗放等人为因素。从限制因素来看，缺水型分布面积最大；其次是渍涝型；再次是盐碱型。在平原区由于地形平缓低洼，气候干燥，雨量集中，地下水位高，耕地的渍涝和盐碱化问题始终是一个不能完全摆脱的隐性问题。在各种限制型中，风沙型中低产地面积最小，它们构成了天津市耕地产量提高的潜力。

5.1.1.2 天津市耕地宜耕性质量评价结果

1）一等宜耕地

一等宜耕土地总面积为 137 108.21 公顷，占宜耕土地总面积的 34.80%。主要分布在蓟县南部、宝坻区、宁河县等主要区域，这类土地基本无限制因素，土地质量好。土壤以潮土、水稻土为主，肥力高，质地好，无旱涝盐碱灾害，水利设施齐全，灌溉水源稳定属于高产稳产田。该类土地在利用上高度适宜，基本上没有限制，经济效益好，能持续利用。

2）二等宜耕地

二等宜耕土地总面积为 188 974.80 公顷，占宜耕地总面积的 47.96%。主要分布在武清区北部、宁河县大部、静海县南部、北辰区北部，西青区中部和汉沽区的东北部地区。这类土地质量一般，土壤质地黏重，肥力中等，水源保证率低，有旱涝盐碱威胁，对农作物有一定的选择，属于中产田。对于该适宜类土地而言，土地在利用上中度适宜，有一定限制，经济效益一般，利用不当会引起土地退化。

3）三等宜耕地

三等宜耕地土地总面积为 67 921.06 公顷，占宜耕地总面积的 17.24%。主要分布在汉沽区东北部地区、武清区东南部。这类土地限制因素较多。以黏质潮土和盐化潮土为主，土地质量差，地势低洼不平，排灌设施不全，易旱涝盐碱，盐渍化情况明显，并且水源和地表水受到限制。农作物产量低且不稳定，属于低产田。该类土地在利用上受到较大限制，勉强适宜，经济效益差，容易产生土地退化。

各地类中宜耕土地面积如表5-1所示。

表 5-1 各地类中宜耕土地面积表 单位：公顷

地类		宜耕土地	一等宜耕	二等宜耕	三等宜耕
耕地	灌溉水田	19 827.92	5 619.20	10 174.91	4 033.81
	望天田	7.81	7.43	0.00	0.38
	水浇地	187 662.58	63 014.96	87 237.93	37 409.69
	旱地	144 897.40	57 430.99	71 256.58	16 209.83
	菜地	12 514.48	1 653.90	5 200.33	5 660.24
未利用地	荒草地	22 066.68	5 428.86	12 180.28	4 457.55
	盐碱地	1 954.66	602.27	1 256.61	95.79
	沙地	122.04	122.04	0.00	0.00
	裸土地	26.35	1.54	24.14	0.67
	裸岩石砾地	17.85	16.20	1.65	0.00
	其他未利用地	4 906.29	3 210.82	1 642.38	53.09

5.1.2 天津市耕地质量提升潜力测算过程

耕地生产能力提高和潜力测算可采用耕地生产力影响因素分析法，即首先确定耕地生产能力的影响因素，并对整个研究区进行耕地生产能力的影响因素评价，再找出耕地生产能力的限制因素，估算增产潜力。增产潜力可以用式（5-1）表示：

$$P = (LA - SA)/LA \qquad (5-1)$$

式中，P 为相对增产潜力（亩）；LA 为耕地理论单产（斤/亩）；SA 为耕地实际单产（斤/亩）。

根据各评价单元的生产潜力，即式（5-1）中的理论单产（LA），以当地产量的最大值计；配合各典型样区的近三年的产量调查资料［即耕地的实际生产能力（SA）］可以估算各典型样区的生产能力提高的潜力。同时结合 5.1.1 中低产田的调查资料，参照已经完成的土地整理复垦开发项目，了解对其实施土壤改良的难易程度以及实施土壤改良、完善农田设施后可能达到的产量水平，对测算结果进行验证。

根据国土资源部《农用地分等规程》中对全国各县（市）光温（气候）生产潜力的估算，黄淮海平原区粮食作物的光温、气候生产潜力分别为：小麦光温生产潜力为 8910～25 245 千克/公顷，气候生产潜力为 4515～16 905 千克/公顷；玉米光温生产潜力为 20 715～47 925 千克/公顷，气候生产潜力为 17 970～36 750

千克/公顷；水稻光温生产潜力为 13 515～39 435 千克/公顷，气候生产潜力为 11 805～31 350 千克/公顷。

张凤荣对黄淮海平原区农业综合生产潜力的预测结果表明，粮食作物的光温生产潜力分别为：水稻 14 160～18 090 千克/公顷，夏玉米 11 160～12 480 千克/公顷，冬小麦 9 690～12 210 千克/公顷。然后根据作物可能灌水量及多年平均自然降水量对光温生产潜力进行修正，分别得到灌溉地和旱地的气候生产潜力，灌溉地的气候生产潜力为：水稻 10 620～13 575 千克/公顷，夏玉米 10 380～11 805 千克/公顷，冬小麦 8 475～10 215 千克/公顷；旱地的气候生产潜力为：冬小麦 3690～6975 千克/公顷，夏玉米 8040～9795 千克/公顷。最后根据土壤和肥料对作物生长的限制性，对黄淮海区耕地的气候生产潜力进行进一步的修正，即将耕地的气候生产潜力乘以土壤和肥料修正系数得出耕地的光温水土生产潜力。考虑依然存在着病虫害、杂草危害等自然灾害对作物生产潜力的影响，并将这一影响统一定为 10%，将耕地的光温水土生产潜力乘以 90%，就得到一定自然条件和利用方式下作物的耕地综合生产潜力，分别为：水稻 7515 千克/公顷，夏玉米 7365 千克/公顷，冬小麦 5955 千克/公顷。旱地综合生产潜力分别为：夏玉米 5655 千克/公顷，冬小麦 3375 千克/公顷。

据调查，在黄淮海平原区，高产田的小麦产量为 6000～7500 千克/公顷，玉米产量为 7500～9000 千克/公顷，水稻产量为 7500～9000 千克/公顷；一部分高产田的小麦产量达到 9000 千克/公顷，玉米产量为 9540 千克/公顷；有些高产示范田中小麦产量达到 10 908 千克/公顷，玉米产量达到 14 385 千克/公顷。这些高产田的产量是较高的投入和管理水平下所达到的产量。

同时在黄淮海区还存在大量中低产田，小麦中产田产量为 4500～6000 千克/公顷，低产田产量为 3000～4500 千克/公顷，有的低产田产量甚至低于 3000 千克/公顷；玉米中产田产量为 6000～7500 千克/公顷，低产田产量为 3000～6000 千克/公顷，有的低产田产量甚至低于 3000 千克/公顷。

从以上数据可以看出，中低产田与高产田的产量差距较大。中产田与高产田产量相差 1500～3000 千克/公顷，低产田与高产田产量相差 3000～4500 千克/公顷（表 5-2）。

表5-2 天津市高中低产田以及光温生产潜力表 单位：千克/公顷

	高产田	中产田	低产田	高产示范田	光温生产潜力	气候生产潜力	张凤荣预测值
小麦	6 000～7 500	4 500～6 000	3 000～4 500	10 908	8 910～25 245	4 515～16 905	8 475～10 215

续表

	高产田	中产田	低产田	高产示范田	光温生产潜力	气候生产潜力	张凤荣预测值
玉米	7 500 ~ 9 000	6 000 ~ 7 500	3 000 ~ 6 000	14 385	20 715 ~ 47 925	17 970 ~ 36 750	10 380 ~ 11 805
水稻	7 500 ~ 9 000				13 515 ~ 39 435	11 805 ~ 31 350	10 620 ~ 13 575

如果中低产田在增加投资进行改造后能够达到高产田的产量，继续增加生产性投入，高产田的产量仍可提高，天津市耕地还是有一定的生产潜力可以挖掘。

市场经济条件下，土地生产潜力的开发主要受投入与管理水平的制约，肥料投入、病虫害防治、机械化水平，农业技术应用以及田间管理等条件都不同程度地影响作物的产量。而投入与管理水平又受当地社会经济发展水平下农民利用土地的能力影响，也就是说农户的资金和管理技术水平决定了农民利用土地的能力。

5.2 基于质量优先的北京市未利用地宜耕性质量评价

通过对北京市未利用地宜耕性适宜性评价图和土壤图、地形坡度图空间叠加分析，得到北京市宜耕未利用地的土层厚度、土壤质地、土体构型、有机质含量和坡度状况。

5.2.1 北京市宜耕未利用地地形坡度情况

宜耕未利用地地形坡度情况见表5-3，各等级宜耕未利用地中，一等地宜耕未利用地中，坡度平缓，多为缓坡地，可利用条件较好。而二、三等宜耕未利用地中，坡度为8~15度和15~25度的未利用地面积最大，分别为9223.06公顷和13 245.59公顷以及9145.31公顷和16 449.27公顷。二、三等宜耕未利用地开发有一定难度，如果开发为耕地，存在着一定的水土流失隐患，可因地制宜发展粮果间作或者林果业。

表 5-3 宜耕未利用地地形坡度情况面积表 单位：公顷

等别	<2 度	2 ~ 5 度	5 ~ 8 度	8 ~ 15 度	15 ~ 25 度
一等宜耕未利用地	39 372.71	2 126.90	1 888.03	0	0
二等宜耕未利用地	2 608.93	615.01	1 476.83	9 223.06	13 245.59
三等宜耕未利用地	356.59	1.01	15.11	9 145.31	16 449.27

5.2.2 北京市宜耕未利用地土层厚度情况

宜耕未利用地土层厚度情况见表5-4，在一等宜耕未利用地中，在土层厚度>150厘米、100~150厘米、60~100厘米和30~60厘米四个等级中，所占比例分别为27.65%、10.94%、18.21% 和43.20%。可以看到，二、三等宜耕未利用地土层厚度情况以30~60厘米为多，均不太理想。如开发为耕地，对覆土来源以及种植作物具有一定的要求和选择性。

表5-4 宜耕未利用土层厚度情况面积表 单位：公顷

等别	>150 厘米	100~150 厘米	60~100 厘米	30~60 厘米
一等宜耕未利用地	11 996.817	4 745.554 4	7 900.928 2	18 744.34
二等宜耕未利用地	1 578.823 4	1 661.436 3	7 246.473 2	16 682.697
三等宜耕未利用地	40.292 16	243.767 57	1 184.589 5	24 498.641

5.2.3 北京市宜耕未利用地土体构型情况

宜耕未利用地土体构型情况见表5-5，在一等宜耕未利用地中，土体构型为壤/黏/黏、壤/砂/壤、砂/黏/黏和黏/砂/黏、通体黏的面积最大，面积为215 987.87公顷，通体壤、壤/黏/壤的面积仅为205.89公顷，所占比例不足1%，其他类型土地面积较少。这类土地里，如进行耕作部分基本无障碍；部分质地黏重，低洼地带容易发生渍涝现象，如开发利用要改善其土壤理化结构。二等宜耕未利用地中，壤/黏/黏、壤/砂/壤、砂/黏/黏面积为20 946.95公顷，黏/砂/黏、通体黏面积为5606.46公顷；通体壤、壤/黏/壤和含有障碍层次的土地面积几乎为0。三等宜耕未利用地中土体构型则主要为黏/砂/黏、通体黏，面积为25 464.65公顷，比例高达98.06%。因此，宜耕未利用地中，部分土地土体构型较好，部分土壤质地黏重，少量存在着障碍层次现象。对一些土体构型一般的土地，如开发利用必须充分重视土壤性状，采取措施改良土壤理化性状。

表5-5 宜耕未利用土体构型情况面积表 单位：公顷

等别	壤/黏/黏、壤/砂/壤、砂/黏/黏	通体壤、壤/黏/壤	砂/黏/砂	通体砂、通体砾	黏/砂/黏、通体黏	障碍层次
一等宜耕未利用地	21 597.87	205.89	1 422.27	62.97	19 450.98	647.67
二等宜耕未利用地	20 946.95	0	613.99	0	5 606.46	2.04
三等宜耕未利用地	502.64	0	0	0	25 464.65	0

5.2.4 北京市宜耕未利用地有机质情况

表5-6为宜耕未利用地有机质含量情况。在一等宜耕未利用地中，45.57%的土地有机质含量在4.0%~3.0%，51.17%的土地在2.0%~1.0%，面积分别为19 773.81公顷和22 203.56公顷。二等宜耕未利用地中有机质含量为4.0%~3.0%的面积为16 393.04公顷，有机质含量在3.0%~2.0%的为2047.98公顷，在2.0%~1.0%的为8022.63公顷。三等宜耕未利用地中有机质含量为4.0%~3.0%的为20 566.13公顷；在2.0%~1.0%的为4021.16公顷。

表5-6 宜耕未利用地有机质情况面积表　　　单位：公顷

等别	有机质含量≥4.0%	有机质含量 4.0%~3.0%	有机质含量 3.0%~2.0%	有机质含量 2.0%~1.0%
一等宜耕未利用地	341.82	19 773.81	1 068.45	22 203.56
二等宜耕未利用地	705.78	16 393.04	2 047.98	8 022.63
三等宜耕未利用地	462.35	20 566.13	917.65	4 021.16

5.2.5 基于质量优先的北京市宜耕未利用地适宜性综合分析

由以上分析可以看出，一等宜耕未利用地中，土地开发基本上限制因素不多，大部分土地地形平坦，土壤有机质含量较高，土层深厚，土体构型尚可。一等宜耕未利用地中对于荒草地的开发要抓好水土保护，增加灌溉设施等条件；而对二、三等宜耕未利用地而言，开发后改良具有一定难度。这些土地地形有一定坡度起伏，土层浅薄，砾石含量多，土壤有机质含量低。肥力中等或较低。这类土地限制因素较多，如利用须改善其土壤理化性状，对覆土来源有一定要求；如进行开发利用存在水土流失的可能性，且利用过程中对农作物具有选择性。

因此，从宜耕未利用地土壤质量来看，如建设好农田水利设施、改善土壤性状，提高土壤肥力，对部分一等宜耕未利用地具有开发为耕地的自然质量潜力，可以进行开发；而对二等、三等宜耕未利用地而言，由于自然质量上的差异，将其开发为耕地的土地自然质量难度相对较大，可以考虑开发成果园。

5.3 基于质量优先的房山区未利用地宜耕性质量评价

5.3.1 房山区宜耕未利用地地形坡度情况

宜耕未利用地地形坡度情况见表5-7，一等地宜耕未利用地中，坡度平缓，多为缓坡地，可利用条件较好。其中坡度小于8度未利用地面积所占比例较大，面积为1541.29公顷，比例达34.94%。坡度为8~15度的未利用地面积为1035.91公顷，所占一等宜耕未利用地比例为23.48%。坡度为15°~25°的未利用地面积最大，面积为1780.57公顷，所占一等宜耕未利用地比例为40.36%。一等宜耕未利用地中坡度为15°~25°的未利用地开发有一定难度，如果开发为耕地，存在着一定的水土流失隐患，可因地制宜发展粮果间作或者果树。

表5-7 宜耕未利用地地形坡度情况面积表

等别	<8度	8~15度	15~25度	>25度	总计
一等宜耕未利用地/公顷	1 541.29	1 035.91	1 780.57	53.91	4 411.68
所占比例/%	34.94	23.48	40.36	1.22	100

5.3.2 房山区宜耕未利用地土层厚度情况

宜耕未利用地土层厚度情况见表5-8。在一等宜耕未利用地中，在土层厚度小于50厘米、50~100厘米和大于100厘米的等级中，所占比例分别为3.69%、96.12%和0.18%，土层厚度状况不错。可以看到，一等宜耕未利用地的土层厚度情况以50~100厘米为主，土层厚度>100厘米的宜耕未利用地比例很小，开发潜力不太理想。如开发为耕地，对覆土来源以及种植作物有一定的要求和选择性。

表5-8 宜耕未利用土层厚度情况面积表

等别	<50厘米	50~100厘米	>100厘米	总计
一等宜耕未利用地/公顷	162.93	4 240.60	8.15	4411.68
所占比例/%	3.69	96.12	0.19	100

5.3.3 房山区宜耕未利用地表土质地情况

宜耕未利用地表土质地情况见表5-9。在一等宜耕未利用地中，表土质地为轻壤质、砂壤质的面积最大，面积分别是 2639.96 公顷和 1602.13 公顷，所占比例为 59.84% 和 36.32%；中壤质、重壤质的面积分别为 152.96 公顷、14.42 公顷；砂质的面积最少，为 2.2 公顷，所占比例不足 0.1%。对这类土地，如进行耕作部分基本无障碍；部分质地黏重，低洼地带容易发生渍涝现象，如开发利用须改善其土壤理化结构。

表5-9 宜耕未利用表土质地情况面积表

等别	砂质	砂壤质	轻壤质	中壤质	重壤质	总计
一等宜耕未利用/公顷	2.20	1 602.14	2 639.96	152.96	14.42	4 111.68
所占比例/%	0.05	36.31	59.84	3.47	0.33	100

因此，一等宜耕未利用地中，部分土地土体构型较好，部分土壤质地黏重，少量存在着障碍层次现象。对一些土体构型一般的土地，如开发利用必须充分重视土壤性状，采取措施改良土壤理化性状。

5.3.4 基于质量优先的房山区宜耕未利用地质量综合分析

从宜耕未利用地土壤质量来看，如建设好农田水利设施、改善土壤性状，提高土壤肥力，对部分一等宜耕未利用地具有开发为耕地的自然质量潜力，可以进行开发；而对二、三等宜耕未利用地而言，由于自然质量上的差异，将其开发为耕地的土地自然质量难度相对较大，可以考虑开发成果园。

5.4 北京市基本农田保护区内耕地等别提升潜力评价

5.4.1 基本农田保护区耕地等别理论提升潜力评价

5.4.1.1 耕地质量提升潜力的量化

耕地质量提升潜力可定义为耕地质量的现状水平和耕地通过开发整理优化质量得以提升后所应达到的质量水平之间的差距。影响耕地质量的因素有表土质地、盐渍化程度、土层厚度、有机质含量、排水条件、灌溉程度、剖面构型等土地质量等，考虑到在《北京市农用地分等定级》工作成果中，已将上述因素都纳入到了分等定级评价指标体系，因此可本研究采用《北京市农用地分等定级》成果的分等定级评价指标体系，对耕地质量提升潜力进行评价，并以耕地利用等别提升幅度表示其质量的提升潜力，也就是说这里的耕地质量潜力以利用等别的变化幅度进行量化。

5.4.1.2　耕地等别的相关理论和潜力提升的计算方法

1）相关概念

以目标等别反映耕地通过开发整理优化，质量得以提升后，所应达到的等别；以实际等别反映目前农用地自然条件，生产资料投入与管理水平的条件下，耕地利用的实际水平；考虑到目标等别是基于农用地自然条件改善，经济投入水平和技术水平提高等假定条件下的估算值，而耕地质量的提升是一个长期的过程，因此目标等别有理论目标等别和可实现目标等别之间的差异，相应的耕地质量提升潜力也有理论潜力和实际可实现潜力的差异。

（1）理论目标等别：在农业生产条件得到充分保证，光、热、水、土等环境因素均处于最优状态，技术条件所决定的耕地质量所能达到的最高等别。

（2）可实现目标等别：在农业生产条件得到基本保证，光、热、水、土等环境因素均处于正常状态，技术条件可以满足，由政策、投入等因素决定的正常条件下耕地质量能够达到的最高等别。

（3）实际利用等别：在目前的农业生产条件以及光、热、水、土等因素条件下，耕地利用所能达到的质量等别，即耕地利用的现状等别。

（4）理论提升潜力：理论目标等别与实际等别之间的差值。

（5）可实现提升潜力：可实现目标等别与实际等别之间的差值。

2）计算方法

以地块尺度的耕地利用等别作为实际等别，计算分片区地块尺度的耕地质量提升潜力，然后再通过不同潜力的耕地面积比重进行加权计算片区耕地质量提升潜力。

（1）耕地地块尺度的质量提升潜力计算。以耕地地块尺度的目标等别（$g_{地理目}$）和实际等别（$g_{地实}$）的差值作为不同片区耕地地块尺度质量提升理论潜力（$q_{地理潜}$），具体公式如下：

$$q_{地理潜} = g_{地理目} - g_{地实} \tag{5-2}$$

式中，$q_{地理潜}$为片区耕地地块尺度的理论提升潜力；$g_{地理目}$为片区耕地地块尺度的理论目标等别；$g_{地实}$为片区耕地地块尺度的实际等别。

（2）片区尺度的耕地质量提升潜力确定。从地块尺度出发，根据农用地分等定级成果，将各地块耕地现状等别作为该地块实际等别，计算各地块理论潜力等别，进而根据地块权重加和得出区域理论潜力，具体公式如下：

$$Q_{片理潜} = \sum_{i=1}^{n} q_{地理潜i} t_i \qquad (5\text{-}3)$$

式中，$Q_{片理潜}$为片区理论提升潜力；$q_{地理潜i}$为该片区内第i个耕地地块的理论提升潜力；t_i为该片区第i个耕地地块占该片区耕地总量的比重。

5.4.1.3 耕地质量理论目标等别确定

以北京市地貌为主导限制性因素，将土壤类型图、地貌类型图、土地利用现状图三图叠置，并在此基础上，参考北京市农业自然区划图、土壤改良分区图、地下水资源分布图，并结合各地的经济发展情况、农业特点和发展中存在的土地利用、土地生态环境方面的特殊问题，划分出九大片基本农田保护区（孔祥斌等，2008）。由于各片区是基于区内相似性原则进行的，因此其自然、社会经济等条件存在较高的一致性，所以，本书遵循最高原则，并结合实际土地质量，以各片区目前可达到的最高利用等别作为该区域耕地等别提升潜力目标等别。基本农田保护区各片区的理论目标等别见表5-10。该理论目标等别可以作为耕地地块尺度的理论目标等别，也可以作为片区尺度的理论目标等别。

表5-10　基本农田保护区各片区耕地质量理论提升潜力表

片区名称	目标等别	$G_{片实}$	$Q_{片理潜}$	理论提升潜力	片区名称	目标等别	$G_{片实}$	$Q_{片理潜}$	理论提升潜力
昌平片区	20	17.46	2.54	3	顺义东部片区	21	18.62	2.38	2
大兴片区	20	17.36	2.64	3	顺义西北片区	20	19.17	0.83	1
房山片区	20	18.62	1.38	2	通州东部片区	19	18.24	0.76	2
平谷片区	21	17.95	3.05	3	通州南部片区	21	18.00	3	3
延庆片区	15	9.75	5.25	5					

5.4.1.4 片区耕地等别理论提升潜力的分析

北京市基本农田保护区的耕地等别理论提升潜力在1~5个等别之间，其中延庆片区的耕地等别理论提升潜力最高，为5等；大部分片区内耕地等别理论提升潜力在2~4等，其中顺义西北片区、顺义东部片区和通州东部片区耕地等别理论提升潜力相对较小。

5.4.2 基本农田保护区耕地等别可实现提升潜力评价

由于理论目标等别反映的是保护区内拟按照未来经济、技术条件优化以后，耕地质量等别所能达到的潜在粮食生产能力，其确定是基于农用地经济投入水平的提高和技术更新这样一个假定条件。因此，并非所有耕地都可以达到上述测算的理论目标潜力。本研究采取典型调查和定性分析相结合的方法，对基本农田保护区耕地质量的可实现提升潜力进行评价。

5.4.2.1 典型性调查样区选取

本研究选取所有样区均位于北京市九大基本农田集中分布区内，依据北京市土地利用现状图、北京市土壤图、北京市农用地分等成果图和北京市基本农田集中区分布图，遵循稳定土壤发育条件和受人为干扰少的原则，在基本农田保护区内选取具有代表性的样点，对其耕作土壤进行取样，并对其进行定性的土壤描述和定量的化验分析。充分考虑影响土壤质量的母质来源、地形地貌、气候状况等多方面因素，遵循典型性、代表性的原则，对初选样区进行筛选，剔除不符合要求和不必要的样区，最终确定27个样区（图5-1）。

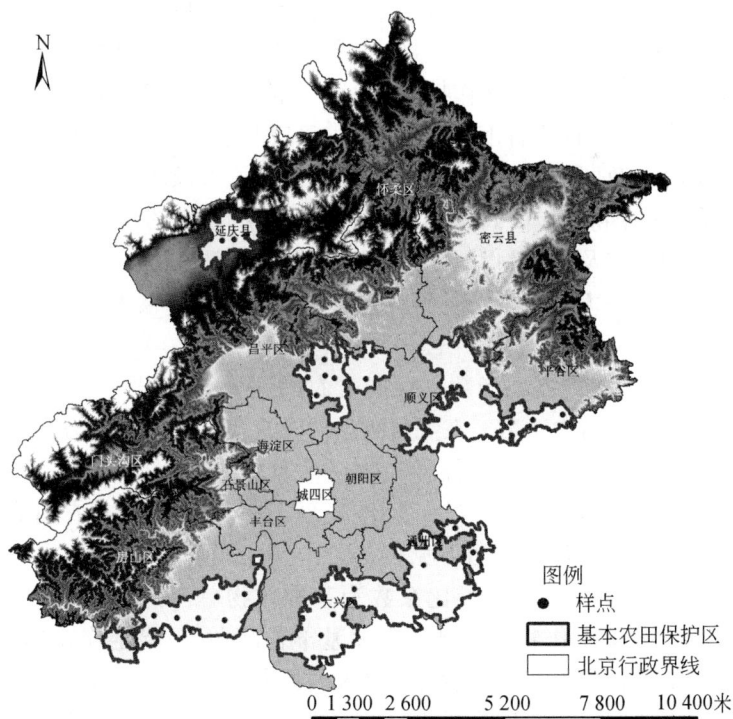

图 5-1　基本农田保护区内样区分布示意图

5.4.2.2 样区耕地等别可实现提升潜力评价方法

1）农用地分等基本参数的确定

（1）标准耕作制度分区。按照《农用地分等规程》，全国农业耕作制度区划中北京市分别属于两个国家一级区和二级区，见表5-11。

表5-11 北京标准耕作制度分区表

一级区	二级区	涉及区县	熟制
Ⅱ黄淮海区	Ⅱ1 燕山太行山山前平原区	朝阳区、海淀区、丰台区、石景山区、房山区、大兴区、通州区、顺义区、平谷区	一年两熟
Ⅵ内蒙古高原及长城沿线区	Ⅵ1 辽吉西蒙东南冀北山地	延庆县、昌平县、密云县、怀柔县	一年一熟

（2）基准作物和指定作物。基准作物是理论标准粮的折算标准，通常以种植比较普遍的主要粮食作物作为基准作物。根据《农用地分等规程》，基准作物是指小麦、玉米、水稻三种主要粮食作物中的一种。依据种植作物的普遍性，同时为了保证农用地分等成果与周边省市的接边需要，确定北京市的基准作物为小麦。

指定作物是行政区所属耕作区标准耕作制度中所涉及的作物。根据《农用地分等规程》，指定作物是指由《农用地分等规程》所给定的、行政区所属耕作区标准耕作制度中所涉及的作物。根据北京市各区县的调查数据统计分析，确定北京市的指定作物为小麦、玉米；一年两熟，指定作物为小麦和玉米；一年一熟，指定作物为玉米。

（3）光温/气候生产潜力指数。根据《农用地分等规程》，在农用地有灌溉条件时查找光温生产潜力指数，在无灌溉条件时查找气候生产潜力指数。根据北京市各区县提供的主要粮食作物播种和收获日期、耕地所处区域平均海拔高度、平均单产、最高单产等数据，经过专家论证，得到北京市各区县农用地分等指定作物光温（气候）生产潜力指数，见表5-12。

（4）产量比系数。作物产量比系数为基准作物单产与指定作物单产之比，其计算公式如下：指定作物产量比系数=基准作物单产/指定作物单产。式中，基准作物和指定作物的单产是指各省二级区内最大单产。通过对北京市各区县各乡镇主要农作物单位面积产量数据的调查，并经过专家论证，确定北京市各区县农用地分等指定作物的产量比系数，见表5-13。

表 5-12 北京市各区县农用地分等作物光温生产潜力指数

气象站					光温潜力指数			气候潜力指数		
区站号	纬度/度	经度/度	海拔高度	站点名称	冬小麦	春玉米	夏玉米	冬小麦	春玉米	夏玉米
54511	39.8	116.5	31.3	北京	1594		1948	537		1714
54499	40.2	116.2	79.7	昌平	1678		1955	573		1665
54433	40.0	116.5	36.5	朝阳	1385		1874	450		1656
54594	39.8	116.3	41.3	大兴	1424		1957	453		1682
54596	39.7	116.0	48.9	房山	1454		1887	513		1674
54597	39.7	115.7	409.1	房山西部山区	1358		1415	658		1340
54514	39.9	116.3	56.3	丰台	1414		1925	448		1684
54399	40.0	116.3	46.5	海淀	1524		1711	622		1524
54419	40.3	116.6	60.6	怀柔	1697		1982	717		1785
54412	40.7	116.6	333.7	怀柔北部山区		2713			1967	
54505	39.9	116.1	93.6	门头沟	1516		1789	577		1605
54501	40.0	115.7	441.1	门头沟斋堂	1498	2537		605	1807	
54416	40.4	116.9	73.1	密云	1595		1977	687		1773
54421	40.7	117.1	286.5	密云上甸子	1586		1907	679		1745
54424	40.2	117.1	29.4	平谷	1562		1884	680		1700
54513	39.9	116.2	70.8	石景山	1534		1849	646		1627
54398	40.1	116.6	39.5	顺义	1699		2028	639		1756
54431	39.9	116.6	26.9	通州	1368		1910	445		1670
54406	40.5	116.0	489.0	延庆		2509			1705	
54410	40.6	116.1	1216.9	延庆佛爷顶	1088		1099	567		1011

表 5-13 北京市各区县农用地分等制定作物产量比系数

地形分区		小麦	玉米
平原	昌平，朝阳，大兴，房山，丰台，海淀，怀柔，门头沟，密云，平谷，石景山，顺义，通州	1.00	0.73
山区	房山，门头沟，昌平，怀柔，密云，平谷，延庆	1.00	0.77

2）样区耕地等别评价因素的确定

（1）指标区划分。北京市农用地分等定级所划分的指标区是在全国标准耕作制度分区的基础上，结合北京市农业生产的实际情况按照综合分析、主导因素原则、保持乡镇界限完整性原则等更进一步详细划分的。

（2）分等因素指标体系的确定。首先按照《农用地分等规程》中给出的推荐分等因素和自选分等因素，初步确定影响北京市农用地质量的所有分等因素。北京市所属二级区黄淮海区推荐分等因素为：障碍层距地表深度、剖面构型、表土质地、土壤有机质含量、土壤酸碱度、盐渍化程度、灌溉保证率、灌溉水源、排水条件等；内蒙古高原及长城沿线区推荐分等因素为：地形坡度、地表岩石露头度、有效土层厚度、表土质地、土壤有机质含量、土壤酸碱度、灌溉保证率等。根据北京市耕地的自然、社会经济条件，结合《农用地分等规程》中黄淮海区和内蒙古高原及长城沿线区自然情况，在山地区为了区分耕地内部土壤含石量，选取砾石含量作为自选分等因素，见表5-14。

表5-14 北京市各指标区农用地分等参考评价指标因素表

指标区	评价因素
北京平原区	表土质地、剖面构型、盐渍化、土壤有机质含量、排水条件、灌溉保证率
延庆山间平原区	表土质地、剖面构型、盐渍化、土壤有机质含量、灌溉保证率、
北部山地区	有效土层厚度、表土质地、剖面构型、土壤有机质含量、地形坡度、灌溉保证率、砾石含量
西部山地区	有效土层厚度、表土质地、剖面构型、土壤有机质含量、地形坡度、灌溉保证率、砾石含量

3）样区耕地等别评价方法

（1）计算作物自然质量分。本书采用加权平均法，计算各样区单元各指定作物的耕地自然质量分。

$$C_{Lij} = \frac{\sum_{k=1}^{m} w_k \cdot f_{ijk}}{100} \qquad (5-4)$$

式中，C_{Lij}为第i个分等单元内第7种指定作物的农用地自然质量分 W_k为第k个分等因素的权重；i为样区单元编号；j为指定作物编号；k为分等因素编号；m为分等因素的数目；f_{ijk}为第i个样区单元内第j种指定作物第k个分等因素的指标分值，取值为（0~100]。

（2）计算分等单元自然质量等指数。首先在耕地有灌溉条件时查找光温生产潜力指数，在无灌溉条件时查找气候生产潜力指数；然后依据式（5-3）计算作物产量比系数；最后，计算第j种指定作物的自然质量等指数：

$$R_{ij} = \alpha_{ij} \cdot C_{Lij} \cdot \beta_j \qquad (5-5)$$

式中，R_{ij}为第i个样区单元第j种指定作物的自然质量等指数；α_{ij}为第j种作物的光温（气候）生产潜力指数；C_{Lij}为第i个样区单元内第j种指定作物的耕地自然质量分；β_j为第j种作物的产量比系数。

北京市耕作制度为一年一熟或者一年两熟，耕地自然质量等指数由式（5-6）计算：

$$R_i = \sum R_{ij} \tag{5-6}$$

式中，R_i为第i个样区单元的耕地自然质量等指数；R_{ij}为第i个样区单元第j种指定作物自然质量等指数。

（3）计算土地利用系数。根据《农用地分等规程》，样点第j种指定作物土地利用系数计算公式如下：

$$K_{Lij} = \frac{Y_{ij}}{Y_{j,\ \max}} \tag{5-7}$$

式中，K_{Lij}为第i个样点第j种指定作物土地利用系数；Y_{ij}为第i个样点第j种指定作物单产；$Y_{j,\max}$为第j种指定作物省（直辖市）内分区最高单产。

（4）计算土地利用等指数。样区样点土地利用等指数由式（5-8）计算：

$$Y_i = R_i \cdot K_L \tag{5-8}$$

式中，Y_i为第i个样区单元的耕地利用等指数；R_i为第i个样区单元的耕地自然质量等指数；K_L为样区单元所在等值区的综合土地利用系数。

4）可实现提升潜力评价

根据以上的评价方法步骤，可计算出样区耕地的实际等别，以及通过实施土地整理复垦之后的耕地等别。

$$Q = Q_1 - Q_2 \tag{5-9}$$

式中，Q为可实现提升潜力；Q_1为样区实施土地整理复垦之后的耕地等别；Q_2为样区耕地的实际等别。

5.4.2.3　典型样区耕地等别可实现潜力测算

在已选取样区的基础上，获取研究区域内不同典型地块的有效土层厚度、灌溉保证率、排水条件、表层土壤质地、土壤有机质含量等方面的数据，进行土壤剖面的挖掘以及土样的采集，对样品进行分析化验，获取耕地质量评价相关数据，结合上述耕地利用等评价方法，对耕地质量利用等别进行评价。

通过实施田间工程措施，可以显著改变的因素包括灌溉保证率、排水条件等，能够在一定程度上改变的因素包括土壤有机质含量、有效土层厚度和盐渍化程度等。通过预防病虫害防治、加大对肥料投入、提高农民田间管理水平，农作物单产也得到了提升，从而利用等指数也会相应提高。根据对土壤样品的化验结果和样区典型性调查与评价，得到样区耕地等可实现提升潜力为1~4等，见表5-15。

表 5-15 样区耕地等别可实现潜力表

样区序号	所在片区	样区位置	现状等别	可实现目标等别	可实现提升潜力	平均提升潜力
1	昌平东部片区	昌平区崔村镇大辛峰村	14	16	2	1
2		昌平区兴寿镇东营村	19	19	0	
3		昌平区兴寿镇辛庄村	15	17	2	
4		昌平区崔村镇南庄营村	16	16	0	
5		昌平区小汤山镇马坊村	16	17	1	
6		昌平区小汤山镇小汤山村	20	21	1	
7	顺义西北片区	顺义区赵全营镇白庙村	19	21	2	2
8		顺义区北石槽乡	17	19	2	
9	顺义东部片区	顺义区唐洞镇	20	21	1	1
10		顺义区杨宋镇年丰村	19	20	1	
11	通州东部片区	通州潮县镇曹庄村	15	17	2	2
12		通州区潞城镇崔楼村	19	21	2	
13		通州西集镇侯各庄村	18	20	2	
14	通州南部片区	通州区永乐店镇德前村	15	18	3	3
15		通州区永乐店镇大洋村	15	18	3	
16	平谷西南片区	平谷区东高村镇克头村	16	18	2	1
17		平谷区夏各庄镇安固村	19	19	0	
18		平谷区马昌营镇定福庄村	18	19	1	
19	大兴南部片区	大兴区长子营镇	17	19	2	2
20		大兴区青云店镇	16	18	2	
21		大兴区魏善庄镇	17	19	2	
22	房山东南片区	房山区张坊镇	17	19	2	1
23		房山区长沟镇	17	19	2	
24		房山区孤山口	19	20	1	
25		房山区窦店镇	18	18	0	
26		房山区良乡镇	20	20	0	
27		房山区琉璃河镇	19	20	1	
28	延庆平原片区	延庆县沈家营镇孙庄村	9	14	5	4
29		延庆县旧县镇闫家庄村	10	13	3	

根据本研究典型调查获取的耕地等别可实现提升潜力为 1 ~ 4 等；根据耕地分等成果和土地整理项目典型调查评价，开展农田整治可以提高 1 ~ 2 个耕地等级。考虑到北京市社会经济水平处于全国前列，相应的，土地整治技术水平和投入水平也相对较高，所能达到的土地整治效果也应适当高于全国平均水平。由此可见，样区典型性调查和评价获得的耕地等别可实现提升潜力基本符合实际情况，以样区典型性调查和评价的耕地等别可实现提升潜力作为样区所在片区的耕地等别可实现提升潜力基本可行。因此，确定各片区内耕地等别可实现提升潜力在 1 ~ 4 各等别之间，同时耕地生产力也将有较大幅度的提高。

5.4.3 基本农田保护区内耕地等别提升潜力对比

5.4.3.1 片区尺度的耕地等别提升潜力对比

将基本农田保护区内耕地等别理论提升潜力和可实现提升潜力进行综合对比（表 5-16 和图 5-2），基本农田保护区内耕地等别的理论提升潜力为 1 ~ 5 等，而基本农田保护区内耕地等别可实现提升潜力为 1 ~ 4 等。总体来看，基本农田保护区内耕地等别可实现提升潜力约为理论提升潜力的 71% 左右，不同地块的耕地等别提升潜力则与地块本身是否适合综合整治以及土地利用技术和水平差异而不同，土地综合整治是提升耕地等别的重要技术手段之一。

表 5-16 基本农田保护区片区耕地等别提升潜力汇总表

片区编号	片区名称	实际等别	目标等别		耕地等别提升潜力		潜力实现程度 /%
			理论目标等别	可实现目标等别	理论提升潜力	可实现提升潜力	
1	延庆平原片区	10	15	14	5	4	80
2	昌平东部片区	17	20	18	3	1	33
3	顺义西北片区	19	20	20	1	1	100
4	顺义东部片区	19	21	20	2	1	50
5	平谷西南片区	16	19	17	3	1	33
6	通州东部片区	18	20	20	2	2	100
7	通州南部片区	18	21	21	3	3	100
8	大兴南部片区	17	20	19	3	2	67
9	房山东南片区	19	21	20	2	1	50
平均实现程度							71

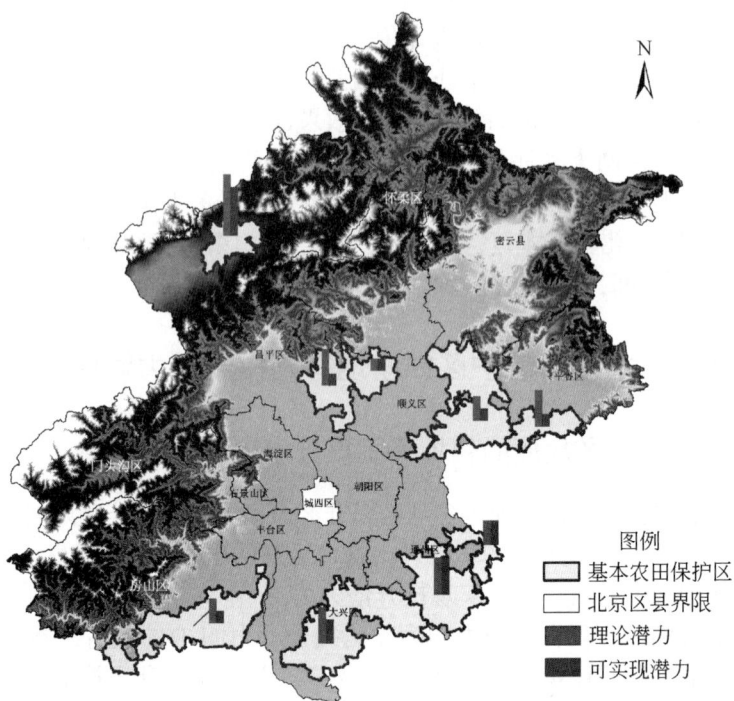

图 5-2 片区尺度的基本农田保护区耕地等别提升潜力图

5.4.3.2 地块尺度的耕地等别提升潜力对比

以耕地地块作为评价单元，测算地块尺度耕地等别的理论提升潜力和可实现提升潜力。从地块尺度的耕地等别提升潜力来看，基本农田保护区内耕地等别理论提升潜力集中在 1～5 等，占 71.41%，可实现提升潜力集中在 1～3 等，占 74.92%（表 5-17）。延庆片区和大兴片区耕地等别理论提升潜力相对较大，基本农田保护区内耕地等别提升的重点应该集中在区域内的中低产田的整理上。

表 5-17 理论提升潜力和可实现提升潜力提升统计表

理论提升潜力（等别）	所占面积比重/%	可实现提升潜力（等别）	所占面积比重/%
0～1	5.14	0～1	22.71
1～2	10.92	1～2	21.11
2～3	35.58	2～3	31.10
3～4	10.46	3～4	9.03
4～5	14.45	4～5	5.21

续表

理论提升潜力（等别）	所占面积比重/%	可实现提升潜力（等别）	所占面积比重/%
5~6	8.22	5~6	6.31
6~7	7.32	6~7	3.33
7~8	0.31	7~8	0.38
8~9	2.86	8~9	0.82
9~10	2.18	—	—
10~11	2.56	—	—

6 区域耕地资源和耕地表土资源价值测算技术

本章从耕地资源功能价值与表土资源功能价值的区别和联系出发，界定了耕地资源与耕地表土资源的概念，分析了耕地资源与耕地表土资源的功能价值构成，提出了耕地资源与耕地表土资源的功能价值测算方法，并以北京市和大兴区、通州区为例，测算了耕地资源价值和耕地表土资源价值，形成了耕地资源和耕地表土资源功能价值测算技术。

6.1 耕地资源与表土资源功能价值的区别与联系

6.1.1 耕地表土资源概念界定

简单地说，土壤就是地球表面能够生长植物的疏松表层。耕地表土资源就是这个地球表层的有生机的疏松层（图6-1）。

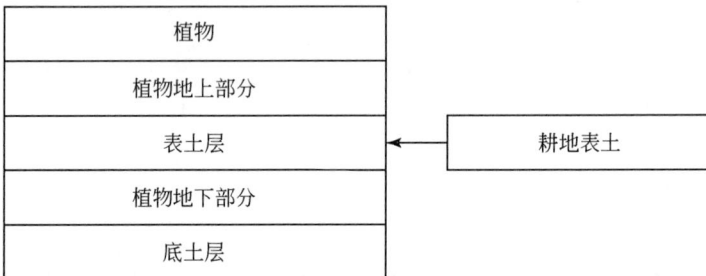

图6-1 耕地表土资源界定

6.1.2 耕地资源功能价值构成与表土资源功能价值构成

6.1.2.1 耕地资源功能价值构成

耕地价值取决于人类对耕地的需求和耕地的产出，以及耕地对人类社会的各项功能效用因素（蔡运龙和霍雅勤，2006）。耕地的价值来源于多宜性和稀缺性，也可以简单地说，耕地具有多种功能，随之有多种价值，并且耕地资源的价值具有层次性（图6-2）。其中生产价值和生态价值是耕地资源两个最基本的价值，社会承载价值是其衍生的最重要的社会价值。

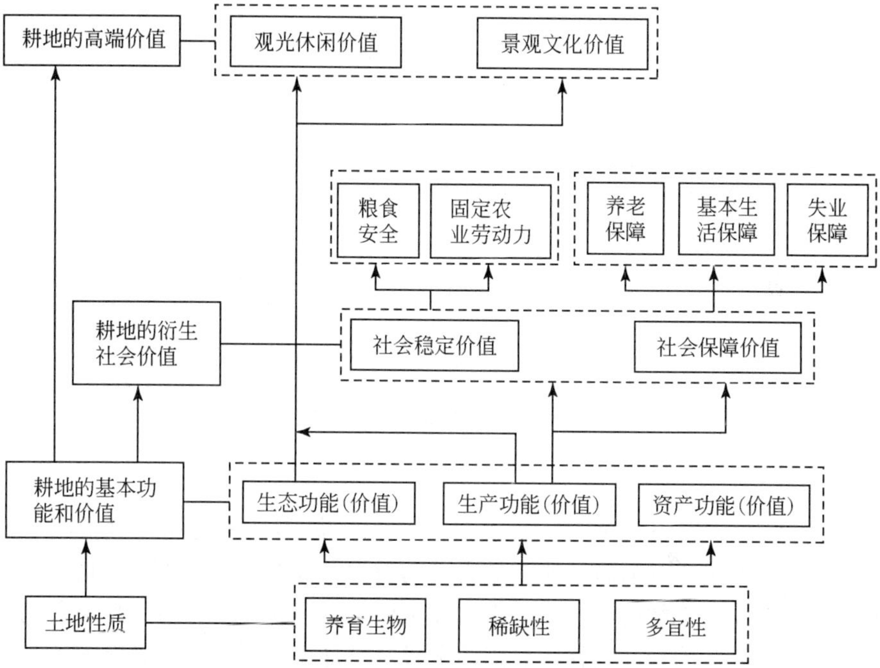

图6-2 耕地资源价值构成

6.1.2.2 耕地表土资源功能价值构成

当前国际上尚没有统一的土壤功能价值的分类方案，现有研究中，都或多或少地将土壤概念和土地概念混淆在一起。下面从土壤资源的本质特性出发，分析土壤和土地之间的区别和联系，并提出土壤资源的功能价值分类（图6-3）。

1) 表土资源的特性与功能关系

（1）物理性质。土壤水作为土壤重要的组成部分之一，是作物吸水的最主要来源，也是自然界水循环的重要环节；土壤气体的数量和组成可直接影响种子的萌发、根系的生长、微生物活动以及土壤养分状况；土壤质地（是土壤的最基本物理性质之一，对土壤的各种性状，如土壤的通透性、保蓄性、耕性以及养分含量等都有很大的影响，是评价土壤肥力的重要依据。土壤质地的状况决定着土壤的物理、化学和生物特性，与植物生长发育所需的水分、养分、空气和热量紧

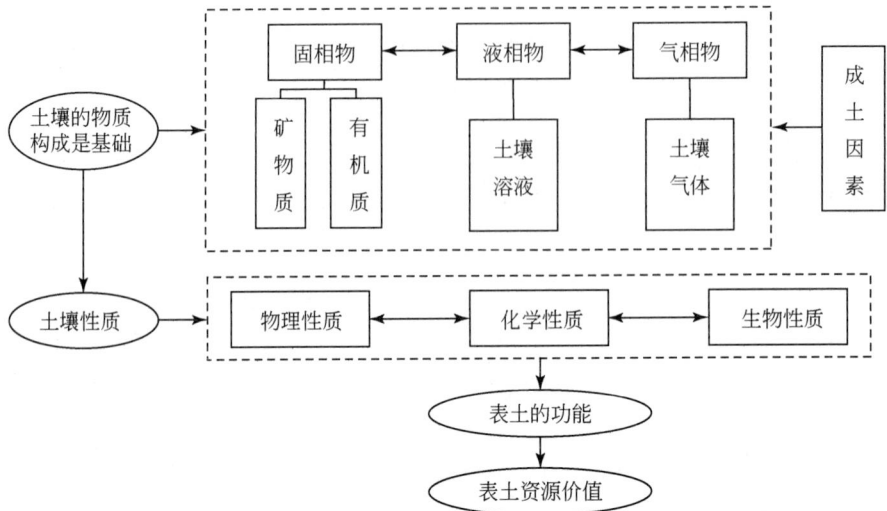

图 6-3　土壤功能价值界定技术框图

密相关。

（2）化学性质。土壤酸碱性是指土壤溶液中氢离子浓度和氢氧根离子浓度比例不同而表现出来的酸碱性质，是土壤的重要化学性质。土壤 pH 是土壤酸碱性的反映，土壤微生物的活性、矿物质和有机质分解起重要作用，因而影响土壤养分元素的释放、固定和迁移等。阳离子代换量是土壤保肥、供肥能力大小的主要指标，也是衡量土壤吸收和释放养分能力的标志。

（3）生物性质。土壤生物包括微生物、动物和植物根系，这些不同的有机物构成了土壤生物群落。土壤生物群落与其所处的土壤环境构成了土壤生态系统。土壤有机质指进入土壤中的各种有机物质，在土壤微生物作用下形成的一系列有机化合物的总称，土壤中的有机化合物都是含碳的有机化合物。土壤全氮、土壤速效磷、土壤速效钾都是支配农作物产量的重要因素，也是反映土壤肥力功能的重要因素。

土壤主要性质与表土功能的关系见表 6-1。

2）表土资源的功能价值分类研究

通过对表土资源的特性与功能关系的分析，认为土壤具有如下功能（图 6-4）：提供作物生长的功能、涵养水分的功能、碳汇的功能、净化环境功能、保持生物多样性功能等。

表6-1 土壤主要性质和表土功能的关系

土壤性质		表土功能
物理性质	土壤质地	保持土壤结构
	土壤容重	容纳水分
	土壤含水量	储存水分
化学性质	土壤 pH	土壤酸化、养分释放
	土壤 CEC	保持养分
生物性质	土壤有机质	养分、碳库循环
	土壤氮磷钾	提供作物养分

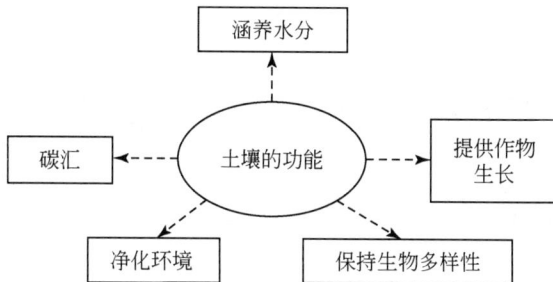

图6-4 土壤功能示意图

6.1.2.3 表土资源功能和耕地资源功能的对比分析

土壤肥力与耕地生产力相比，土壤肥力的存在是耕地生产功能的基础。两者的区别在于，耕地的生产能力不仅与土壤的质量有关，还跟光温条件、地质地貌条件、农业基础设施条件等有关。土壤本身不具备社会保障功能，但作为土地利用类型之一的耕地，它的存在则更具有社会性，人们赋予耕地使用权，从而使得耕地为农民提供就业保障。土壤的涵养水分功能、碳汇功能、净化环境功能等构成了土壤生态系统的生态服务功能。在一定程度上讲，土壤生态系统是耕地生态系统的一部分，其功能和耕地的生态服务功能存在相交叉（表6-2）。

表6-2 表土资源和耕地资源的功能对比分析

表土功能	耕地功能	区别和联系
土壤提供作物生长的肥力功能	耕地生产功能	耕地的生产能力不仅与土壤的质量有关，还跟光温条件、地质地貌条件、农业基础设施条件等有关。土壤的肥力是耕地生产功能的基础。耕地的生产功能除跟自然条件相关外，还与耕地利用方式方法等有关

表土功能	耕地功能	区别和联系
土壤提供作物生长的肥力功能	耕地社会保障功能	土壤本身不具备社会保障功能，但作为土地利用类型之一的耕地，它的存在则更具有社会性，人们赋予耕地使用权，从而使得耕地为农民提供就业保障
土壤涵养水分的功能	耕地生态服务功能	土壤作为构成耕地生态系统的一部分，其功能和耕地的生态服务功能存在相交叉
土壤碳汇功能		
土壤净化环境功能		
土壤保持生物多样性功能		

6.2 耕地资源价值测算——以北京市为例

6.2.1 耕地资源价值的测算方法

6.2.1.1 耕地生产功能价值的测算方法

耕地资源经济产出价值指以土地资源的养育功能持久发挥为基础，耕地产出所带来的经济效益，即这些土地永远作为耕地来利用的土地价格。耕地纯收益是耕地上各种产出物，包括粮食作物、经济作物、其他作物等的经济效益总和。北京市地区主要作物包括稻谷、玉米、小麦、大豆、花生、蔬菜、西瓜等。收益值取自农产品收益资料汇编中相应作物的净利润值，为了和其他的价值进行比较，所以求取生产功能价值的年价值，即每年的耕地纯收益。计算公式如下：

$$\sigma = \sum_{i=1}^{9} a_i \tag{6-1}$$

式中，a_i 为第 i 种作物的纯收益。

6.2.1.2 耕地生态功能价值的测算方法

分别使用支付意愿法、旅行费用法、耕地生态功能价值组合法三种方法进行耕地生态功能价值的确定。

基于城市居民支付意愿法耕地生态功能价值测算。本次城市居民耕地保护经济补偿调研中设计关于城市居民对生态环境的认识的问题："假如为了保证当地的农田面积永远不减少、不受任何破坏，以使您继续享受耕地的功能，您的家庭一年最多愿意出多少钱来保护耕地。"有 70.3% 的调查者回答了此问题,其余因为以收入的高低来决定,认为应该由政府出钱等原因未给出确切的数值。计算公式为

$$L_e = (\sum P_o \times k_i \times p_{a_i})/S \qquad (6\text{-}2)$$

式中,L_e 为北京市耕地生态价值(亿元);P_o 为北京市 2006 年非农业户数(户);k_i 为选项 i 的支付频率(%);P_{a_i} 为选项 i 的支付额度(亿元);S 为北京市 2006 年耕地面积(公顷)。

北京市有消费需求的耕地生态价值测算:旅行费用法以人们对某种生态系统服务功能的支出费用来表示其经济价值,可以用游憩者支出的费用总和,包括往返交通费用、餐饮费用、门票费用等。在对城市居民的对农业观光园区的消费意愿、次数以及合适的消费额度进行调研的基础上,因此使用旅行费用法来测算北京市耕地的生态价值,假设旅游方式是自己开车。计算公式为

$$L_e = P_o \times k \times (\text{Cd} + \text{Cm}) \qquad (6\text{-}3)$$
$$\text{Cd} = f(e, x, d) \times \text{Pr}d \qquad (6\text{-}4)$$

式中,L_e 为北京市耕地的生态价值(亿元);P_o 为北京市 2006 年非农业户数(户);k 为北京市城市居民的观光休闲率,此处为被调查者选择到观光休闲园区游憩的百分比(%);Cd 为城市居民观光休闲的交通费用(亿元);Cm 为北京市城市居民的合适的消费额度(亿元)。e 为城市居民对游憩区域的选择,如近郊区县、远郊区县、山区等;x 为城市居民每年的观光休闲次数(次);Prd 为表示每公里的费用,以 1.5 元/公里计。

耕地生态功能价值组合法:部分测算的耕地资源生态价值主要包括调节大气价值、净化环境价值、保持土壤肥力积累有机质的价值、维持养分循环价值、保持土壤价值。

6.2.1.3 耕地社会保障价值的测算方法

耕地资源社会保障价值包括基本生活保障价值、养老保险价值、失业保险价值。此处将前两者做了合并处理,假设以居民在平均预期寿命内都需要保持在一定的基本生活水平为标准计算,依然将其称为基本生活保障价值。失业保险价值的计算依据是:基于土地可持续利用原则,以耕地生态系统的生态人口承载能力为耕地能承担的人口低限,假设最大土地人口承载数量超过生态人口承载水平的人口数的部分需要从耕地上转移出去,将面临失业风险。耕地资源每年提供社会保障价值的计算公式如下:

$$V'_b = (V'_1 + V'_2) \qquad (6\text{-}5)$$

$$V_1' = P_0 \times L/k \tag{6-6}$$

$$V_2' = (P_0 - P_1) \times B \times E/k \tag{6-7}$$

式中，V_b' 为耕地社会保障价值供给能力（104 元/公顷）；V_1' 为基本生活保障价值供给（104 元/公顷）；V_2' 为失业保险价值（104 元/公顷）；P_0 为耕地资源人口承载力，我国土地资源在中等投入水平下人口承载能力为 3.68 ~ 5.51 人/公顷，此处取 5 人/公顷；P_1 为耕地资源的最小承载力，取 3.68 人/公顷；L 为北京市相应年份的城镇最低生活保障水平（元/人·年）；B 为北京市相应年份的城镇失业保险金标准（元/人·年）；E 为北京市农村地区农村人口的平均预期寿命，假设为 70 岁；k 为相应年份的城市居民人均可支配收入与农村居民人均纯收入的比例，即城农收入比。

6.2.1.4 耕地粮食安全价值的测算方法

北京市的耕地资源逐年减少，而北京市的人口则呈增加趋势，如果单从北京市这个单体角度来考虑耕地粮食安全问题，安全度较低。但现在耕地主要是农户在耕种，种植作物可自由选择。从我们调研的情况看，目前持有"种地给自家提供消费用粮"的心态普遍存在，占调研总数的 61.8%，而其中有一半的农户经营耕地的目的只是为"解决家庭粮食消费"。这个情况也可以说农户很注重"家庭粮食安全"。此处对于北京市耕地资源国家粮食安全价值就是计算当年耕地粮食生产的价值。计算公式为

$$AS_i = P_{ci} \times p_{ri}/S_i \tag{6-8}$$

式中，AS_i 为北京市第 i 年的耕地粮食安全价值（元）；P_{ci} 为北京市第 i 年的耕地粮食作物产量（千克）；p_{ri} 为北京市第 i 年的耕地粮食作物价格[①]（元/千克）；S_i 为北京市第 i 年的耕地面积（公顷）；i 取值为 1990 ~ 2005 年。

6.2.1.5 耕地观光休闲价值的测算方法

耕地除了上述四种价值之外，还具有游憩价值、景观文化价值。耕地多种功能和价值的体现是耕地利用的总体趋势，而都市农业是符合这种趋势的，具体发展形式以观光采摘园为主。观光采摘园区体现了耕地生产价值、生态价值、观赏性价值等，很难将其分开计算，将其综合称为"观光休闲价值"。有研究者将土地提供休闲娱乐的功能归结为土地生态功能，由于前文中的生态功能未计算此部

---

① 耕地粮食安全的价值与实际的粮食产量关系密切，为了增加若干份年的北京市耕地粮食安全价值，假设 1990 ~ 2005 年，耕地粮食作物的价格为 1.4 元/千克。

分价值，而且观光休闲价值大幅增值主要存在于近些年，所以将其单独作为一个价值计算，用近些年观光农业总收入表示。

6.2.2　北京市耕地资源价值的测算结果

北京市耕地资源价值测算结果见表6-3，可以看出从1990～2005年北京市耕地资源总价值呈减少趋势，其主要原因是耕地面积减少而导致的耕地上作物生物量的减少，调节大气成分和净化环境价值随之大幅减少。但是，因北京市城市居民人口增加和生活水平的提高，而带动到郊区游玩消费的现实和潜在需求大幅增加，所以观光休闲价值持续增加。社会保障价值基本保持在一个稳定状态，这是因为耕地面积减少，但人均失业保险标准和最低生活保障标准增加而导致的。

表 6-3　北京市 1990～2005 年耕地资源总价值计算表　单位：亿元/年

年份	生产总价值	生态总价值	社会保障总价值	粮食安全总价值	观光休闲总价值	耕地总价值
1990	37.1	142.8	20.3	37.0		237.2
1991	42.1	163.8	21.4	39.2		266.4
1992	38.5	164.5	22.5	39.5		265.0
1993	40.2	164.7	23.6	39.8		268.3
1994	58.8	171.2	24.5	38.7		293.2
1995	69.3	163.7	25.6	36.4		294.9
1996	60.5	150.6	26.8	33.2	2.1	273.2
1997	55.9	142.4	24.0	33.3	2.3	257.9
1998	50.0	152.6	25.1	33.5	2.6	263.7
1999	41.2	134.1	29.5	28.1	5.0	237.9
2000	48.9	105.1	32.1	20.2	12.0	218.3
2001	57.0	82.4	32.1	14.7	17.0	203.2
2002	62.0	70.5	29.3	11.5	23.0	196.3
2003	61.5	67.0	27.4	8.1	27.0	191.1
2004	55.5	61.3	24.8	9.8	27.0	178.5
2005	56.0	70.9	24.9	13.3	27.0	192.1

6.3 表土资源价值测算——以大兴区、通州区为例

6.3.1 耕地表土资源价值测算方法

6.3.1.1 耕地表土资源功能价值评价指标体系的构建

1) 土壤肥力功能的评价指标

在6.1土壤功能分类中已对涉及反映土壤提供肥力的功能指标进行描述，选取能够突出代表土壤肥力功能评价的指标为：土壤质地、土壤有机质、土壤全氮、土壤速效磷、土壤速效钾。

2) 土壤净化环境功能的评价指标

土壤净化环境的能力主要取决于不同土壤的物理、化学和生物性质。土壤对不同的物质有着不同的作用，如植物养分、有机化合物、酸性或重金属。反映这一功能的相关指标包括土壤的渗透系数、土壤容重、土壤孔隙度、土壤剖面构型、土壤有机质含量、土壤 pH、土壤 Eh、土壤电导率、土壤阳离子代换量、土壤黏土矿物类型、土壤碳酸物含量、土壤微生物含量、土壤酶活性和地下水埋深、土壤的环境容量等。

3) 土壤储水功能的评价指标

土壤生态涵养水分功能主要表现为：截留降水、缓和地表径流、供给植物生长等。反映这一功能的相关指标包括土壤含水量、土壤孔隙度、土壤黏粒含量等。

4) 土壤固碳功能的评价指标

土壤是陆地生态系统的核心，连接着大气圈、水圈、生物圈和岩石圈，土壤碳库是陆地生态系统最大的碳库，是全球碳循环的重要组成部分。土壤固碳能力的高低主要反映在土壤有机碳含量上。土壤有机碳的含量通过土壤有机质含量来推算。

6.3.1.2 耕地表土资源功能价值测算

1) 表土资源的价值分类

按照土壤资源的功能类型将土壤价值进行分类，也可以按照各项价值的实现

方法对土壤价值进行分类。本研究按照土壤的功能类型将耕地表土的价值分为：肥力价值、储水价值、碳汇的价值、净化环境的价值、保持生物多样性的价值。

2）表土资源功能的价值评估方法

一般研究采取市场价值评估技术和非市场价值评估技术对表土资源价值进行测算（表6-4）。耕地表层土壤肥力价值体现在土壤有机质和氮磷钾的养分价值上，以土壤有机质和氮磷钾养分作为最重要的土壤基础肥力和生产力指标，通过计算有机质、氮磷钾养分的价值量的替代计算来反映土壤的肥力价值。耕地表层土壤涵养水分价值计算指标，以土壤的水分含量来反映土壤涵养水分的能力，通过对土壤水价值的估算来反映土壤涵养水分的价值，土壤水分的价值利用影子工程法来计算，就是要计算出能替代土壤储藏水分的补偿工程所需的费用，可用水库工程作为替代物。耕地表层土壤固碳价值计算，通过对土壤有机质碳汇潜力的价值计算来反映土壤固碳的价值，土壤固碳的价值采用碳税进行替代。耕地表层土壤净化环境价值的计算，通过对土壤净化污水、净化空气和吸纳固体废弃物的价值来反映土壤净化环境功能价值。耕地表层土壤保持生物多样性的价值采用选择意愿法或支付意愿法进行评估。

表6-4 土壤资源价值评估方法汇总

表土资源价值分类	建议方法	方法简介
肥力价值	市场价值法、影子价格法	以薪柴转化为有机质来计算土壤有机质的价值，以氮肥、磷肥、钾肥的市场价值来计算土壤氮磷钾的价值
涵养水分价值	影子工程法	以能替代土壤储藏水分的补偿工程所需的费用来计算土壤涵养水分的价值
碳汇价值	要素替代法	以 CO_2 排放量的价值来替代土壤碳汇的价值
净化环境价值	机会成本法或要素替代法	以能替代排污处理的工程费用来计算土壤净化环境的价值
保持生物多样性价值	支付意愿法、费用分析法	以人们对土壤生态系统生物多样性的存续而愿意支付的货币量来表达生物多样性价值的方法

6.3.2 耕地表土价值损失测算实证分析——以大兴区、通州区为例

以大兴区和通州区为例，综合分析北京市大兴区、通州区新增建设占用耕地的

土壤养分含量和研究区土壤功能概况等，对这两个区新增建设占用耕地的土壤的肥力价值和涵养水分价值进行测算。其中肥力价值表现在有机质含量和土壤氮磷钾价值两方面，涵养水分价值以能替代土壤储藏水分的补偿工程所需的费用来计算。

6.3.2.1 耕地表层土壤有机质价值测算

耕地表层土壤有机质的价值损失可先折算成相当量的薪材，然后再按薪材的市场价格进行估算。每公顷耕地表层土壤有机质总量的计算公式为

$$Z = 10000 \times D \times \rho \times C \tag{6-9}$$

式中，Z 为耕地表层土壤有机质的损失总量（吨/公顷）；D 为耕地表层土壤厚度（米）；ρ 为耕地表层土壤平均容重（克/立方米）；C 为有机质在土壤中含量（%）。

其中，耕地表层土壤有效土层厚度取 0.30 米；耕地表层土壤有机质平均含量以采样点数据为基础，按照耕地表层土壤有机质含量和养分含量的分布计算平均值。

每公顷耕地表层土壤有机质的价值计算：

$$E = Z \times P \tag{6-10}$$

式中，E 为区域耕地表层土壤有机质损失价值（万元）；P 为有机质价格（元/吨）。

根据薪材转换成有机质的比例为 2:1，薪材的机会成本价格为 51.3 元/吨来换算有机质的价格，计算结果见表 6-5。测算结果表明通州区每公顷耕地表层土壤有机质含量为 43 ~ 56 吨，大兴区每公顷耕地表层土壤有机质含量为 27 ~ 56 吨。耕地表层土壤有机质平均含量为每公顷 44.53 吨，价值为 0.46 万元/公顷。

表 6-5 耕地表层土壤有机质养分含量总量和价值

区县	乡镇	有机质总量/(吨/公顷)	有机质价值/(万元/公顷)
通州区	梨园镇	50.61	0.52
	于家务	44.74	0.46
	宋庄	47.45	0.49
	潞城镇	50.71	0.52
	西集镇	49.46	0.51
	漷县镇	45.43	0.47
	永乐店	43.45	0.45
	马驹桥	53.45	0.55
	台湖镇	55.10	0.56
	张家湾	50.58	0.52
	永顺地区	52.66	0.54
均值		44.53	0.46

续表

区县	乡镇	有机质总量/(吨/公顷)	有机质价值/(万元/公顷)
大兴区	团河农场	43.78	0.45
	天堂河农场	36.22	0.37
	北臧村镇	30.38	0.31
	采育镇	38.99	0.40
	长子营镇	44.74	0.46
	礼贤镇	34.73	0.36
	黄村镇	36.25	0.37
	庞各庄镇	32.49	0.33
	魏善庄镇	40.15	0.41
	西红门镇	45.47	0.47
	亦庄镇	51.24	0.53
	瀛海镇	51.05	0.53
	榆垡镇	27.60	0.28
	旧宫镇	55.57	0.57
	安定镇	45.37	0.47
均值		44.53	0.46

6.3.2.2 耕地表层土壤养分价值测算

每公顷耕地表层土壤养分（N、P、K）总量的计算公式为

$$Z_i = 10000 \times D \times \rho \times C_i \tag{6-11}$$

式中，Z_i 为 N、P、K 养分的损失量（吨/公顷）；i 为 N、P、K 三种元素；D 为耕层表层土壤厚度（米）；ρ 为耕地表层土壤平均容重（克/立方米）；C_i 为 i 在土壤中含量（%）。

耕地表层的土壤养分价值的计算方法主要选用替代价格法。计算公式为

$$E = Z_i \times P_i / S_i \tag{6-12}$$

式中，E 为 N、P、K 养分所损失的价值（万元）；i 为 N、P、K 三种元素；Z_i 为 N、P、K 养分的损失总量（吨）；S_i 为 N、P、K 折算为 $(NH_4)_3PO_4$ 或 KCl 的系数；P_i 为 $(NH_4)_3PO_4$ 或 KCl 肥料的市场价格（元）。

将 N、P 折算成 $(NH_4)_3PO_4$，将钾折算为氯化钾。N 折算为 $(NH_4)_3PO_4$ 的系数为 28/132；P 折算为磷酸二铵的系数为 31/132；K 折算为 KCl 的系数为 39/75。

耕地表层土壤养分总量和价值见表 6-6。

表 6-6　耕地表层土壤各养分的总量和价值

区县	乡镇名称	氮折算成磷酸二铵的总量/(吨/公顷)	N 元素价值/(万元/公顷)	磷折算成磷酸二铵的总量/(吨/公顷)	P 元素价值/(万元/公顷)	钾折算成磷酸氯化钾的总量/(吨/公顷)	K 元素价值/(万元/公顷)
通州区	梨园镇	13.22	6.41	26.70	12.82	64.01	21.76
	于家务	13.22	6.41	20.11	9.65	60.91	20.71
	宋庄	14.00	6.79	31.40	15.07	75.31	25.60
	璐城镇	14.48	7.02	25.75	12.36	66.15	22.49
	西集镇	14.95	7.25	24.78	11.90	65.80	22.37
	漷县镇	14.79	7.17	32.78	15.74	65.78	22.37
	永乐店	13.22	6.41	25.77	12.37	59.72	20.30
	马驹桥	14.79	7.17	42.78	20.54	74.32	25.27
	台湖镇	14.48	7.02	30.62	14.70	62.39	21.21
	张家湾	13.85	6.72	26.30	12.63	67.94	23.10
	永顺地区	14.79	7.17	25.45	12.21	64.36	21.88
大兴区	团河农场	13.54	6.57	61.15	29.36	37.19	12.65
	天堂河农场	10.73	5.21	59.94	28.77	28.85	9.81
	北臧村镇	9.18	4.45	57.01	27.36	29.03	9.87
	采育镇	11.67	5.66	40.64	19.50	33.36	11.34
	长子营镇	13.69	6.64	54.09	25.96	42.89	14.59
	礼贤镇	10.58	5.13	56.23	26.99	37.29	12.68
	黄村镇	10.89	5.28	59.15	28.39	33.21	11.29
	庞各庄镇	9.65	4.68	66.80	32.06	29.04	9.87
	魏善庄镇	11.82	5.74	61.70	29.62	36.08	12.27
	西红门镇	14.48	7.02	76.79	36.86	41.69	14.18
	亦庄镇	16.35	7.92	123.85	59.45	72.00	24.48
	瀛海镇	15.73	7.62	74.95	35.97	47.86	16.27
	榆垡镇	8.09	3.92	48.77	23.41	23.29	7.92
	旧宫镇	17.44	8.45	116.44	55.89	53.27	18.11
	安定镇	13.22	6.41	50.73	24.35	42.09	14.31
均值		13.19	6.39	50.80	24.38	50.53	17.18

6.3.2.3　耕地表层土壤水分价值测算

耕地表层土壤占用会引起土壤水分的流失，其带来的经济损失可以利用影子工程法来计算，就是要计算出能替代流失的土壤水分的补偿工程所需的费用，可用农用水库工程作为替代物。土壤水分流失的经济损失也就是占用耕地面积所流失的土壤水分总量与修建每立方米农用水库所需投资费用的乘积。每公顷耕地的耕地表层土壤水分的总量的计算公式：

$$X = 10000 \times D \times \rho \times W \qquad (6\text{-}13)$$

式中，X 为每公顷耕地的土壤水分的总量（吨）；D 为土层厚度（米）；ρ 为土壤平均容重（克/立方米）；W 为土壤平均含水量（%）。其中，土壤的平均含水量取 20%；土层厚度取 0.30 米。

每公顷耕地的土壤水分的价值的计算公式：

$$E = X \times P \qquad (6\text{-}14)$$

式中，E 为每公顷耕地的土壤水分的价值（元）；X 为每公顷耕地的土壤水分的总量（吨）；P 为每修建 1 立方米农用水库所需的投资费用（元），建水库的投资费用按平均水平计为 37.4 元/立方米。

计算结果显示，每公顷耕地表层土壤水分的总量约为 660.33 吨，每公顷耕地表层土壤水分的价值约为 2.47 万元。

6.3.2.4 通州区和大兴区新增建设占用耕地表层土壤资源价值的核算

以北京市土地利用总体规划（2006~2020 年）中近期新增建设用地占用地耕地的数量计算，通州和大兴近期新增建设占用耕地表层土壤生产力价值损失共计约 23.88 亿元（表 6-7），通州近期新增建设占用耕地表层土壤生产力价值损失约 12.25 亿元，其中耕地表层土壤氮磷钾养分价值损失约为 11.46 亿元，占土壤生产力价值损失的 93.55%；大兴近期新增建设占用耕地表层土壤生产力价值损失约 11.63 亿元，其中耕地表层土壤氮磷钾养分价值损失约为 11.01 亿，占 94.75%。

表 6-7 通州区、大兴区近期新增建设占用耕地表层土壤资源的生产力价值统计表

	建设占用 资源价值	有机质 价值	N 价值	P 价值	K 价值	水分价值	合计
通州区	价值/元	1 360.00	18 312.75	36 361.26	59 893.41	6 586.67	122 514.09
	所占比例/%	1.11	14.95	29.68	48.89	5.37	100
大兴区	价值/元	895.99	12 899.54	68 826.91	28 393.20	5 269.33	116 284.97
	所占比例/%	0.77	11.09	59.19	24.42	4.53	100
合计	价值/元	2 255.99	31 212.29	105 188.17	88 286.61	11 856.00	238 799.06
	所占比例/%	0.94	13.07	44.05	36.97	4.97	100

7 区域耕地表土剥离与覆土技术

本章以北京市为例，提出并构建了耕地表土剥离与覆土技术，为北京市补充耕地数量质量平衡提供了科学依据。

7.1 表土剥离和覆土区的空间匹配分析

7.1.1 北京市表土剥离和覆土的可操作模式

鉴于北京市土地自然条件的差异和建设占用地地块的实际情况，会对未来土地利用和移土造地工程实施产生影响，在不同区域应因地制宜地采取差异性的建设占用耕地表层土壤利用模式。根据建设占用地块的实际情况，分别采取复垦、回填、异地造田和客土肥田等不同的移土造地模式，以期最大限度地发挥土壤耕作层的利用效益。

线性建设复垦模式：该模式主要针对线性建设用地，对公路、铁路等线性工程建设取土场用地进行复垦。施工单位严格按照设计进行施工，耕作层土壤剥离60厘米、搬运并集中堆放，并从60厘米处以下取土用于公路、铁路等线性工程建设。在工程结束后，再把耕作层土壤运回来进行复垦。

工矿用地回填模式：该模式主要针对独立工矿用地，对于独立工矿用地，应由用地单位对耕地的耕作层土壤实施剥离并集中堆放，采矿完成后对耕作层土壤进行回填和平整，恢复耕种。

异地造田模式：该模式主要用于未利用地开发，将剥离后的耕地表层土壤运到北京市西部和北部山区的荒草地、河滩地以及废弃地等处造田，增加荒草地、河滩地和废弃地的土层厚度，提高土壤养分含量，改良土壤结构，并结合土地开发整理工程设计，使其满足耕作条件，从而将荒漠地、河滩地和废弃地改造为可利用的耕地，用于增加补充耕地的数量。

客土肥田模式：该模式主要针对中低产田的改造，通过将剥离后的土壤运到指定的土地开发整理项目区，以改善项目区内土壤的土层厚度、土壤质地、土体构型等，从而达到改善和提高土地质量的目的，将中低产田改造成为优质高产田。通过"移土造地",客土肥田,改良土壤,提高中低产田的质量。

7.1.2　北京市表土剥离和覆土区空间匹配原则

运土路径的选择大体遵循"区内优先、相邻区县优先"的原则。剥离的耕作层土壤应优先"就近利用",多余的部分按照造土区空间位置分为东、西、中三条主要线路来进行移地造地。东线主要运往平谷区、密云县方向;中线运往怀柔区、延庆县方向;西线运往房山区、门头沟区方向。

7.1.3　北京市出土区和受土区的空间分布及匹配

表7-1为各区县土壤总量的供需匹配情况分析,朝阳区、海淀区、丰台区、石景山区、顺义区、通州区、大兴区、昌平区这些未来建设活动活跃的区域将是重要的出土方,房山区、平谷区、怀柔区、密云县、延庆县、门头沟区是未来主要的受土方。

表7-1　各区县土壤总量供需情况表　　　单位:万吨

区县	建设占用耕地表层土壤总量	移土造地客土需求量	盈余数	是否供需匹配
朝阳区	198.10	0	198.10	是
丰台区	66.03	22.01	44.02	是
石景山区	66.03	0	66.03	是
海淀区	176.09	0	176.09	是
顺义区	858.43	418.21	440.22	是
通州区	880.44	352.18	528.26	是
大兴区	704.35	572.29	132.07	是
昌平区	330.17	132.07	198.10	是
房山区	440.22	550.28	-110.06	否
平谷区	220.11	286.14	-66.03	否
怀柔区	176.09	462.23	-286.14	否
密云县	154.08	506.25	-352.18	否
延庆县	88.04	902.45	-814.41	否
门头沟区	44.02	198.10	-154.08	否

将出土区和受土区通过空间分析,合理分配移土和受土区的空间布局。将

北京市分为出土区和受土区，出土区按照其出土量的大小分为一级出土区和二级出土区，一级出土区为顺义区和通州区，二级出土区为朝阳区、海淀区、丰台区、石景山区、昌平区和大兴区；受土区按照其受土量大小分为一级受土区和二级受土区，其中一级受土区为延庆县，二级受土区包括怀柔区、密云县、平谷区、门头沟区和房山区（图7-1）。

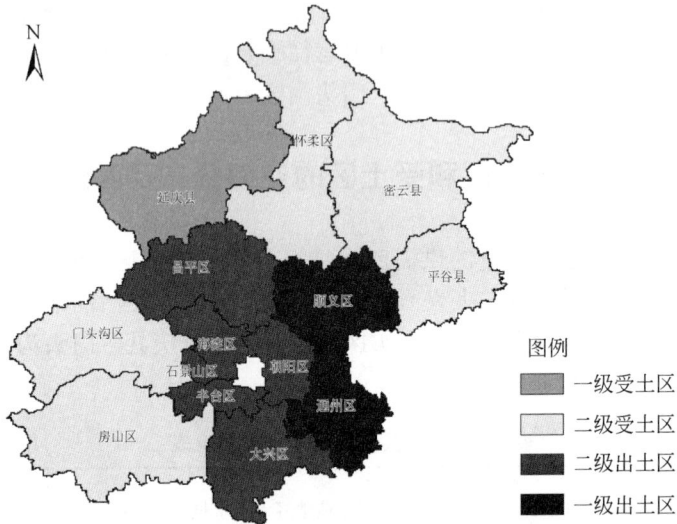

图 7-1　移土造地出土区和受土区空间分布图

7.2　表土剥离和覆土的技术环节

7.2.1　取土区域的确定——取土区域耕地条件较好

工程项目实施取土区（新增建设占用的耕地）的耕地需满足以下条件：耕作层厚、肥力高、相对集中成片、交通运输条件好。具体而言：土层厚度达到60厘米以上、肥沃耕作层30厘米以上、分布集中成片（相对成片的单片面积不小于2公顷）、肥力处于较高水平的土壤原则上必须要剥离表土层用于"造地"工程。对于土壤污染严重、表层土壤盐渍化程度高，缺乏肥力不宜种植农作物的劣质表土，经批准可以不剥离。

7.2.2　取土厚度和方法的确定

北京平原区地区土壤主要以潮土、褐土为主，平原区一般地势平坦、土壤深厚、土壤质量较高。为了分析对比平原区和山区土壤质量的差异，在房山区、大兴区和通州区挖掘了平原区域的土壤剖面，并在西部山区和北部山区挖掘了山区土壤剖面，对比平原区和山区的土层厚度的差异，并且以此确定取土厚度和覆土区域的覆土的标准。北京平原区与山区耕作土壤土层厚度差距巨大，土壤表层质量差异显著。平原区土壤质地细腻，土壤质地以中壤、轻壤为主，且土壤有机含量高，地形平坦，耕作便利，易于机械化生产。而山区则土壤薄，有机质含量低。实施移土造地，并辅以梯田建设，可以显著提高山区补充耕地质量。因此，根据平原区土壤厚度和山区土层厚度差异，科学确定取土厚度和方法是保障补充耕地质量的关键所在。

　　根据区域耕地利用方式和强度，利用最多、熟化程度最好的土壤主要分布在 B 层和 A 层（图7-2），一般为 20~40 厘米厚。依据土壤养分分布研究，土壤有机质和 N、P、K 等营养元素主要集中在 40 厘米以上的土层；40 厘米以下的土层，随着土壤深度的增加，这些营养元素的含量将明显下降（图7-3）。为了确保土壤肥力，最大限度地满足造地耕种条件，确保表土剥离的有效土层厚度为 60 厘米，表土剥离过程中应尽量保持土壤耕作层的剖面构型，实行表、底分批剥离，即通过工程措施首先剥离熟化层 30 厘米的土壤，然后再剥离 30~60 厘米的土壤。

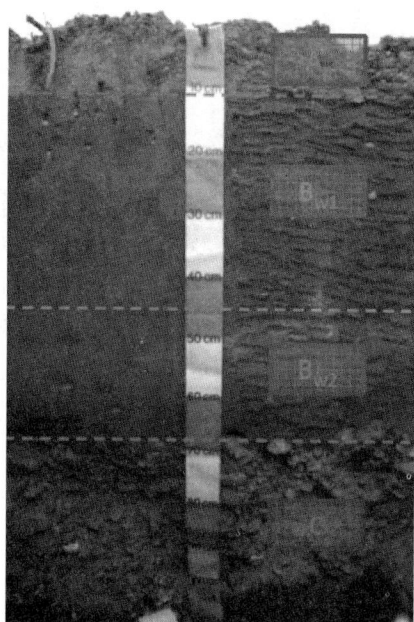

图7-2　土壤剖面图

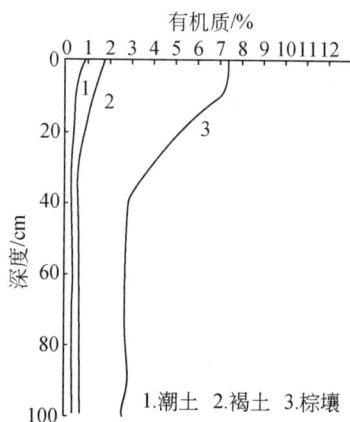

图7-3　土壤有机质分布图

7.2.3 覆土区域的选择

覆土区选择应符合土地利用总体规划、土地综合整治规划；项目区具备覆土或土地复垦所必需的道路、农田水利、电力等配套基础设施条件，项目地块、坡度、水源和光照条件等符合农业耕作的要求；符合生态环境和区域生态系统的要求，注意避开地质灾害和水土流失严重等生态脆弱的地域；此外，也要求项目区土地权属无争议。另外，城市建设中大量的绿化用土和新建小区的绿化区块等也可以是覆土区的选择方向。

7.2.4 覆土厚度及方法的确定

覆土工程设计方案遵循以下三个原则：首先是覆土厚度要求，根据植物根系下扎情况，以及土地整理相关要求，土层厚度应>60厘米；其次是质地剖面的要求，根据覆土区实际情况，质地较差的最底层可铺设20厘米厚的黏土，然后覆土，覆土后应形成上轻下黏的"蒙金土"或者通体壤质，避免将来土壤肥力流失；最后是表、底层土壤分批填入，尽量减少对土壤肥力的损失。

7.2.5 表土堆放

对于剥离出来的耕作层土壤，最好的处理办法是直接用于土地开发整理项目。这种"点对点"的处理，理论上是可能的，但实际工作中往往受到客观条件的限制。首先是受到距离的制约，若运距过长，则成本较高；其次是时间的制约，建设项目与造地项目很难同步。由于时间差的存在，导致剥离的土壤往往不能直接用于造地，需考虑堆放场地和储存等问题。因此，要对耕地表层土壤堆放场地的环境条件提出要求，如湿度和遮蔽条件等，避免造成土壤养分二次流失。

7.3 表土剥离和覆土的工程类型

7.3.1 北京市表土剥离和覆土的工程类型

移土造地工程类型主要包括四种：一是取土工程；二是运土工程；三是堆土工程；四是覆土工程。

（1）取土工程主要采取人工取土和1立方米挖掘机取土相结合。连片且平整的地方用0.5立方米挖掘机取土；挖掘机难以施工的地方，如地块边角、坡度较大或者取土面积小以致修建田间道运土不经济的地方，采取人工取土。另外，只需人工搬运即可达到覆土区的，用人工取土。

（2）在距离取土区（高差折平距离和斜坡距离取大值）500米以内的区域采取人工运土，>500米区域利用机械运土。人工取土但采取机械运土的，先由人工搬运至最近的田间道，然后由挖掘机装载重汽车运土。挖掘机取土的，由挖掘机直接装载重汽车运土。

（3）在距离覆土点最近的田间道旁边设置堆土点，并按照每个堆土点所满足的覆土区面积及土方量设置堆土点大小。载重汽车运土至堆土点后，尽量集中堆放。堆土点设置既要考虑堆土、保土便利性，尽量选择地势平坦或者容易铲平的地方，也要考虑覆土的经济性。一般来说，地势平坦区域堆土点设置比较密集，平均每个堆土点方量较小，以减少覆土搬运距离。反之，坡度相对较大的区域，堆土点布置相对集中，单个堆土点方量较大，这样既方便管理，也减少土壤流失的隐患。此外，如果因为天气或者其他原因不能立即覆土的，由农民根据实际情况，在堆土点周围修筑挡土坎，以防雨水冲刷导致土壤流失。

（4）少数坡度较大，保水能力较差的地方实施覆土以外，项目布局尽量在北部和西部山区平缓的荒草地、沙地等区域覆土。覆土采取人工和机械覆土，邻近堆土点的地方由人工直接覆土；覆土点距离堆土点较远的地方，由机械运至覆土点后再人工平整土方。

7.3.2 北京市表土剥离和覆土的工程类型的施工组织方式

根据工程施工实际情况，本项目中取土、运土和覆土的施工主要采取以下组织方式。

（1）1立方米挖掘机挖装自卸汽车运土–人工抛洒土方。主要适用于取土区平整，能使用挖掘机挖土，运土需要汽车，汽车运达后可直接进行覆土的区域（指距离堆土点5米内，下同）。

（2）1立方米挖掘机挖装自卸汽车运土–人工或双胶轮车运土–人工抛洒土方。主要适用于取土区平整，能使用挖掘机挖土，汽车运至堆土点，然后经二次转运方能进行覆土的区域。

（3）人工挖运土–1立方米挖掘机挖装自卸汽车运土–人工抛洒土方。主要适用于宜用人工挖土，然后人工搬运成堆后挖掘机挖装自卸汽车运土，汽车运达后可直接进行覆土的区域。

（4）人工挖运土–1立方米挖掘机挖装自卸汽车运土–人工或双胶轮车运土–人工抛洒土方。主要适用于需用人工取土，然后人工搬运成堆后挖掘机挖装自卸汽车运土，由汽车运至堆土点，然后经人工或双胶轮车运土方能进行覆土的区域。

（5）人工挖运土或人工挖土双胶轮车运土–人工抛洒土方。主要适用于取覆土区距离较近，通常在500米（高差折平距离）内，直接用人工挖运土至覆土点，然后进行覆土的区域。

8 区域补充耕地数量质量等级折算技术

本章以上海市崇明县和北京市为例，构建了补充耕地数量质量按等级折算技术，提出了耕地占补平衡等级折算系数的制定技术和耕地数量质量按等级折算系数验证技术。

8.1 上海市崇明县耕地占补平衡等级折算系数的制定

8.1.1 崇明县等级折算中产量比系数确定

8.1.1.1 产量比系数不同计算方法

产量比系数是把不同种类作物产出换算成同一水平的比率系数，根据不同作物内在联系，确定相关因素，如产量、市场价格、热量等，列举 6 种不同的计算方法，重新计算标准粮产量，并修正农用地分等成果。自然质量等是通过光温生产潜力、土地质量因素修正、标准耕作制度及理论产量换算等得到，是对土地进行的适宜性评价和潜力评级，体现了由土地自然质量不同引起的土地的潜在生产能力差异。但因农耕历史和人类经济活动强度差异，基本相似的气候、土地条件上，发挥土地潜力的社会平均水平不同。按照土地自然质量状况评定出来的潜力等级，只是土地可能生产量，并非土地的实际生产量，土地实际生产量还受到长期形成的农耕水平、用地强度、种植技能、劳动态度限制。因此，需要将一定光温生产潜力修正为作物的实际生产量，即在自然质量等基础上进行土地利用水平修正得到利用等，来体现相同土地质量、相同土地潜力等级上利用水平不同造成的等级差异。利用等反映了地上作物实际生产量，与标准粮产量有着优于自然质量等的内在联系，因而选取标准粮产量和利用等作为控制因素，对产量比系数进行校验。

1）最高产量比法

（1）产量比系数的计算。产量比系数的计算公式可表达为

$$\beta_i = Q_{max}/q_{imax} \qquad (8-1)$$

式中，β_i 为产量比系数；Q_{max} 为指标区内基准作物的最高单产；q_{imax} 为指定作物的最高单产。

最高产量比法测算，得出崇明县水稻的产量比系数为 1，小麦的产量比系数为 1.625，其意义为：能够生产 1000 千克水稻的地块，也能够生产 615.38 千克的小麦。崇明县农用地利用等指数分布在 1580～2460，等别序列为十六到二十五等（图 8-1）。

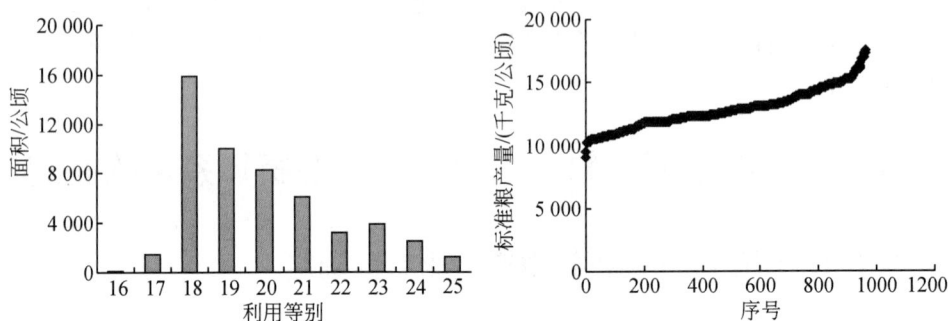

图 8-1 农用地分等成果及标准粮产量统计图 1

（2）计算结果分析。相关分析可以定性地解释两个变量之间的变化趋势，揭示变量间的相关程度。根据数理统计分析理论，当判定系数 $R^2 \geqslant 0.5$ 时，自变量 x 与因变量 y 间存在一定的相关性，并且 R^2 值越大，说明二者的相关性越高、越显著。从图 8-2、表 8-1 和表 8-2 中可以看出，$R^2 = 0.7496 > 0.5$，即变量 y 的变异中有的 75% 是由变量 x 引起的，二者具有一定的相关性，线性拟合关系较好。

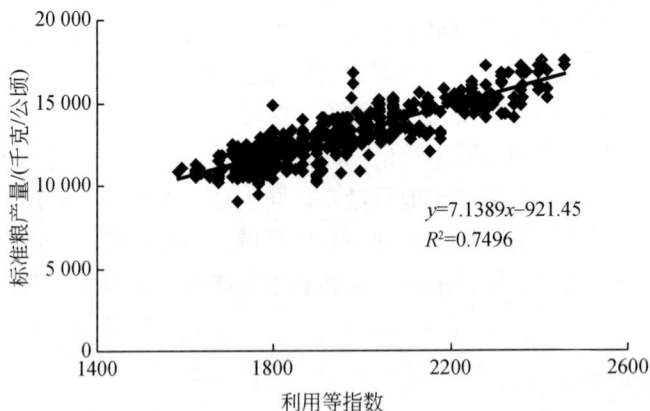

$y = 7.1389x - 921.45$
$R^2 = 0.7496$

图 8-2 利用等指数与标准粮产量线性拟合图 1

表 8-1 标准粮产量与利用等指数回归分析 1

回归统计指标	统计值
Multiple R	0.866
R Square	0.750
Adjusted R Square	0.749
F	2877.140
Significance F	3.2×10^{-291}
标准误差	50.168
观测值	963

表 8.2 标准粮产量与利用等指数方差分析 1

	Coefficients	标准误差	t Stat	P-value
Intercept	−61.430	17.189	−3.574	0.000369
X Variable1	0.476	0.009	53.639	3.2×10^{-291}

《农用地分等规程》规定的最高产量计算方法，优点在于简单易行，获取数据相对容易，通过查阅历史数据即可得到最高单产数据，但是这种方法确定的最高单产具有一定的区域性，所获得的数据也受到时间和社会经济条件的限制，对于计算的精确度产生一定的影响。因此，该方法对自然条件相对单一，土地利用水平（即最高单产水平）差异不大的地区较为适用。

2）生产潜力比法

（1）产量比系数的计算。上海市崇明县属于长江中下游区的沿江平原区，区域内农用配套设施齐全，灌溉设施基本上可以满足农地的生产需要，水分条件不成为该区域内农地生产的限制性因素，因此在利用生产潜力指数计算产量比系数的时候，只选取光温生产潜力参与计算。

$$\beta_i = \alpha / \alpha_i \qquad (8\text{-}2)$$

式中，β_i 为产量比系数；α 为基准作物光温（气候）生产潜力；α_i 为指定作物光温（气候）生产潜力。

生产潜力比法测算，得出崇明县产量比系数，水稻为 1，小麦为 2.260，其意义为：能够生产 1000 千克水稻的地块，也能够生产 442.48 千克的小麦。崇明县农用地利用等指数分布在 1810～2870，等别序列为十九到二十九等（图 8-3）。

（2）计算结果分析。从图 8-4、表 8-3 和表 8-4 中可以看出，$R^2 = 0.7629 > 0.5$，

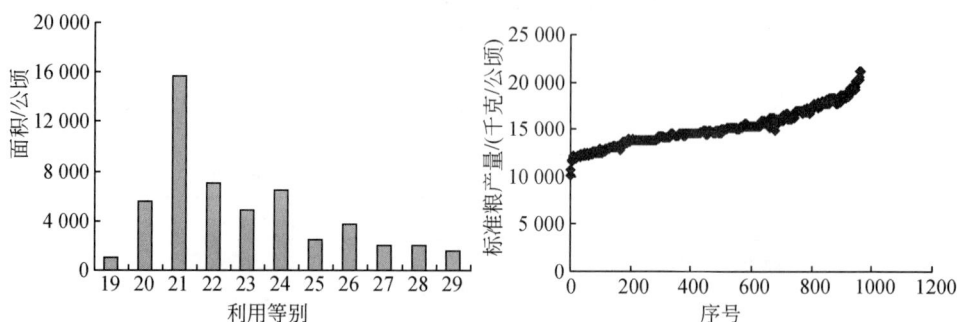

图 8-3　农用地分等成果及标准粮产量统计图 2

即变量 y 的变异中有 76.29% 是由变量 x 引起的，二者的相关性较高，从样点的分布规律来看，有较好的线性拟合关系。

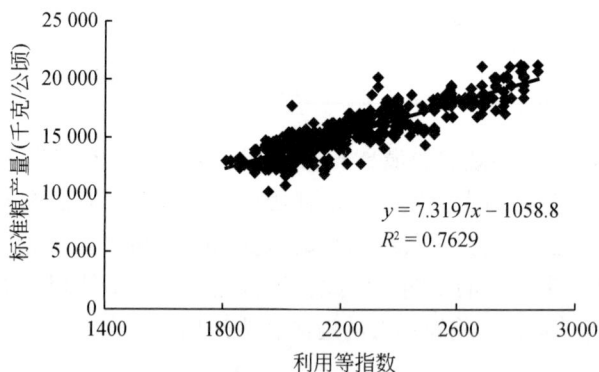

$$y = 7.3197x - 1058.8$$
$$R^2 = 0.7629$$

图 8-4　利用等指数与标准粮产量线性拟合图 2

表 8-3　标准粮产量与利用等指数回归分析 2

回归统计指标	统计值
Multiple R	0.873
R Square	0.763
Adjusted R Square	0.763
F	3091.501
Significance F	$1.4×10^{-302}$
标准误差	63.600
观测值	963

表 8-4　标准粮产量与利用等指数方差分析 2

	Coefficients	标准误差	t Stat	P-value
Intercept	−70.584	19.562	−3.608	0.000 324
X Variable 1	0.488	0.009	55.601	$1.4×10^{-302}$

通过作物的光温（气候）生产潜力计算产量比系数，较前一种方法更为精确，生产潜力的获得可以通过历年的气象资料及区域所处的地理坐标等进行求取，这种方法对于单一指标区的产量比系数获得较为精确。但如同一个区域内跨两个或以上的指标区就存在选取何种生产潜力参加计算的问题。一般来讲，作物的光温生产潜力和气候生产潜力因限制条件的不同，数值上存在较大的差异，那么选取不同的潜力来计算，就夸大了指标区间作物生产能力的差距。因此，这种方法较适用于单一指标区内的耕地生产能力计算。

3）热量比法

（1）产量比系数计算。表达式为

$$\beta_i = H/h_i \tag{8-3}$$

式中，β_i 为产量比系数；H 为指标区内每千克基准作物所含热量；h_i 每千克指定作物所含热量。

根据作物所含热量求取产量比系数，首先要确定各种作物的热量指标，不同作物的热量指标存在一定的差异，而相同作物不同种类间热量指标的大小也不尽相同，为了研究的简便，本书假设区域内相同作物属同一种类，即热量指标相同。通过查取相关文献得到热量指标平均数据（即不分作物品种数据）：水稻为每千克含热量 1730 千卡[①]，小麦为每千克含热量 1585 千卡。

热量比法测算得到崇明县水稻产量比系数为 1，小麦产量比系数为 1.090。其意义为：能够生产 1000 千克水稻的地块，也能够生产 917.43 千克小麦。崇明县农用地利用等指数分布在 1390～2120，等别序列为十四到二十二等（图 8-5）。

（2）计算结果分析。由图 8-6、表 8-5 和表 8-6 可以看出，$R^2 = 0.7268 > 0.5$，即变量 y 的变异中有 72.68% 是由变量 x 引起的，两者有一定的相关性，从样点的分布规律及拟合方程的截距来分析，两者的线性拟合度较高。

[①]　1 千卡 ≈ 4185.85 焦耳。

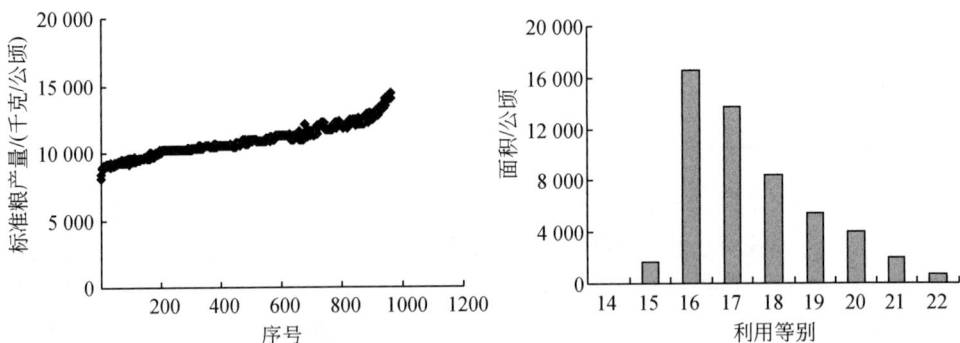

图 8-5 农用地分等成果及标准粮产量统计图 3

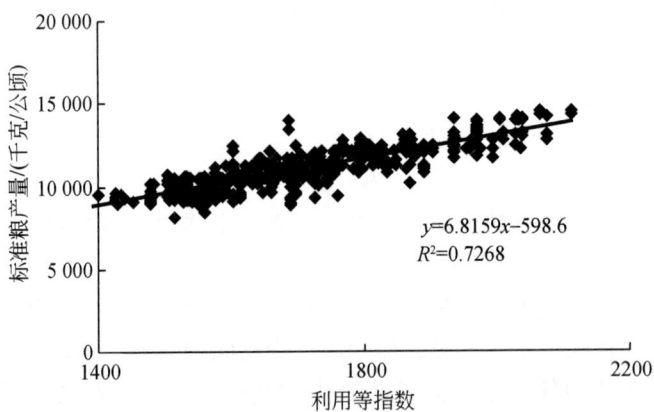

$y=6.8159x-598.6$
$R^2=0.7268$

图 8-6 利用等指数与标准粮产量线性拟合图 3

表 8-5 标准粮产量与利用等指数回归分析 3

回归统计指标	统计值
Multiple R	0.853
R Square	0.727
Adjusted R Square	0.727
F	2556.598
Significance F	$5.1×10^{-273}$
标准误差	39.603
观测值	963

表8-6 标准粮产量与利用等指数方差分析3

	Coefficients	标准误差	t Stat	P-value
Intercept	−39.907	15.205	−2.625	0.008 813
X Variable 1	0.454	0.009	50.563	5.1×10^{-273}

种植作物的目的就是为了获取其中的热量以满足人们的温饱需求，那么用热量来进行产量比系数的计算，较前两种方法更为科学、直观，也更为精确；但是这种方法的缺点在于数据获取的难度较大。根据植物营养学的定义，不同作物的热量是不同的，而相同作物的不同品种其热量水平也存在一定的差异，因此在用这种方法进行产量比系数不仅仅要考虑作物的不同种类，即便在同一个指标区内种植相同的作物往往也不是同一品种的，这样在无形中就增加了计算的难度，而崇明县假定种植的相同作物属于一品种，数据精度相对较低，影响利用等指数和标准粮产量的相关性分析，并且选用这种方法进行产量比系数的计算，对外业调查的精度要求较高。

4）市场价格比法

（1）产量比系数计算。表达式为

$$\beta_i = P/p_i \tag{8-4}$$

式中，β_i 为产量比系数；P 为指标区内基准作物一定年份的市场价格；p_i 为指定作物一定年份的市场价格。

利用市场价格求取产量比系数，涉及一定年份市场价格的选取，由于崇明县分等数据的基期为 2001～2004 年，为了保证时间上的一致性，本书选取了2001～2004 年的价格数据，按照单年和四年的平均数据分别进行计算（图8-7）。

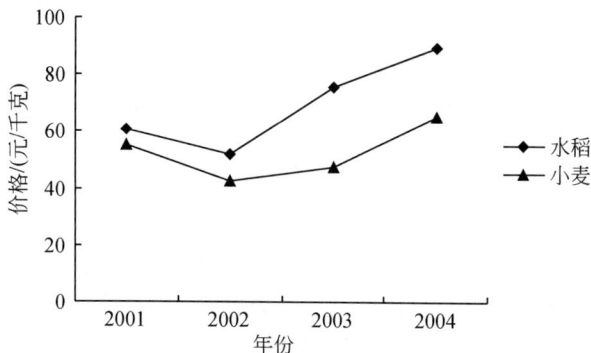

图8-7 上海市崇明县 2001～2004 年水稻、小麦市场价格

利用式（8-4），得到崇明县各年份的产量比系数见表8-7。

表8-7 利用市场价格求取产量比系数统计表

年份	水稻/(元/千克)	小麦/(元/千克)	产量比系数
2001	60.85	54.99	1.107
2002	51.92	42.55	1.220
2003	75.58	47.60	1.588
2004	89.39	64.98	1.376
综合	69.44	52.53	1.322

2001~2004年，作物价格有较大的波动，并且通过表8-7的计算结果也可以得出，利用单年的市场价格数据得出的产量比系数受当年的粮食市场形势影响强烈，有一定的波动，缺少时间上的稳定性、连续性。因此选择使用四年的综合市场价格参与计算：

$$综合价格（P）=（价格1+价格2+\cdots+价格n）/n \tag{8-5}$$

由市场价格比法测算得到产量比系数水稻为1，小麦为1.322，其意义为：能够生产1000千克水稻的地块，也能够生产756.43千克小麦。崇明县农用地利用等指数分布在1480~2260，等别序列为十五到二十三等（图8-8）。

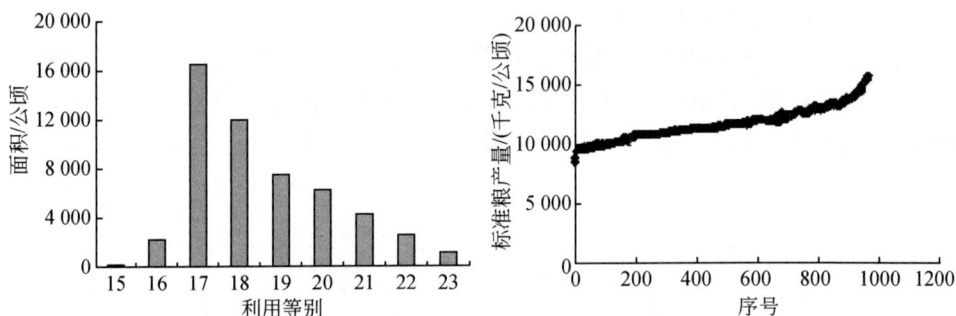

图8-8 农用地分等成果及标准粮产量统计图4

（2）计算结果分析。由图8-9、表8-8、表8-9可以看出，$R^2=0.7385>0.5$，即变量y的变异中有73.85%是由变量x引起的，从样点的分布规律及拟合方程的截距来分析，两者的线性拟合度较前几种方法低。

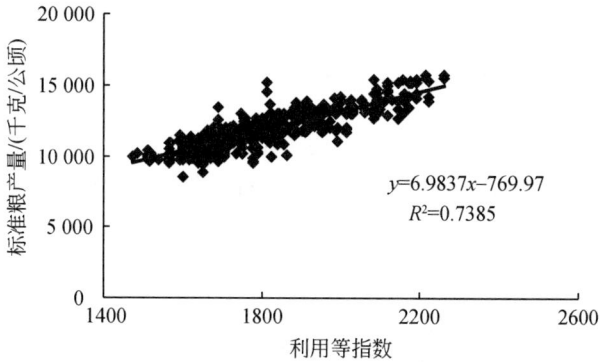

图 8-9 利用等指数与标准粮产量线性拟合图 4

$$y=6.9837x-769.97$$
$$R^2=0.7385$$

表 8-8 标准粮产量与利用等指数回归分析 4

回归统计指标	统计值
Multiple R	0.859
R Square	0.739
Adjusted R Square	0.738
F	2714.509
Significance F	3.5×10^{-282}
标准误差	44.034
观测值	963

表 8-9 标准粮产量与利用等指数方差分析 4

	Coefficients	标准误差	t Stat	P-value
Intercept	−51.331	16.061	−3.196	0.001439
X Variable 1	0.466	0.009	52.101	3.5×10^{-282}

市场价格与需求紧密联系，从一定程度上可以反映作物的不同价值，但是这种方法受市场影响强烈，不能保证时间上的持续性，稳定性较差，精确度较低。如利用单年的价格来计算难以保证产量比系数的时序性（时间上的连续性），而利用多年的价格数据进行计算时，仅仅是将其取算术平均值能否准确的表征作物之间的比例关系，有待商榷。从崇明县的价格数据来看，2001 年和 2002 年水稻和小麦的价格基本上保持在同一个水平，而 2003 年和 2004 年，水稻和小麦的价格较前两年都有较大幅度的上涨。如果单纯将四年的数据平均，势必会弱化了市场价格波动的影响，降低利用等指数与标准粮产量的相关性。因此，当一地区，作物价格在连续几年（两年以上）内保持相对稳定，才可以选取市场价格法求

取产量比系数。

5）热量–现实生产力综合比法

（1）产量比系数计算。区域内作物的最高单产反映了耕地的现实最高生产力，将其与作物所含热量相结合，得到耕地的综合现实生产力：

$$q = h_i \times q_{i\max} \tag{8-6}$$
$$\beta_i = q_i / q_j \tag{8-7}$$

式中，q 为综合现实生产力；h_i 为每千克物质所含热量；$q_{i\max}$ 为区域内该作物的最高单产；β_i 为产量比系数；q_i 为基准作物综合现实生产力；q_j 为指定作物综合现实生产力。

由热量–现实生产力综合比法测算得到，水稻的产量比系数为 1，小麦的为 1.77，其意义为：能够生产 1000 千克水稻的地块，也能生产 564.97 千克的小麦。崇明县农用地利用等指数分布在 1640~2560，等别序列为十七到二十六等（图 8-10）。

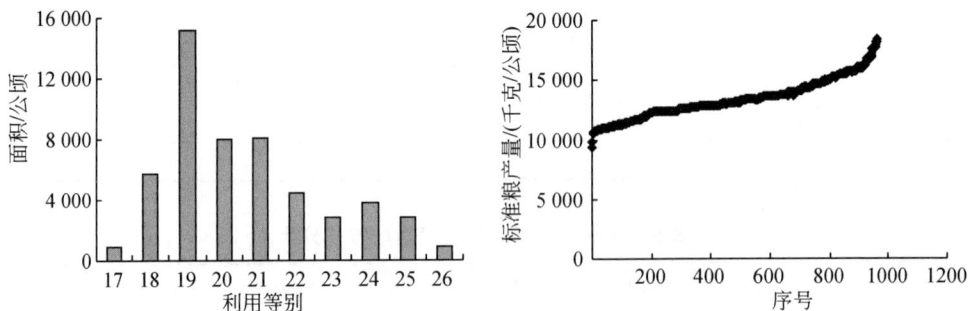

图 8-10　农用地分等成果及标准粮产量统计图 5

（2）计算结果分析。由图 8-11、表 8-10 和表 8-11 可以看出，$R^2 = 0.7536$，

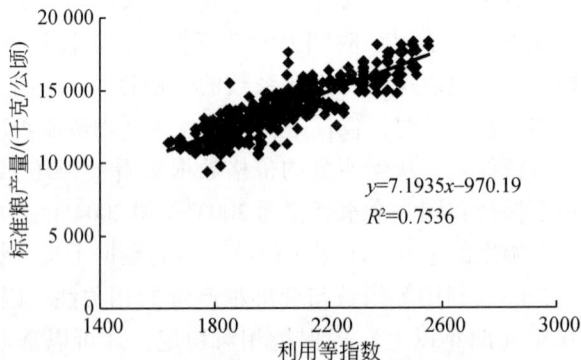

$$y = 7.1935x - 970.19$$
$$R^2 = 0.7536$$

图 8-11　利用等指数与标准粮产量线性拟合图 5

即变量 y 的变异中有仅有 75.36% 是由变量 x 引起的, 两者的相关性较高, 从样点的分布规律来看, 两者的线性拟合度很好。

表 8-10 标准粮产量与利用等指数回归分析 5

回归统计指标	统计值
Multiple R	0.868
R Square	0.754
Adjusted R Square	0.753
F	2938.729
Significance F	1.5×10^{-294}
标准误差	53.168
观测值	963

表 8-11 标准粮产量与利用等指数方差分析 5

	Coefficients	标准误差	t Stat	P-value
Intercept	-64.680	17.727	-3.649	0.000 278
X Variable 1	0.480	0.009	54.210	1.5×10^{-294}

产量比系数的作用就是在一定的区域内将不同的作物以基准作物为基础折算到一个标准, 实现可比。现行的方法中, 大多只考虑了影响作物之间可比性的一个方面, 即单产、热量等的单一指标影响, 但在实际操作中作物之间的可比性, 应该综合考虑多个因素的影响来确定。热量-现实生产能力综合比法, 就是在耕地产出水平的基础上, 利用作物的热量指标加以修正得到产量比系数的方法, 提高了产量比系数的计算精度。但是由于作物热量指标对调查内容的细化程度要求高, 数据获取有一定的难度, 因此在操作上有一定的局限性。

6) 热量-生产潜力综合比法

(1) 产量比系数计算。表达式为

$$A = h_i \times \alpha_i \tag{8-8}$$

$$\beta_i = A_i / A_j \tag{8-9}$$

式中, A 为综合生产潜力; h_i 为每千克物质所含热量; α_i 为区域内该作物的生产潜力; β_i 为产量比系数; A_i 为基准作物综合生产潜力; A_j 为指定作物综合生产潜力。

由热量-生产潜力综合比法测算得到, 水稻的产量比系数为 1, 小麦的为 2.466, 其意义为: 能够生产 1000 千克水稻的地块, 也能生产 405.52 千克的小麦。崇明县农用地利用等指数分布在 1890～3010, 等别序列为十九到三十一等

（图 8-12）。

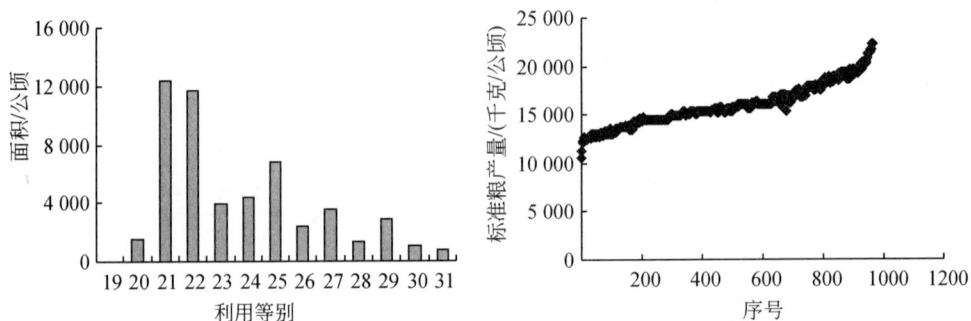

图 8-12 农用地分等成果及标准粮产量统计图 6

（2）计算结果分析。由图 8-13、表 8-12 和表 8-13 可以看出，$R^2 = 0.7655 >$ 0.5，即变量 y 的变异中有仅有 76.55% 是由变量 x 引起的，二者的相关性较高，从样点的分布规律及拟合方程的截距来分析，二者的线性拟合度很高。

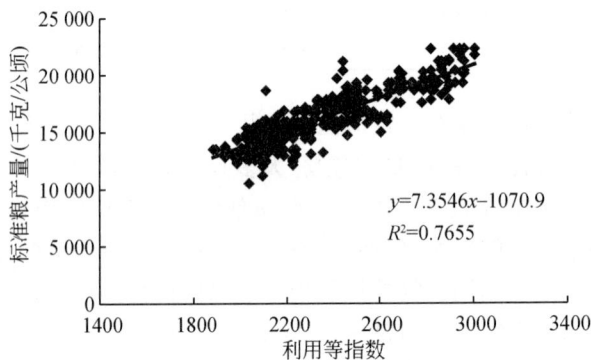

$$y = 7.3546x - 1070.9$$
$$R^2 = 0.7655$$

图 8-13 利用等指数与标准粮产量线性拟合图 6

表 8-12 标准粮产量与利用等指数回归分析 6

回归统计指标	统计值
Multiple R	0.875
R Square	0.765
AdjustedR Square	0.765
F	3136.816
Significance F	6.8×10^{-305}
标准误差	68.090
观测值	963

表 8-13 标准粮产量与利用等指数方差分析 6

	Coefficients	标准误差	t Stat	P-value
Intercept	−71.395	20.342	−3.510	0.000 47
X Variable 1	0.490	0.009	56.007	6.8×10^{-305}

一个区域内耕地生产潜力是在不受光照、土壤等条件的限制下，耕地所能达到的理想最高产量，其剔除了人为因素的影响，往往高于现实生产力。热量–生产潜力综合比法，就是在耕地本底生产能力的基础上，以作物的生物能量指标加以控制，大大提高了计算结果的精度。但是由于两个指标对外业调查数据要求精度较高，适用范围也有一定的限制，可操作性较差。

7) 产量比系数计算方法的综合分析

六种计算方法分别运用了作物的单产、生产潜力、所含热量、市场价格四个指标进行单独的或综合计算，计算方法见表 8-14。

表 8-14 产量比系数计算方法统计表

测算方法	计算公式
最高产量比法	$\beta_i = \dfrac{Q_{i\max}}{q_{ij\max}}$
生产潜力比法	$\beta_i = \dfrac{\alpha_i}{\alpha_{ij}}$
热量比法	$\beta_i = \dfrac{H_i}{h_{ij}}$
市场价格比法	$\beta_i = \dfrac{P_i}{p_{ij}}$
热量–现实生产力综合比法	$\beta_i = \dfrac{Q_{i\max} \cdot H_i}{q_{ij\max} \cdot h_{ij}}$
热量–生产潜力综合比法	$\beta_i = \dfrac{\alpha_i \cdot H_i}{\alpha_{ij} \cdot H_{ij}}$

注：式中，β_i 为产量比系数；$Q_{i\max}$ 为基准作物最高单产；$q_{ij\max}$ 为指定作物 j 最高单产；α_i 为基准作物生产潜力，α_{ij} 为指定作物 j 生产潜力；H_i 为基准作物热量指标，h_{ij} 为指定作物 j 热量指标；P_i 为基准作物市场价格，p_{ij} 为指定作物 j 市场价格

从计算结果分析以及相关系数来看，六种方法都有一定的可行性。最高产量比法以简单易行而得到广泛使用。生产潜力比法利用耕地本底的生产能力进行计算，

精度较高，但此法在计算中存在光温生产潜力和气候生产潜力选择的问题，因此较适用于同一指标区内的计算。热量比法采用作物的生物能量指标——热量进行计算，精度很高，且不受因素指标区的限制；但是由于相同作物不同品种所含热量有所差异，因此对外业调查数据精度要求较高，此方法仅是用于基础数据完备或种植作物品种相对单一的地区。市场价格比法引入了市场调节理论，采用各作物的市场价格进行计算；但由于受市场供需关系的影响，市场价格难免产生不稳定的波动，无论采用平均价格还是单年的价格，计算结果精度均会受到制约，因此该方法较适用于连续多年市场价格稳定的区域。综合计算方法是利用耕地生产能力和作物所含热量综合求取产量比系数，即是在考虑了耕地产量的基础上，用作物所含热量加以修正控制，这种综合方法从理论上分析较前几种方法具有更高的精度，但是这两种方法对数据精度的要求更高，可操作性较前几种方法差。

产量比系数不同，相应的农用地分等指数也不同，从表 8-15 中农用地等别统计信息来分析，与《农用地分等规程》中规定的方法——最高产量比法计算得到的结果相比较，各种计算方法得到的等别区间不同。为了方便比较各计算方法对农用地分等指数的影响，单独分析产量比系数的作用，剔除其他因素的影响，假设某一地块水稻、小麦的自然质量分相同均为 1，水稻、小麦的土地利用系数为 1，计算结果见表 8-16：生产潜力比法得到的产量比系数大于规程中指定方法计算的结果，修正得到的自然等别和利用等别均高于指定方法的计算结果；而热量比法的结果小于指定方法，修正得到的自然等别和利用等别均低于指定方法的结果。由此得出，当产量比系数大于规定方法求取的结果时，表现为等别的整体提升；而小于规定方法求取的结果时，则表现为等别的整体降低。因此，六种产量比系数计算方法并未改变农用地质量的相对优劣，而产量比系数的大小将直接影响农用地分等各等指数、等别的高低。

表 8-15　不同方法测算产量比系数计算结果统计表

测算方法	指定作物产量比系数		分等等别区间	
	水稻	小麦	自然质量等别	利用等别
最高产量比法	1.000	1.625	12~17	16~25
生产潜力比法	1.000	2.260	16~19	19~29
热量比法	1.000	1.090	11~14	14~22
市场价格比法	1.000	1.322	12~15	15~23
热量-现实生产力综合比法	1.000	1.770	14~17	17~26
热量-生产潜力综合比法	1.000	2.466	17~20	19~31

表 8-16 不同产量比系数计算农用地分等指数统计表

测算方法	自然质量等指数	自然等别	利用等别
最高产量比法	3 366.25	17	34
生产潜力比法	3 906.00	20	40
热量比法	2 911.50	15	30
市场价格比法	3 107.00	16	32
热量–现实生产力综合比法	3 489.50	18	35
热量–生产潜力综合比法	4 081.10	21	41

8.1.1.2 产量比系数计算方法的校验与选择

上海市崇明县属于单一指标区，县域内种植作物的品种单一（已假设），因此六种计算方法在研究区域内均具有可行性。为确定最优的产量比系数计算方法，本书采用空间分布规律比较、相关系数判定、分等指数最大变距和极差分析进行比较选择。其中，分等指数最大变距的大小，目前学术界尚无定论，书中不再做深入地分析，因其对分等成果有一定的影响且与产量比系数相关，为保证产量比系数计算方法反馈–选择流程的完整性，将其列入检验过程中作为参考指标。各地区可根据实际情况选择是否运用此指标作为控制因素，崇明县分等指数变距大致相同，因此，不采用分等指数最大变距作为控制指标。

1）农用地质量空间分布规律校验

一定区域内，由于土壤条件、气候条件、水热条件等自然环境条件的差异使得农用地质量在不同的空间位置呈现出不同的等别，农用地质量空间分布规律校验旨在通过农用地质量分布的空间位置检验各种产量比计算方法的正确性。农用地质量空间分布规律校验流程如图 8-14 所示。

运用 SPSS 数理统计分析软件的聚类分析功能，选择 K-Means Cluster 对各种产量比计算方法得出的农用地分等成果即利用等指数进行聚类分析，将计算结果按照利用等指数的高低分为高、中、低三类，并在 Statistics 中选择 ANOVA table 及 Cluster information 两个复选项，控制输出样本聚类分析的方差分析表和各个观测量所属类别的具体信息。将各个观测量的类别信息以地块编号为指标链接到地理图上，利用 ArcView 软件作出不同类别耕地的空间分布规律图。

以最高产量比法确定产量比系数所评定的土地质量分布规律是符合实际的，其余五种计算方法得到的农用地质量分布与最高产量比法确定的规律基本一致，此步校验中六种计算方法均正确且适用于崇明县（图 8-15）。

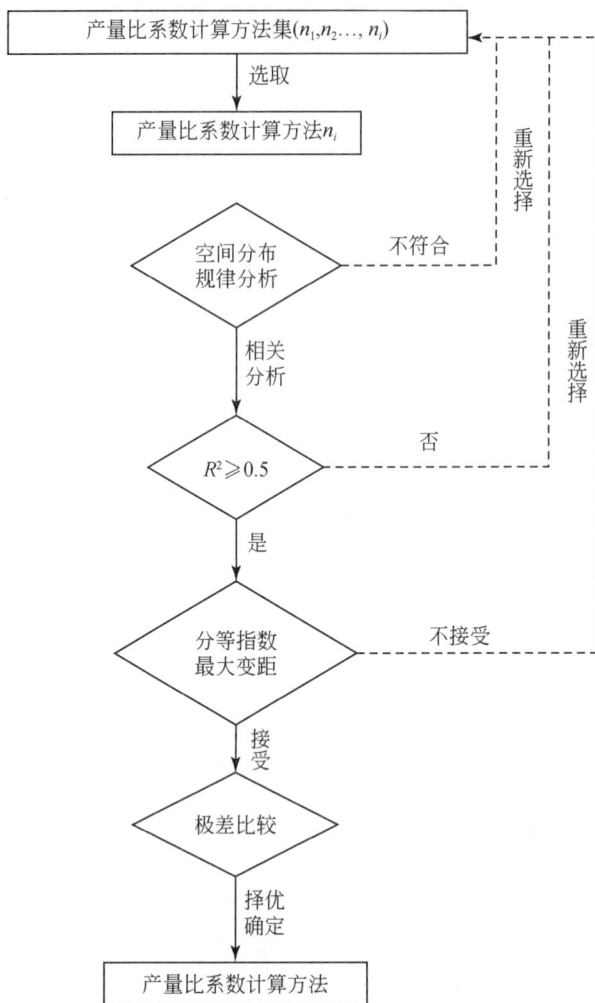

图 8-14 产量比系数计算方法反馈–选择流程图

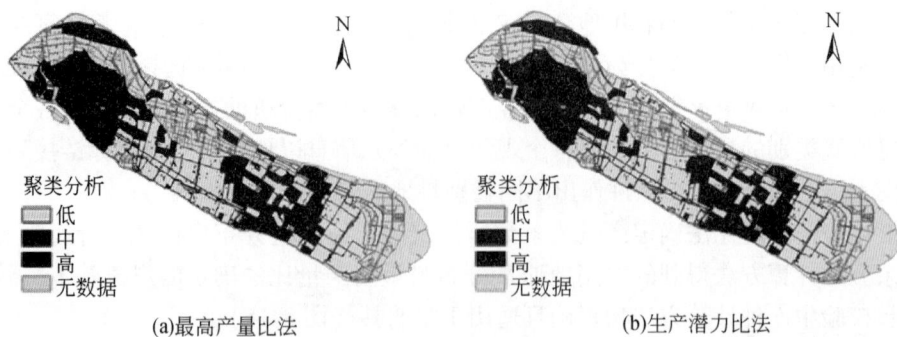

(a)最高产量比法

(b)生产潜力比法

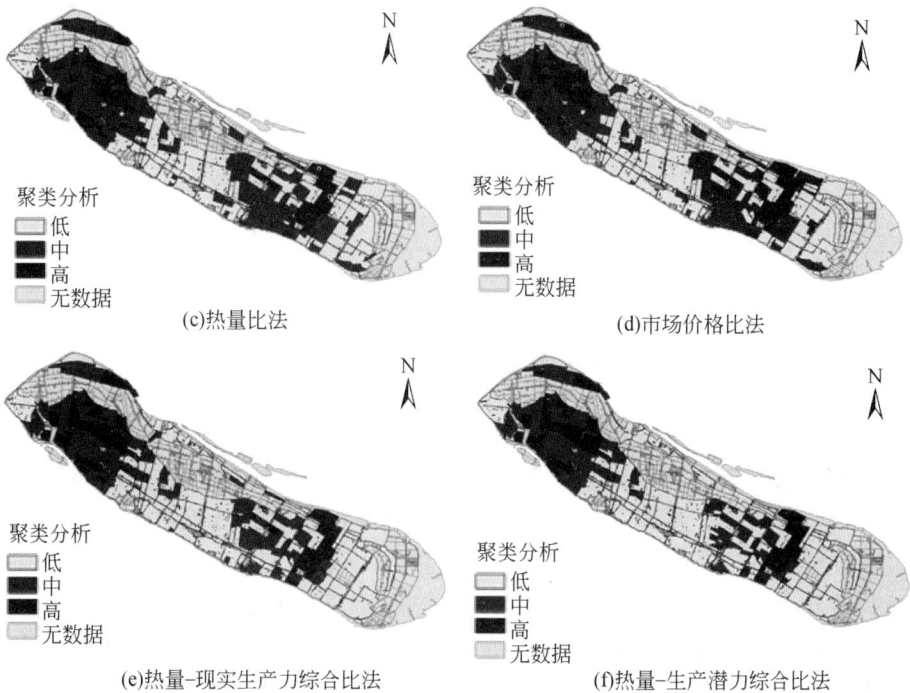

图 8-15　不同产量比系数计算农用地质量空间分布示意图

2）农用地分等成果与标准粮产量的相关分析

利用等反映了地上作物的实际生产量，与标准粮产量具有很高的相关性，因此采用利用等指数与标准粮产量进行相关分析，获得两者的相关系数（R^2），用以检验产量比系数计算方法的优劣。根据数理统计原理，当判定系数 $R^2 > 0.5$ 时，两者具有一定的相关性，R^2 值越大，表明两者的相关性越佳。比较各种计算方法对应的判定系数（表 8-17），当 $R^2 < 0.5$ 时，利用等指数与标准粮产量间存在较低的相关性（或不存在相关性），与理论要求相悖，因此舍去；当 $R^2 > 0.5$ 时，表明两者具有较高的相关性与理论相符合而保留，并从中选择 R^2 值最高的两种方法进行下一步的择优筛选。据此，本书选取生产潜力比法和热量–生产潜力综合比法进入下一轮的择优筛选。

表 8-17　不同产量比系数计算方法相关分析统计表

测算方法	相关系数（R^2）
最高产量比法	$R^2 = 0.750$

测算方法	相关系数（R^2）
生产潜力比法	$R^2 = 0.763$
热量比法	$R^2 = 0.727$
市场价格比法	$R^2 = 0.739$
热量–现实生产力综合比法	$R^2 = 0.754$
热量–生产潜力综合比法	$R^2 = 0.766$

3）利用等指数的极差分析

极差分析是比较多个相同样本量的样本数据集中程度的一种方法。极差大，说明样本数据的离散程度高，分布范围大；极差小，表明样本数据的离散程度低，分布较为集中。在同一个地区，自然质量等指数的高低反映出了土壤、地势、气候等自然条件带来的土地生产力的差异，而通过利用水平的修正更加细化了这种差异。但是由于受自然条件、市场信息等因素的制约，同一个区域内，耕种的技术水平、管理手段等都存在一定的趋同性。因此，利用水平集中在一个相对有限的范围内，同一区域内利用等指数和耕地生产能力则集中分布在一个较小的范围内，离散程度较低。那么在进行产量比系数方法选择时，对利用等指数进行极差分析，来判定数据的集中程度进行计算方法的择优，是具有可行性的。

通过上一步的筛选，选择了生产潜力比法和热量–生产潜力综合比法进行极差分析，从表 8-18 可以看出，生产潜力比法的极差较小，因此最终确定生产潜力比法为产量比系数计算的最优方法。

表 8-18　统计描述表（极差分析）

测算方法	N	Range	Minimum	Maximum	Mean	Std. Deviation
生产潜力比法	963	1 056.738	1 812.455	2 869.194	2 216.694	233.641
热量–生产潜力综合比法	963	1 115.978	1 886.516	3 002.493	2 310.140	250.770

4）产量比系数计算方法的确定

结合上海市崇明县的自然环境、经济条件，经过空间分布规律、相关系数判定和极差分析比较择优，最终确定生产潜力比法为该区域的最佳产量比系数计算方法，相应的崇明县利用等别分布在 19～29 等，标准粮产量分布范围为 9000～22 000 千克/公顷，与当地的实际情况相符合。

8.1.2　崇明县耕地占补平衡按等级折算系数表的确定

8.1.2.1　自然质量等指数与标准粮产量间的关系分析

从自然质量等指数与标准粮产量的相关分析图来看（图8-16），相关系数 $R^2=0.001<0.5$，两者之间的相关性极低，但是从理论上分析，土地的自然质量是影响耕地产出的关键因素之一。因此，要求自然质量等指数参与标准粮的计算，也是存在一定的理论基础的。通过分析可以得出，单纯利用自然质量等指数作为自变量来建立模型是不适宜的，不能单纯地利用自然质量等指数来求取标准粮产量。因此，考虑用利用等指数和自然质量等指数指标作为自变量，标准粮产量作为因变量，建立线性模型，寻求三者之间的关系。

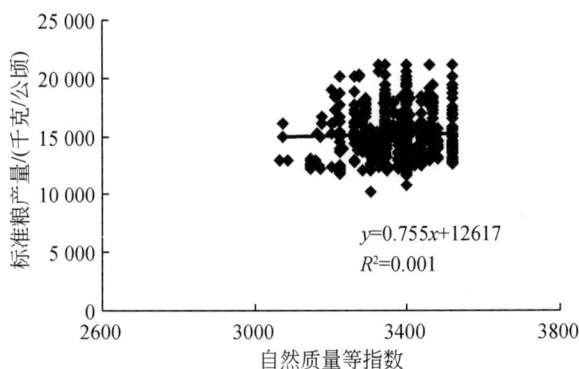

图8-16　自然质量等指数与标准粮产量相关分析图

8.1.2.2　利用等指数与标准粮产量相关分析

利用等指数是在自然质量等指数的基础上进行利用水平的修正而得到的，反映了耕地在平均利用水平下的实际产出水平，从其与标准粮产量的相关分析图8-17来分析，二者的相关系数 $R^2=0.7629>0.5$，相关度很高，因此考虑采用利用等指数和标准粮产量进行相关，建立线性方程，求算等级折算系数表。

8.1.2.3　等级折算模型的建立

运用 SPSS 数理统计分析软件的线性回归分析功能，选择 Stepwise 回归分析方法，选取标准粮产量为因变量，自然质量等指数和利用等指数为自变量参与模型的建立。根据在 Option 对话框中所设定的判据，首先根据访查分析结果选择符

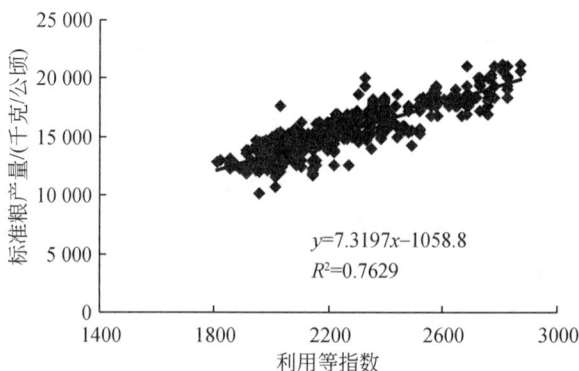

图 8-17   利用等指数与标准粮产量相关分析图 7

合判据的自变量且对因变量贡献最大的进入回归方程。根据向前选择变量法则选入变量，然后根据向后剔除法，将模型中 F 值最小的且符合剔除判据的变量剔除出模型，重复进行直到回归方程中的自变量均符合进入模型的判据，模型外的自变量都不符合进入模型的判据为止。在回归方程中，虽然各个自变量对因变量都是有意义的，但某些自变量彼此相关，即存在共线性的问题。给评价自变量的贡献率带来困难。因此，需要对回归方程中的变量进行共线性诊断。在应用Stepwise 方法进行回归模型建立的同时，选取 Option 中的 Collinearity diagnostics 复选项用以诊断自变量间的共线性问题。

　　表 8-19 中，自变量共线性容忍度为 0.958，大小适中，表明自变量间无共线关系，为独立自变量，选取自然质量等指数和利用等指数建立模型是可行的。根据 3 个变量间的内在联系，可以建立两个方程，模型Ⅰ中采用利用等指数和标准粮产量建立方程，模型Ⅱ则采用自然质量等指数和利用等指数两个自变量与标准粮产量相联系建立线性方程，并没有单独采用自然质量等指数与标准粮产量建立方程，这与前文自然质量等指数与标准粮产量的相关分析结论是相一致的。表 8-20、表 8-21 和图 8-18 中的分析结果显示，两个模型的相关系数 R^2 值均在 0.76 以上，模型Ⅱ的 R^2 值略高于模型Ⅰ，为 0.803，两个方程方差检验的 F 值也大于临界值，从数理统计角度，两个模型均是正确的。从 SPSS 线性回归分析中 Stepwise 方法建立方程所设定的标准分析，模型Ⅰ要优于模型Ⅱ；并且从理论上分析，随着自然质量等指数、利用等指数的增加，标准粮产量也应呈上升的趋势，而模型Ⅱ中自然质量等指数的系数为负值，表明标准粮产量与自然质量等指数间为负相关关系，即随着耕地自然质量的提升，标准粮产量呈下降的趋势，与理论相悖。据此，研究采用模型Ⅰ计算等级折算系数表。

表 8-19　等级折算模型描述分析

Model		Unstandardized Coefficients		Standardized Coefficients	t	Sig.	Collinearity Statistics	
		B	Std. Error	Beta			Tolerance	VIF
I	常数项	−1 058.765	293.433		−3.608	0		
	利用等指数	7.320	0.132	0.873	55.601	0	1	1
II	常数项	12 888.752	1 033.407		12.472	0		
	利用等指数	7.673	0.123	0.916	62.533	0	0.958	1.044
	自然质量等指数	−4.370	0.313	−0.205	−13.973	0	0.958	1.044

表 8-20　等级折算模型的相关分析

Model	R	R Square	AdjustedR Square	Std. Error of the Estimate
I	0.873	0.763	0.763	953.988
II	0.896	0.803	0.803	870.093

表 8-21　等级折算模型的方差分析

		Sum of Squares	df	Mean Square	F	Sig.
I	Regression	$3×10^9$	1	2 813 553 652	3 091.501	0 *
	Residual	$9×10^8$	961	910 093.083		
	Total	$49×10^9$	962			
II	Regression	$3×10^9$	2	1 480 686 792	1 955.833	0 **
	Residual	$7×10^8$	960	757 062.000		
	Total	$4×10^9$	962			

　　* Predictors：（Constant），利用等指数；　** Predictors：（Constant），利用等指数，自然质量等指数

　　由表 8-18 中各变量的分析得出标准粮产量与利用等指数间的关系式：

$$Q_i = 7.320 × Y_i − 1058.765 \tag{8-10}$$

式中，Q_i 为等别 i 耕地的标准粮产量；Y_i 为等别 i 的耕地的利用等指数。

8.1.2.4　等级折算系数表的确定

　　利用上节中确定的式（8-10），可以求取任意利用等指数下的标准粮产量。等级折算系数是基于不同等别标准粮产量的差异而得到的比例系数，其中标准粮产量代表的是一个等别的平均生产能力。每个利用等别指数都是以 100 分为间距的一个半开半闭区间，要求取平均标准粮就要先得到各利用等别的平均利用等指

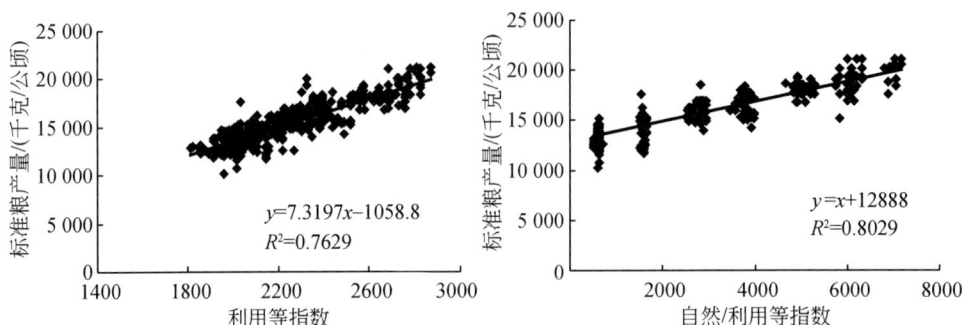

图 8-18 等级折算模型 I 和模型 II 线性拟合图

注：自然/利用等指数=7.673×利用等指数−4.370×自然质量等指数

数。一般来讲，一个固定间距区间的中间值可以表征该区间的特性，因此本书选取各利用等别的指数中间值代入模型中求取平均标准粮产量，各利用等别的标准粮产量见表 8-22。

表 8-22 理论标准粮产量统计表

利用等别	利用等指数区间	利用等指数	标准粮产量/(千克/公顷)	变化幅度
19 等	(1800, 1900]	1850	12 483.235	
20 等	(1900, 2000]	1950	13 215.235	732
21 等	(2000, 2100]	2050	13 947.235	732
22 等	(1800, 1900]	2150	14 679.235	732
23 等	(1800, 1900]	2250	15 411.235	732
24 等	(1900, 2000]	2350	16 143.235	732
25 等	(2400, 2500]	2450	16 875.235	732
26 等	(2500, 2600]	2550	17 607.235	732
27 等	(2600, 2700]	2650	18 339.235	732
28 等	(2700, 2800]	2750	19 071.235	732
29 等	(2800, 2900]	2850	19 803.235	732

等级折算是以耕地生产能力为基础的，折算系数就是占用耕地所具有的生产能力与补充耕地所具有的生产能力的比值，即占用和补充耕地的标准粮产量之比，各个等别间的等级折算系数见表 8-22。补充耕地面积为占用耕地面积与等级折算系数的乘积，那么当占用 1 公顷十九等的土地相应的补充二十九等的土地为

1.59 公顷。

$$\gamma = Q_占 / Q_补 \tag{8-11}$$

$$S_补 = S_占 \cdot \gamma \tag{8-12}$$

式中，γ 为按等级折算系数；$Q_占$、$Q_补$ 分别为占用和补充耕地所代表的平均标准粮产量；$S_占$、$S_补$ 分别为占用和补充耕地的面积。

从表 8-23 中可以看出，当占用高等别的耕地补充较低等别的耕地时，$\gamma > 1$；当占用较低等别的耕地补充高等别的耕地时，$\gamma < 1$。按照国家耕地总量不减少的耕地占补平衡原则，将<1 的系数调整为 1，保证数量上的不减少。经过调整后等级折算系数统计表见表 8-24。

表 8-23　等级折算系数表

占用＼补充	19 等	20 等	21 等	22 等	23 等	24 等	25 等	26 等	27 等	28 等	29 等
19 等	1	0.94	0.90	0.85	0.81	0.77	0.74	0.71	0.68	0.65	1
20 等	1.06	1	0.95	0.90	0.86	0.82	0.78	0.75	0.72	0.69	1
21 等	1.12	1.06	1	0.95	0.91	0.86	0.83	0.79	0.76	0.73	1
22 等	1.18	1.11	1.05	1	0.95	0.91	0.87	0.83	0.80	0.77	1
23 等	1.23	1.17	1.10	1.05	1	0.95	0.91	0.88	0.84	0.81	1
24 等	1.29	1.22	1.16	1.10	1.05	1	0.96	0.92	0.88	0.85	1
25 等	1.35	1.28	1.21	1.15	1.09	1.05	1	0.96	0.92	0.88	1
26 等	1.41	1.33	1.26	1.20	1.14	1.09	1.04	1	0.96	0.92	1
27 等	1.47	1.39	1.31	1.25	1.19	1.14	1.09	1.04	1	0.96	1
28 等	1.53	1.44	1.37	1.30	1.24	1.18	1.13	1.08	1.04	1	1
29 等	1.59	1.50	1.42	1.35	1.28	1.23	1.17	1.12	1.08	1.04	1

表 8-24　等级折算系数结果统计表

占用＼补充	19 等	20 等	21 等	22 等	23 等	24 等	25 等	26 等	27 等	28 等	29 等
19 等	1	1	1	1	1	1	1	1	1	1	1
20 等	1.06	1	1	1	1	1	1	1	1	1	1
21 等	1.12	1.06	1	1	1	1	1	1	1	1	1
22 等	1.18	1.11	1.05	1	1	1	1	1	1	1	1
23 等	1.23	1.17	1.10	1.05	1	1	1	1	1	1	1
24 等	1.29	1.22	1.16	1.10	1.05	1	1	1	1	1	1

续表

补充 占用	19 等	20 等	21 等	22 等	23 等	24 等	25 等	26 等	27 等	28 等	29 等
25 等	1.35	1.28	1.21	1.15	1.09	1.05	1	1	1	1	1
26 等	1.41	1.33	1.26	1.20	1.14	1.09	1.04	1	1	1	1
27 等	1.47	1.39	1.31	1.25	1.19	1.14	1.09	1.04	1	1	1
28 等	1.53	1.44	1.37	1.30	1.24	1.18	1.13	1.08	1.04	1	1
29 等	1.59	1.50	1.42	1.35	1.28	1.23	1.17	1.12	1.08	1.04	1

从上海市崇明县等级折算系数统计表分析来看,全县最高和最低质量耕地的折抵系数为1.59,即要保证崇明县耕地粮食综合生产能力不降低,若以全县质量最差(利用等别16等)的耕地作为占补平衡的补充耕地,非农建设每占用1公顷质量最高(利用等别24等)的耕地,必须以1.59公顷质量最差的耕地进行补充。表中耕地等级折算系数能较客观地反映出全县农用地生产能力的实际情况以及不同质量等级耕地的粮食生产能力差异。

8.1.2.5 等级折算系数的比较

《农用地分等规程》中规定:农用地分等中采用最高产量比法求取产量比系数;等级折算采用利用等指数与标准粮产量相关建立模型。《农用地分等规程》中指定的计算方法是经过众多学者研讨而得出的,具备一定的合理性,因此有必要将书中改进方法后得到的等级折算系数与《农用地分等规程》中要求的计算方法得到的结果相比较,分析二者的差异。

运用 SPSS 数理统计分析软件的线性回归分析功能,选择 Stepwise 回归分析方法,选取《农用地分等规程》中指定方法计算得到的标准粮产量为因变量,利用等指数为自变量参与模型的建立。分析结果显示:标准粮产量与利用等指数的相关系数 R^2 为0.750大于0.5,符合建立方程的要求。从表8-25可以得出规定方法下标准粮产量的计算公式。

表 8-25 等级折算模型描述分析(最高产量比法)

Model	Unstandardized Coefficients		Standardized Coefficients	t	Sig.
	B	Std. Error	Beta		
常数项	−921.445	257.831		−3.574	0
利用等指数	7.139	0.133	0.866	53.639	0

$$Q_i = 7.139 \times Y_i - 921.445 \qquad (8\text{-}13)$$

利用式（8-13）可以求取指定方法下各利用等别的标准粮产量。为了保证各种计算方法的可比性，因此本书同样选取各利用等别的指数中间值代入模型中求取平均标准粮产量，各利用等别的标准粮产量见表 8-26。

表 8-26　理论标准粮产量统计表（最高产量比法）

利用等别	利用等指数区间	利用等指数	标准粮产量/（千克/公顷）	变化幅度
16 等	(1500, 1600]	1550	10 145.555	
17 等	(1600, 1700]	1650	10 859.555	714
18 等	(1700, 1800]	1750	11 573.555	714
19 等	(1800, 1900]	1850	12 287.555	714
20 等	(1900, 2000]	1950	13 001.555	714
21 等	(2000, 2100]	2050	13 715.555	714
22 等	(2100, 2200]	2150	14 429.555	714
23 等	(2200, 2300]	2250	15 143.555	714
24 等	(2300, 2400]	2350	15 857.555	714
25 等	(2400, 2500]	2450	16 571.555	714

从表 8-21 和表 8-25 对比可以看出，改进后方法得到的农用地利用等的等级序列为 19 到 29 等，《农用地分等规程》中指定计算方法得到的等级序列为 16 到 25 等，二者等级序列的个数基本一致；但生产潜力比法修正的农用地等别较指定方法整体抬升。改进后方法得到的标准粮产量相邻等别间的变幅为 732 千克/公顷，最高等别和最低等别的标准粮产量相差 7320 千克/公顷；指定方法得到的相邻等别间的变幅为 714 千克/公顷，最高等别和最低等别的标准粮产量相差 6426 千克/公顷。

由表 8-27 的等级折算系数计算结果得出，全县最高和最低质量耕地的折抵系数为 1.63，即要保证崇明县耕地粮食综合生产能力不降低，若以全县质量最差（利用等别 16 等）的耕地作为占补平衡的补充耕地，非农建设每占用一公顷质量最高（利用等别 25 等）的耕地，必须以 1.63 公顷质量最差的耕地进行补充。生产潜力比法求得的结果，最高等别与最低等别等级折算系数为 1.59，即若以全县质量最差（利用等别 19 等）的耕地作为占补平衡的补充耕地，非农建设每占用 1 公顷质量最高（利用等别 29 等）的耕地，必须以 1.59 公顷质量最差的耕地进行补充，较指定方法少 0.04 公顷。由此分析得出，产量比系数直接影响农用地分等各指数的高低，表现为指数的整体增加和下降，进而对等级折算系数产生一定的影响。

表 8-27 等级折算系数表（最高产量比法）

补充\占用	16 等	17 等	18 等	19 等	20 等	21 等	22 等	23 等	24 等	25 等
16 等	1	1	1	1	1	1	1	1	1	1
17 等	1.07	1	1	1	1	1	1	1	1	1
18 等	1.14	1.07	1	1	1	1	1	1	1	1
19 等	1.21	1.13	1.06	1	1	1	1	1	1	1
20 等	1.28	1.20	1.12	1.06	1	1	1	1	1	1
21 等	1.35	1.26	1.19	1.12	1.05	1	1	1	1	1
22 等	1.42	1.33	1.25	1.17	1.11	1.05	1	1	1	1
23 等	1.49	1.39	1.31	1.23	1.16	1.10	1.05	1	1	1
24 等	1.56	1.46	1.37	1.29	1.22	1.16	1.10	1.05	1	1
25 等	1.63	1.53	1.43	1.35	1.27	1.21	1.15	1.09	1.05	1

8.2 北京市补充耕地数量质量等级折算系数的验证技术

按照国土资源部《关于开展补充耕地数量质量实行按等级折算基础工作的通知》要求，选择 15 个占补平衡项目进行验证。验证项目类型包括单独选址建设项目和城市建设用地项目（占用耕地面积分别不低于 20 公顷和 10 公顷）。耕地占补类型包括本地（同一指标区）占补、本市易地（跨指标区）占补，补充耕地方式为"先补后占"。图 8-19 为补充耕地数量质量按等级折算系数的验证程序。

1）评定储备库的耕地等别

补充耕地实行"先补后占"，首先需要对补充耕地储备库中的耕地进行等级评定；然后对按照土地开发整理项目初步设计、施工并验收合格的项目，依据项目初步设计评定耕地等级；最后初步设计有变更、验收时予以认可的项目，按照变更后情况评定耕地等级。

2）评定占用耕地的等别

根据北京市农用地分等成果，将建设项目与北京市农用地分等利用等别图相叠加，确定建设占用耕地所在标准耕作制度区、利用等别，如占用耕地涉及多个地块的则需要确定各个地块的利用等别及面积。

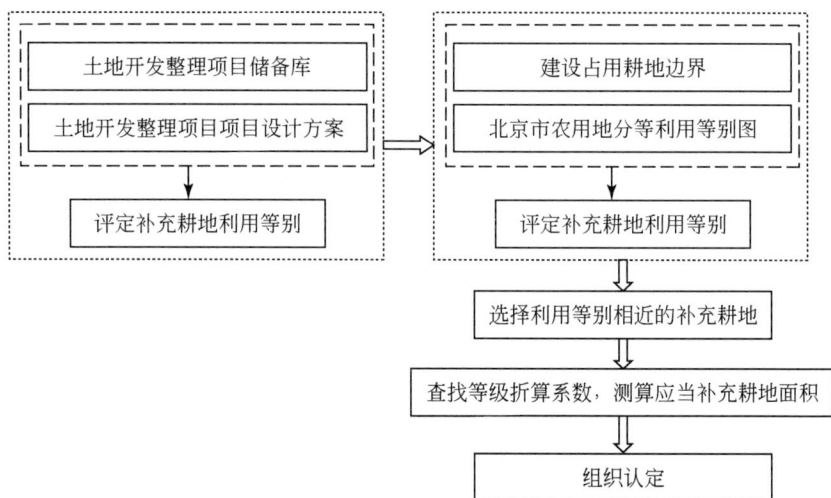

图 8-19 按等级折算系数验证程序

3) 选择补充耕地

从耕地储备库中选择补充耕地项目，原则上补充耕地项目应当与建设占用耕地属于同一个指标区，并且其利用等别与占用耕地利用等别相当；确实难以实现的，应首先选择利用等别尽量与占用耕地接近的拟补充耕地。

4) 计算补充耕地面积

依据占用耕地和补充耕地的空间位置，确定占用耕地和补充耕地的实际利用等别，查找等级折算系数表，计算补充耕地面积。

$$S_j = S_i \times f_{ij} \tag{8-14}$$

式中，i 为占用耕地利用等别；j 为补充耕地利用等别，原则上 $i = j$；f_{ij} 为占用耕地是 i 等，补充耕地是 j 等时的折算系数；S_i 为占用第 i 等耕地的面积；S_j 为补充第 j 等耕地的面积。

分别折算占用第 i 等耕地（$i = 6$，7，$\cdots$，21）需要补充第 j 等耕地的面积。

5) 组织认定

组织专家认定建设占用耕地和补充耕地的等别评定方法。如果占用耕地和补充耕地的等别评定方法是可行的，补充耕地数量达到通过折算确定的补充耕地面积，质量达到土地开发整理项目初步设计要求，则可认为该建设用地项目实现了耕地占补平衡。

第 4 部分

区域耕地与基本农田空间布局优化、划定与设计技术

9 区域耕地空间布局优化技术

本章分别以北京市、北京市房山区为例，构建了区域耕地空间布局优化技术，并在市级和县级尺度上进行了应用，提出了北京市基于耕地生产功能保护的空间布局优化技术、基于城市组团隔离的空间布局优化技术和生态环境改善以及综合耕地生产、绿色隔离和生态功能的空间布局优化技术；提出了房山区基于耕地生产功能保护的空间布局优化技术、基于耕地生态功能的空间布局优化技术和综合耕地生产、生态功能的空间布局优化技术。

9.1 北京市耕地空间布局优化方案

9.1.1 基于耕地生产功能保护的空间布局优化方案

在耕地质量评价的基础上，将确定的中高质量耕地作为耕地生产功能保护的重点对象来保护。同时，山区耕地虽然不多，但是其担负着养育山区百姓的重要任务，其生产功能的发挥也很重要。由此单独划出一个分区，旨在发挥现有耕地的生产功能之外，注重生态保护，为生态涵养做贡献。从自然适宜性角度看，山地、丘陵及山前地带一定范围内多宜于发展林果业。因此现状有一些分布于山前的耕地可在不破坏耕层的前提下发展果园，但是仍然作为耕地保护。由此将市域耕地划分为四个耕地保护区，即高产稳产田保护区、中低产田整理区、宜果耕地区和山区生态涵养耕地区，并形成基于耕地生产功能保护的布局方案（图9-1）。

9.1.2 基于城市组团隔离和生态环境改善的空间布局优化方案

在北京市各城市组团（分中心）间和交通干线沿线划定一定面积的成片基本农田，借助于《中华人民共和国土地管理法》和《国务院关于深化改革严格土地管理的决定》中关于基本农田保护这个"尚方宝剑"，确保将来城市发展规模不再无序蔓延，同时保持各组团之间的隔离性，充分发挥耕地隔离城市组团的功能。同时，将耕地的布局与生态走廊、生态涵养区和城市绿色空间等建设相结

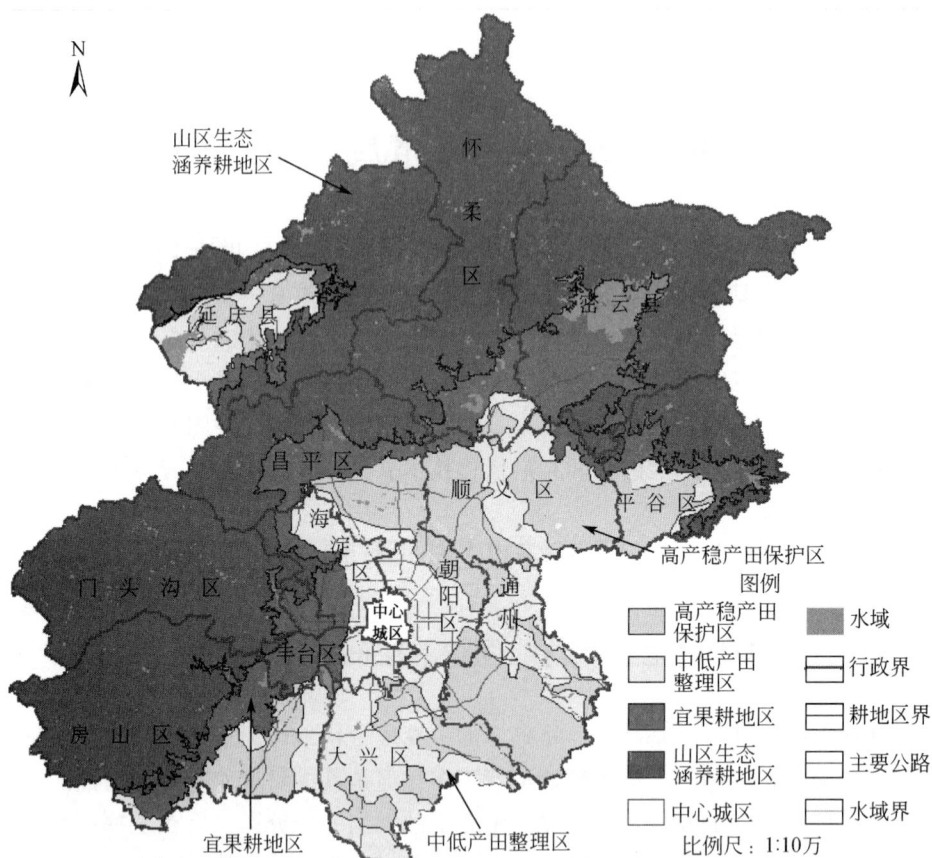

图 9-1 基于耕地生产功能保护的耕地空间布局图

合，发挥耕地的生态服务功能。

在耕地的空间安排上，在城市近郊区将耕地绿地嵌块体填充于城镇、农村居民点等建设用地之间，起到减少区域温室效应、美化环境、消除污染物和通风的作用；在生态走廊，如交通干线沿线、河流沿岸建立农林（果）复合生态系统，形成纵横交错的绿色廊道；在远郊平原或盆地形成以耕地为基质、城市和居民点建设用地镶嵌其中的开敞绿色空间；在远郊山区，在保障山区百姓生活需求的同时，将耕地保护与发挥山区的生态涵养功能相结合，发展有机农业、生态农业，推广无害化土壤配肥和害虫防治技术，实现耕地的永续利用。据此将市域范围内的耕地分为四个区，分别为近郊斑块与楔状耕地区、远郊农田基质耕地区、生态走廊沿线耕地区和山区生态涵养耕地区（图 9-2）。

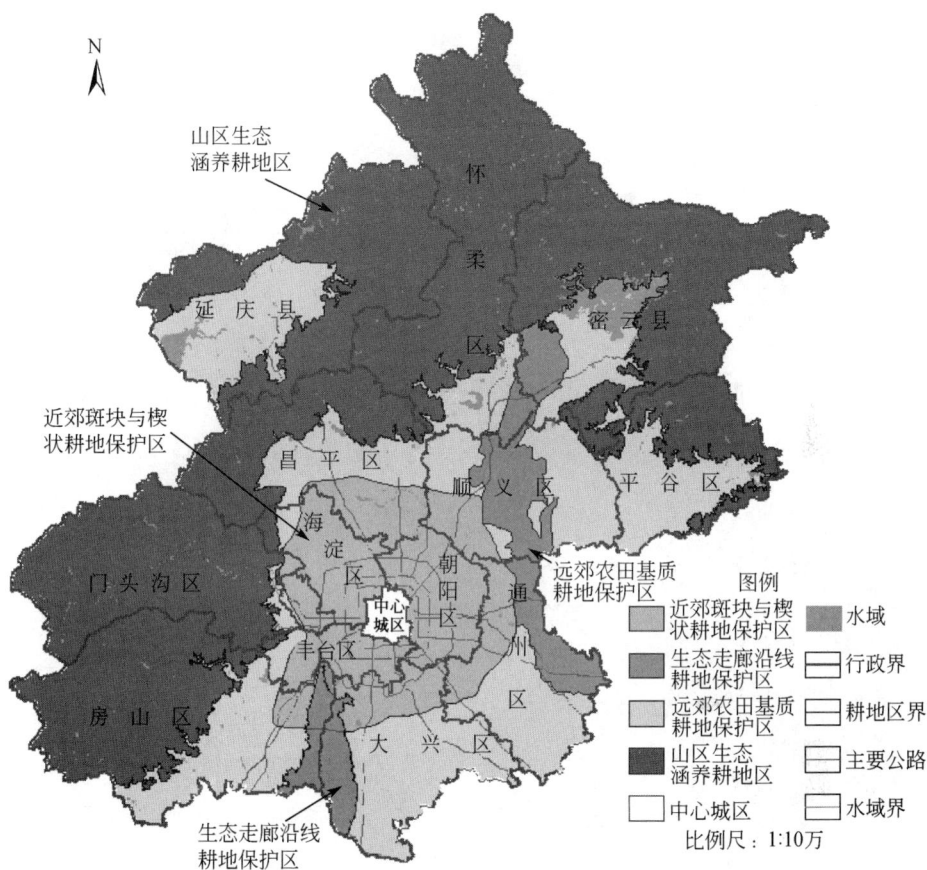

图 9-2　基于城市组团隔离和生态环境改善的耕地空间布局图

9.1.3　综合耕地生产、绿色隔离和生态功能的空间布局优化方案

近郊生态景观型耕地保护区：根据耕地的生产功能处于从属地位的现实，将区域耕地的保护目标定位在发挥耕地的生态环境功能与景观美学功能，乃至耕地的文化教育功能于一体的都市农业生态景观。空间结构上是耕地作为绿地生态系统以斑块状散落在由城镇、农村居民点和交通用地的不透水地面中；楔型耕地以远郊广阔田野为后盾插入市区，促进城区的气体交换。最终将北京市划分为：近郊生态景观型耕地区、远郊高效规模农业耕地区、沿生态走廊农果（林）复合耕地区、山前宜果耕地区、山区参与休闲农业耕地区（图 9-3）。

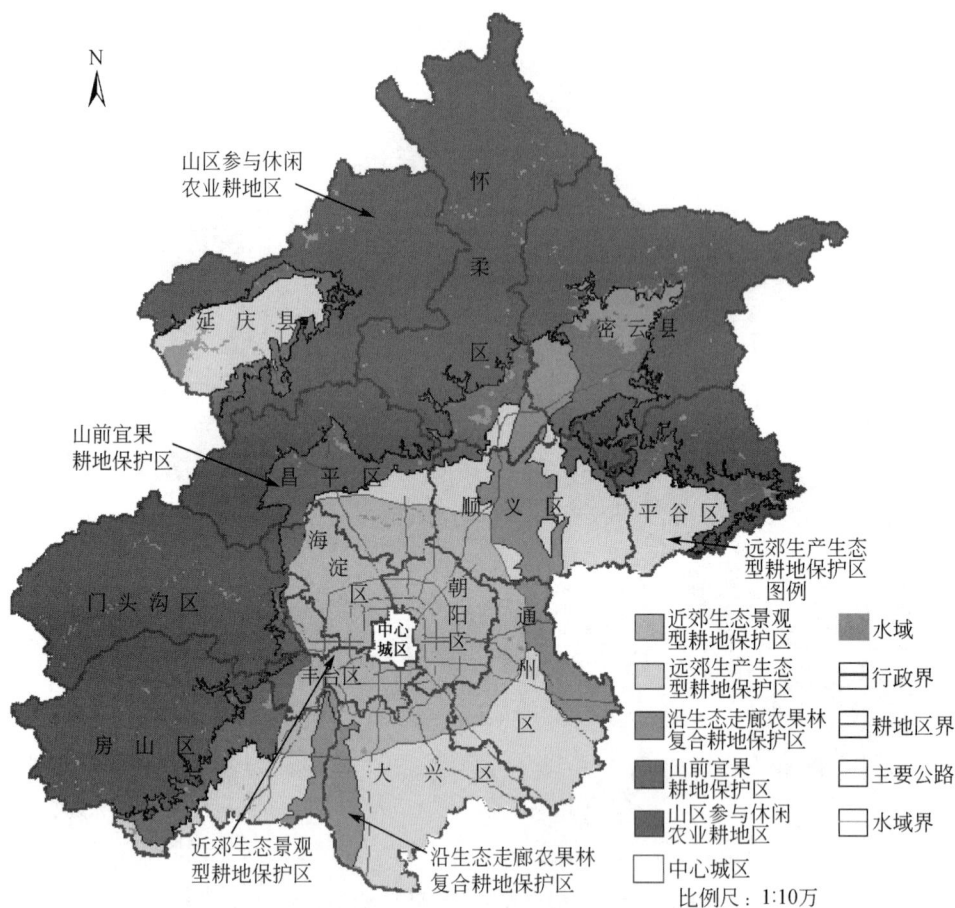

图 9-3　综合耕地多功能的耕地空间布局图

9.2　房山区耕地空间布局优化

9.2.1　房山区耕地空间布局优化原则与依据

9.2.1.1　房山区耕地布局优化原则

房山区耕地空间布局优化同样遵循：发挥优势、保护优质耕地的原则；集中与分散相结合原则；与城市规划相衔接的原则；综合分析与可持续发展原则。

9.2.1.2 房山区耕地布局优化依据

房山区位于北京市西北部，耕地布局优化应为落实《北京城市总体规划（2004-2020年）》以及国务院的批复，与《房山区新城规划（2005-2020年）》相衔接。此外，北京市土地利用总体规划中的耕地空间布局、北京市土地利用总体规划中耕地保护专题的耕地空间布局、北京市城市总体规划中的市域绿化系统规划布局、房山区生态结构分析布局都是房山区耕地空间布局的基础和依据。

同时，优化布局中还应借鉴房山区农用地分等定级初步成果。在农用地分等成果中，我们发现房山区农用地质量分布符合地域分异规律。通过对自然质量等、农用地利用等和标准粮的分布情况分析，可以看到房山区农用地的数量和质量分布情况。按照《农用地分等规程》中农用地分等计算方法和思路，农用地的利用等最能反映农业的综合生产能力。因此，本书以标准粮产量作为衡量农业综合生产能力的标准，并以标准粮产量和利用等作为划分综合布局的依据。

在农用地分等定级结果的基础上，可以看到本区域耕地的分布格局，在数量和质量同时兼顾的前提下科学的划分基本农田保护区。

9.2.2 基于耕地生产功能保护的空间布局优化技术

9.2.2.1 耕地保护的对象

从耕地资源的稀缺性角度来讲，应该重点保护高产优质、集中连片的耕地。这里通过耕地质量等级评价的方法来界定耕地质量的优劣，进而根据其空间位置的分布来确定保护的重点。为了科学评价房山区域范围内的耕地质量的优劣，通过提取土壤图、地形图、土地利用现状图等中地面坡度、土壤质地、有效土层厚度、土壤有机质、剖面构型等指标信息，建立质量评价的指标体系，用特尔斐法确定各因素的权重，最后按照指数和法计算出各个评价单元的耕地质量综合等指数，最后评出耕地质量等级（图9-4）。

9.2.2.2 基于耕地生产功能保护的布局方案

在耕地质量评价的基础上，将确定的中高质量耕地作为耕地生产功能保护的重点对象来保护。同时，山区耕地虽然不多，但是其担负着养育山区百姓的重要任务，由此单独划出一个分区，旨在加强山区土地的开发整理。从自然适宜性角度看，山地、丘陵及山前地带一定范围内多宜于发展林果业。因此现状有一些分布于山前的耕地可在不破坏耕层的前提下发展果园，但是仍然作为耕地保护。由

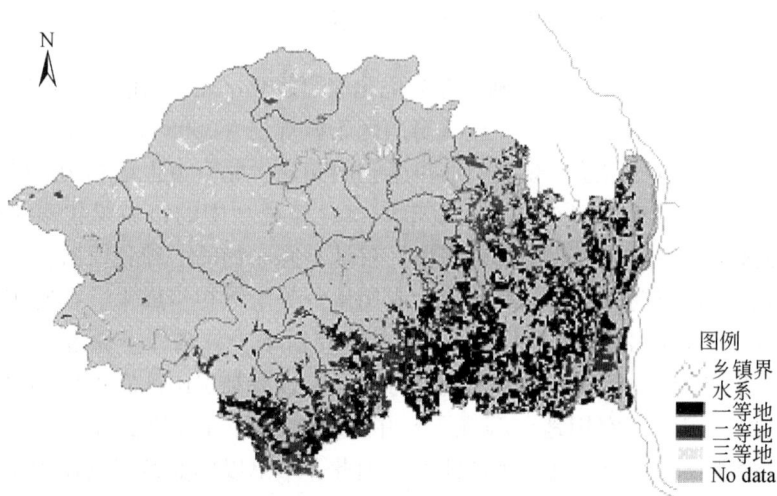

图 9-4　房山区耕地自然质量等别图

此将房山区耕地划分为三个耕地保护区,即高产稳产田保护区、山区开发整理耕地区和山前宜果耕地区 (图 9-5),各生产功能区的耕地面积按现状进行分配,见表 9-1。

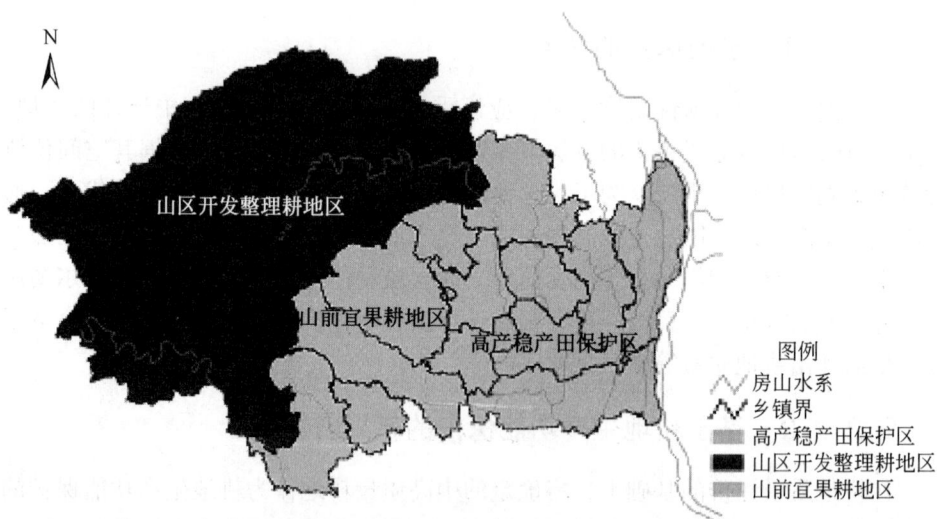

图 9-5　基于生产功能的耕地空间布局图

表 9-1 基于生产功能空间布局耕地数量表

生产功能空间分区	乡镇名称	耕地面积/公顷	所占比例/%
山区开发整理耕地区	河北镇	45.0	0.16
	张坊镇	1 435.8	5.05
	十渡镇	179.1	0.63
	霞云岭镇	312.2	1.10
	南窖乡	57.4	0.20
	佛子庄乡	321.5	1.13
	大安山乡	226.0	0.80
	史家营乡	127.9	0.45
	蒲洼乡	145.2	0.51
	合计	2 850.1	10.03
山前宜果耕地区	周口店	840.2	2.96
	长沟镇	1 788.0	6.29
	大石窝镇	2 675.3	9.42
	青龙湖镇	2 024.3	7.12
	韩村河镇	3 147.9	11.08
	燕山地区	0.2	0
	合计	10 475.9	36.87
高产稳产田保护区	城关镇	1 188.2	4.18
	良乡镇	1 636.5	5.76
	琉璃河	4 154.6	14.62
	阎村镇	1 507.4	5.30
	窦店镇	2 099.9	7.39
	石楼镇	2 291.6	8.06
	长阳镇	2 212.2	7.78
	合计	15 090.4	53.10
总计		28 416.4	100

9.2.3 基于耕地生态功能的布局优化技术

9.2.3.1 耕地保护的对象

在房山区各城市组团间和交通干线沿线划定一定面积的成片基本农田，借助于《中华人民共和国土地管理法》和《国务院关于深化改革严格土地管理的决定》中关于基本农田保护这个"尚方宝剑",确保将来城市发展规模不再无序蔓延,同时保持各组团之间的隔离性,充分发挥耕地隔离城市组团的功能。同时,将耕地的布局与生态走廊、生态涵养区和城市绿色空间等建设相结合,发挥耕地的生态服务功能。

9.2.3.2 耕地保护的布局

在耕地的空间安排上,在平原区将耕地绿地嵌块体填充于城镇、农村居民点等建设用地之间,起到减少区域温室效应、美化环境、消除污染物和通风的作用。在生态走廊,如交通干线沿线、河流沿岸建立农林(果)复合生态系统,形成纵横交错的绿色廊道。据此,将房山区耕地划分为两个区,绿色隔离带保护区和一般农田保护区。

不同生态功能分区内耕地数量情况见表9-2。

表9-2 基于生态功能空间布局耕地数量表

生态功能空间分区	地类	图斑数/个	面积/公顷	比例/%
绿色隔离带耕地保护区	灌溉水田	129	644.70	2.31
	水浇地	2 550	15 236.27	54.48
	旱地	836	3 090.95	11.05
	菜地	433	968.59	3.46
	合计	3 948	19 940.51	71.3
一般耕地保护区	灌溉水田	26	102.02	0.37
	水浇地	860	4 598.61	16.44
	旱地	823	3 042.84	10.88
	菜地	136	282.73	1.01
	合计	1 845	8 026.19	28.70
总计		5 793	27 966.70	100

9.2.4 综合耕地生产、生态功能的空间布局优化技术

9.2.4.1 耕地保护的对象

首先要重点保护高产优质、集中连片耕地及地方优势农产品产地等稀缺性耕地。根据耕地质量评价图可以看出,高质量耕地多分布在平原地区。这些优质耕

地多与当地优势农产品产地分布相一致，保护好这些优质耕地，也就保护了当地优势农产品产地建设的用地需求，也就保证了农业的可持续发展。同时，这些耕地也起着重要的生态作用。

其次是重点保护各交通主干道沿线的耕地。交通沿线的耕地由于交通便利，往往是城市发展的增长点。人口、资金、技术和材料等生产要素通过交通主干道向外辐射，之后刺激干道之间交通基础设施的完备，进一步填充其间的空缺，直至形成新的城区。这种蔓延趋势若不加以遏制，城市势必会"摊大饼"，进而产生很多诸如交通拥堵、环境恶化等城市弊病。而对主要交通干道沿线耕地的强化保护是遏制耕地被无序占用的有效办法，也是防止城市"摊大饼"式不良扩展的有效途径。

9.2.4.2　耕地布局

依据相关基础理论，遵循耕地空间布局的原则，并综合各种基于保护耕地生产功能、生态环境功能及实现城市组团隔离功能等多种耕地空间布局方案，充分考虑房山区的功能定位、城市规划以及与耕地布局相关的其他信息，得到一套较为相对完善的方案。该方案将房山区划分为以下分区（图9-6）。

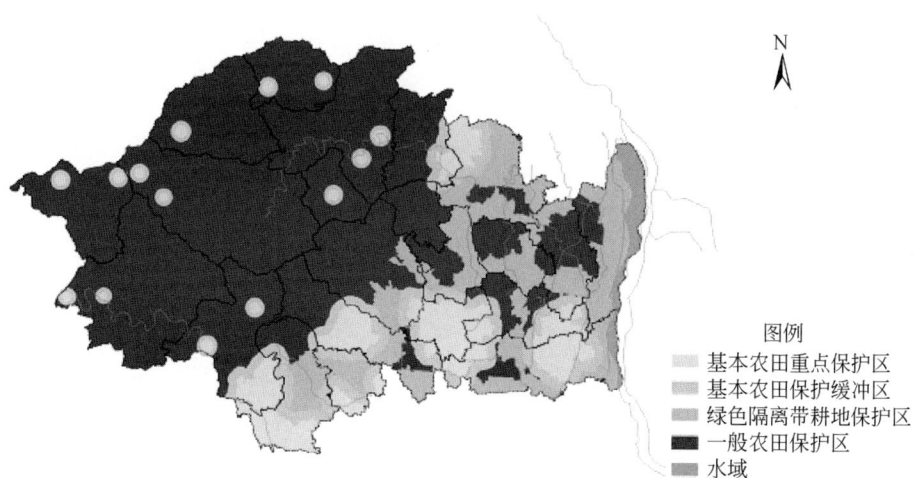

图例
■ 基本农田重点保护区
■ 基本农田保护缓冲区
■ 绿色隔离带耕地保护区
■ 一般农田保护区
■ 水域

图9-6　房山区耕地综合空间布局图

（1）基本农田重点保护区：将房山区东南部的两片优质耕地，以及山区和山前的质量较好的农田作为基本农田重点保护区。该区域的耕地应该全部划定为基本农田，规划年内不应再减少。

（2）基本农田保护缓冲区：为了更好地保护基本农田，在基本农田保护区周边设置缓冲区域，考虑到山区和平原的地形差别，设置山区基本农田保护区外5 千米内为基本农田缓冲区，平原和山前地区基本农田保护区 10 千米内区域为基本农田缓冲区。

（3）绿色隔离带耕地保护区：将交通沿线的绿地和河流两边的耕地作为遏制城市发展绿色隔离带加以保护，形成绿色隔离带耕地保护区。该区域耕地的主要功能是生态功能，保持该区域的耕地是协调平原区生态环境的极佳方法，为了满足房山区建立"山水文化名邑、宜居宜憩新城"的目标，规划年内该区耕地不宜减少。

（4）其他区域划定为一般农田保护区：该区域耕地多处于城镇边缘，存在着与城镇发展的冲突，特别是在平原区。随着房山区经济的发展，该区域的耕地被占用的危险很大。考虑到与房山区城市发展相衔接，因此该区的耕地不宜划定为基本农田。

10 区域基本农田划定技术

随着经济的发展，经济快速发展区基本农田的功能也在发生着变化，其生产功能和社会保障功能正在弱化，生态服务功能、阻隔功能等正在逐渐加强，合理的划定基本农田必须全面考虑其功能的变化，从基本农田功能在大都市郊区的体现方面来研究基本农田规划有着至关重要的意义。另外，耕地是一种特殊的公共资源，基本农田规划和保护也是一项公共事业，政府是管理公共事物的核心，理所当然地成为耕地和基本农田保护的主体。对不同级别的行政主体进行基本农田关注焦点的分析也是十分必要的。

在经济快速发展区基本农田规划过程中，不同级别行政主体在利益关注焦点上存在矛盾和冲突。中央政府保护耕地、划定基本农田保护区是从战略目标出发，保护耕地的生产能力，确保粮食安全，以满足我国社会经济发展和人民基本生活需要，也就是说中央政府对基本农田的关注焦点为保护耕地的生产能力，侧重其生产功能。但是，中央政府不直接掌握或经营耕地，也就无法直接规划基本农田保护区。因此，只能把划定基本农田保护区的责任下放省市一级政府，省市政府对基本农田保护区的划定一方面要满足中央政府的要求；同时，还要从自身利益出发，根据目前大都市发展程度和自身定位，大都市郊区耕地资源应充分体现其生态功能，所以省市级政府相对来说更加关注基本农田的生态功能。省市政府同样不直接掌控耕地，效法中央政府的做法，将具体实施任务下放到区县政府（地方政府）。由于区县政府主要责任之一是发展地方经济，同时受到多方利益的驱动，对耕地保护和基本农田保护区的划定只是象征性地应付上级政府，在耕地保护和基本农田保护区划定工作中积极性不高，甚至与上级政府之间发生冲突。所以说地方政府的关注焦点为经济发展，侧重其阻隔功能，可以通过耕地资源的稳定性进行合理表达。综合以上分析，如何协调不同行政主体之间的矛盾和冲突就成为大都市郊区基本农田规划的核心问题。

因此，经济快速发展区基本农田规划应该以不同级别行政主体关注的焦点和功能侧重，科学合理地构建基本农田规划的理论体系：①根据中央对基本农田的要求，积极保护优质耕地资源，保障区域粮食安全，研究耕地资源的生产能力，将生产能力强的耕地资源优先入选基本农田。②根据大都市区省市政府对基本农田的需求，对耕地的生态功能进行研究，将生态功能较好的耕地规划为基本农田进行保护，满足大都市建设生态城市、宜居城市的要求。③根据区县政府对基本农田功能的认识，为了在一定程度上满足地方政府经济发展的需求，缓解区域基本农田保护的压力，进而研究耕地资源的稳定性。④综合不同级别行政主体对基本农田关注焦点和功能的侧重，以多目标规划为原则，综合考虑各方面的因素，缓解各级行政主体之间的矛盾，综合规划区域基本农田。

依据上述基本农田保护与划定的思想，分别以北京市、北京市大兴区、北京市房山区和河北省唐山市滦县为例，通过构建区域基本农田划定技术，探索区域基本农田划定的方法，为区域基本农田划定提供理论依据和技术支撑。

10.1　北京市市级基本农田保护区划定①

10.1.1　分级保护思想

基本农田分级保护作为基于原有政策的一项尝试性创新，是由单纯的数量保护到"数量—质量—区位"三位一体保护的框架性转变，是保障首都粮食安全、实现土地资源可持续利用的最优选择。基本农田分级保护政策正是将区位集中连片、质量优良的一定面积基本农田划为不同级别的保护区，并根据级别高低进行差别化保护的一项管理策略。这种分级保护政策不仅从整体上保护了基本农田生态系统的多样性和景观的连续性，而且通过划定保护区固定了大规模基本农田的数量和区位，从而保障了优质耕地资源不流失。同时，该项政策也将为其他政策的实施与运作提供统一的框架支撑。例如，实行经济补贴机制时，可以根据保护区级别的不同采取相应的标准，集中投入建设市级保护区，致力于提高集中程度高、质量好的基本农田的比较效益，永久性保护；还可以根据保护区的不同级别开展不同程度和规模的土地整理项目，等等。

10.1.2　划定方法

基本农田保护区是为对基本农田实行特殊保护，依据土地利用总体规划，依照法定程序确定的特定保护区域。

基本农田保护区的划定应依据上一级土地利用总体规划的规划目标和分区要求，参照已有的相关规划，考虑生态与环境建设用地安排、基础设施建设用地布

---

① 引自：北京市基本农田划定标准与潜力研究。

局、城乡建设用地扩展边界划定等因素。

10.1.3 市级保护区划定

10.1.3.1 划定要求

首先，考虑基本农田占村庄面积的比例，基本农田所占比例越大的村庄应该作为基本农田的集中地区划入基本农田保护区。考虑到北京市山地较多，很多以农业为主的山区村庄有大面积的山场，仅仅以基本农田占村庄面积的比例来衡量，这些村庄难以入区。因此，以基本农田占 15 度以下村庄面积的比例作为衡量指标，综合考虑山区、平原区村庄内基本农田集中程度。

其次，再考虑这些基本农田的质量。入保护区的基本农田应绝大部分为优质农田，因此，本研究中采用行政村内中高等别基本农田占基本农田总面积的比例作为质量的衡量指标。

从实际管理的角度考虑，在保护等量基本农田的前提下，所涉及的行政村越少越便于管理。采用目标导向法，选取保护区内基本农田达到一定既定目标值时所涉及村庄个数最少的比例组合作为基本农田保护区划定的指标依据。测算出基本农田保护区划定的指标标准分别为：基本农田占 15 度以下村庄面积的比例不得低于 20%，行政村内中高等别基本农田占基本农田总面积的比例不得低于 50%。

再次，提取出符合上述标准的村庄，并将空间相邻的村庄合并成若干个区，根据这些区内基本农田的面积，分析得出若全市基本农田的 50% 需进市级保护区，则单个市级保护区内基本农田的总规模应不少于 5 万亩。

最后，市级基本农田保护区是基本农田的重点发展区域，与建设用地各自集聚发展，不应与建设发展有较大冲突，因此，应尽量避开中心城、新城规划控制范围，在规划控制范围外划定。

此外，还要综合考虑实际管理中可能存在的各种因素，将该范围中"插花"的或其他村庄也纳入保护区范围内，在空间上落实保护区边界。若某个（或某几个）不符合划定条件的村庄，完全被符合划定条件的村庄包围，同时满足保护区集中连片的原则，则这个（或几个）村可视同符合划定条件，作为"镂空村"填补进保护区；若某个不符合划定条件的村庄位于保护区边界上，该村是否划入保护区，原则上将通过协商决定。

10.1.3.2 划定结果

按上述划定思路，在全市 7 个区县划出 9 个市级基本农田保护区，总规模为

381万亩（图10-1），其中包括基本农田174.11万亩，占北京市基本农田总面积（342.42万亩）的50.58%；保护区内中高等基本农田占区内基本农田总量的90.31%。门头沟区、怀柔区、密云县山地面积大，坡度小于15度的土地较少，除其中的建设用地外集中连片的耕地很少，故很难划出具有一定规模的基本农田保护区。

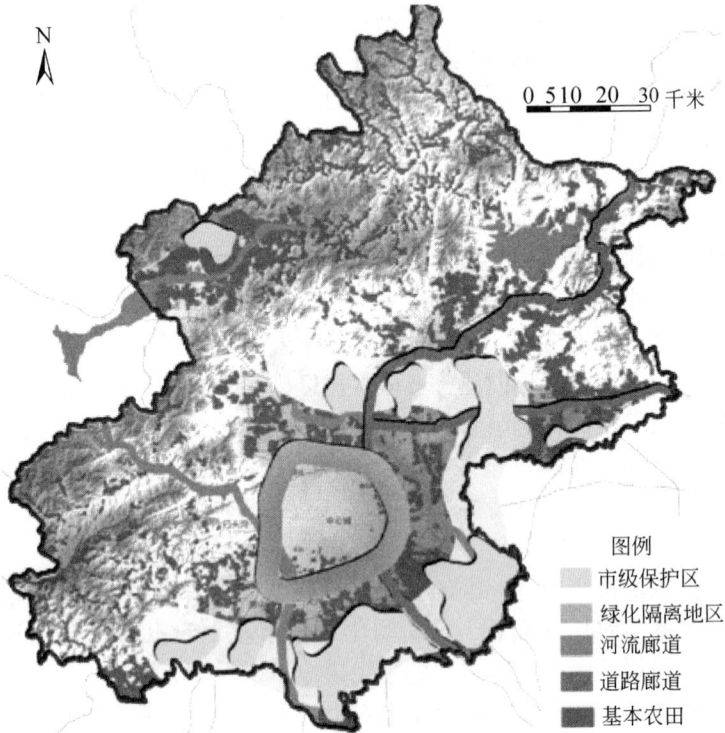

图10-1　北京市市级基本农田保护区空间布局图

10.2　大兴区基本农田划定

10.2.1　大兴区基本农田生产能力适宜性评价

10.2.1.1　基于农用地分等的耕地单产核算

在农用地分等的基础之上，结合大兴区实地调研情况，分别从理论单产、现实单产两个层次来进行综合产能核算。

1）耕地理论单产的核算

以大兴区所属生态类型区为基础，建立指定作物理论单产样本值与样本地块相应的自然质量等指数的函数关系模型：

$$y'=f\ (R_i) \tag{10-1}$$

式中，y'为指定作物理论样本地块标准粮单产；R_i为指定作物理论单产样本地块自然质量等指数。

根据式（10-1）将大兴区所有的分等单元的自然质量等指数代入公式，可获得各评价单元的理论标准粮单产。

对大兴区所属生态类型区标准样地，共选择有效样点90个，计算样点的标准粮产量，并与样点单元的自然等指数进行回归分析。建立线性方程$y=0.2319x+261.97$，两者的拟合相关系数为0.6871，将大兴区全部评价单元自然等指数代入线性方程，即可得到各单元理论单产。

2）耕地现实单产的核算

根据样点设置应兼顾等指数区间、样点在等别间分布要相对均匀、样点所在分等单元面积适中、面积较小的分等单元不宜布设样点的原则，建立分等抽样单元指定作物标准粮单产样本值与相应单元利用等指数的函数关系：

$$y''=f\ (Y_i) \tag{10-2}$$

式中，y''为抽样单元指定作物标准粮现实单产样本值；Y_i为分等单元利用等指数。

依据式（10-2），将核算区域的所有分等单元的利用等指数代入式（10-2），可获得各单元的现实单产。

对大兴区耕地粮食产量进行了外业调查，共选择有效样点80个，计算样点的准粮产量并与样点单元的利用等指数进行回归分析。建立线性方程$y=0.3121x+123.29$，两者的拟合相关系数为0.688，将大兴区全部评价单元利用等指数代入关系式数代入线性方程，即可得到各单元实际单产。

10.2.1.2 耕地综合生产能力评价

对耕地综合生产能力单产水平进行评价，引入耕地综合生产力优势指数的概念，该指数越大即意味着该地块综合生产能力越强，反之则越弱。各评价单元的耕地综合生产力除以全区同期的平均水平，求得耕地综合生产力优势指数，反映各调查单元的综合生产力差异，公式为

$$Q_i = \sqrt[2]{Q_{1i} \times Q_{2i}}$$

$$Q_{1i} = \frac{C_i}{C_q} \qquad\qquad (10\text{-}3)$$

$$Q_{2i} = \frac{t_i}{t_q}$$

式中，Q_i 为 i 单元耕地综合生产力优势指数；Q_{1i} 为 i 单元现实生产力优势指数；c_i 为 i 单元耕地现实单产；c_q 为全区平均现实单产；Q_{2i} 为 i 单元理论生产力优势指数；t_i 为 i 单元耕地理论单产，t_q 为全区平均理论单产。

Q_i 值>1，说明该单元耕地综合生产力高于全省平均水平，Q_i 值越大，单位面积的综合生产力越高。Q_i 值<1，说明该单元耕地综合生产能力低于全区平均水平。对于耕地综合生产能力较强的耕地应该优先入选为基本农田保护区。

10.2.1.3　基本农田综合生产能力评价结果及分析

以耕地理论单产、现实单产为基础，引入耕地综合生产力优势度指数的概念，识别评价单元的综合生产能力状况。为了简化表达，将综合生产能力分为四个等级进行合理表达，运用 ArcGIS 9.2 自然分级功能，将 2006 年耕地资源评价单元按照综合生产能力大小得分情况进行等级划分。其中，一级综合生产能力优势度最低，四级综合生产能力优势度最高。从大兴区基本农田生产能力适宜性评价结果空间分布看（图 10-2），东南部综合生产能力较强，从西北向西南呈明显的条带状分布，主要集中在瀛海镇、青云店镇、长子营镇和采育镇；二级和三级评价单元也明显成 3 个条带中分布，集中在大兴中部地区，一级评价单元"插花"状分布在区域中，以黄村镇、魏善庄镇和榆垡镇最多。对耕地综合生产能力评价的数据进行提取，得知评价耕地总量为 41 586.74 公顷，耕地斑块为 5161 个，从数量上看，综合生产能力为四级和三级的比例较高，斑块个数占到 56.58%，面积为 23 822.99 公顷，占耕地总量的 57.28%。

10.2.2　大兴区基本农田生态适宜性评价

10.2.2.1　耕地生态系统生态指标的选取

作为衡量大都市郊区耕地生态评价的指标体系，要从以下几个方面进行考虑（表 10-1）：根据都市郊区耕地所具有的功能，从两个方面选取指标，以全面反映耕地生态系统的特色，即生态系统的服务功能和生态的景观；评价指标体系应充分考虑都市郊区耕地生态系统的特点；指标体系应根据研究系统的结构分出层

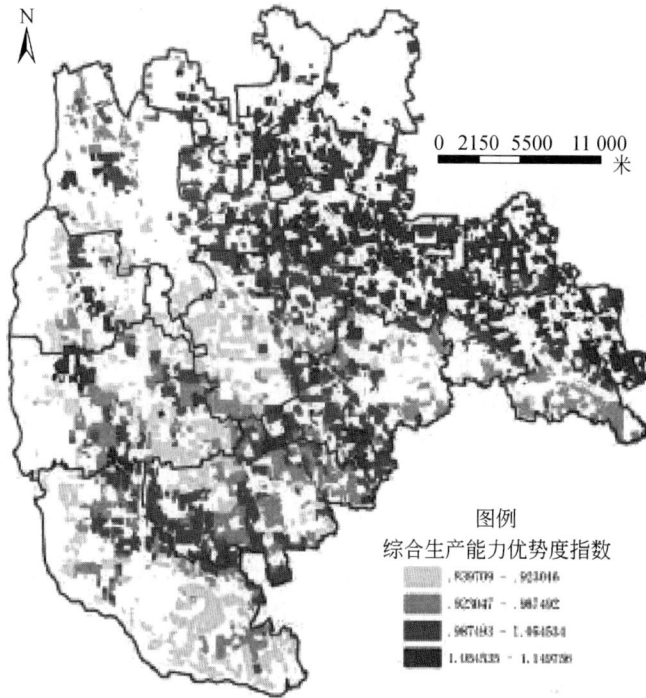

图例
综合生产能力优势度指数

.836709 - .923046

.923047 - .987492

.987493 - 1.054534

1.054535 - 1.149756

图 10-2　耕地综合生产能力优势指数分布图

次，并在此基础上进行指标分析；选取的指标应可比、可量、可行。根据以上原则，结合大兴区耕地生态系统的实际情况和资料的完备性，并咨询相关专家构建指标体系。

表 10-1　耕地生态系统评价指标体系

目标层	准则层	指标层	权重	指标说明
都市郊区耕地生态系统评价	生态服务	调节大气组成	0.1832	固定 CO_2，释放 O_2
		净化环境	0.1741	吸收空气中有害气体
		保持土壤肥力	0.1783	保持土壤肥力
	生态景观	景观连片性指数	0.1666	反映耕地稳定情况和评价单元间能量的转换
		斑块面积指数	0.1631	反映对其生物承载能力的大小
		外观形状	0.1374	反映评价单元的稳定性

10.2.2.2 基本农田生态适宜性评价

1）指标的量化

对指标的量化方法采用极值标准化的方法，得到值域为 0~100 并且极性一致的数值，标准化的计算公式为

$$P_i = \sum_{i=1}^{n} W_i C_i \tag{10-4}$$

式中，P_i 为所有参评因子的总分值；W_i 为第 i 个因子的权重；C_i 为第 i 个因子的分值。但对末一级指标的标准化值不按 0 考虑，而是根据经验值确定。其中，调节大气、净化空气以乡镇为单位，将各个乡镇的分值标准化后的分值赋给各个乡镇的基本农田评价单元。

2）评价原理

耕地生态系统评价主要采用多因素综合评价法，其计算公式为累加型公式（加权分值和公式）。假定有 m 个因素，每个因素又包含 n 个因子。评价得分等于各因子分值综合累加之和，其数学模型为

$$x'_{ij} = 100 \times (x_{ij} - x_{i\min}) / (x_{i\max} - x_{i\min}) \tag{10-5}$$

式中，X'_{ij} 为标准化后某指标的值；X_{ij} 为处理前某指标的值；$X_{i\max}$ 为处理前某指标的最大值；$X_{i\min}$ 为处理前某指标的最小值。

10.2.2.3 基本农田生态适宜性评价结果及分析

根据评价单元生态适宜性的评价结果，可以有效识别评价单元生态功能的强弱，运用 ArcGIS 9.2 中的自然分级功能，将 2006 年耕地资源评价单元生态功能按照大小得分情况进行等级划分。分别选分值 0.2513、0.4165、0.5244 作为断点，将耕地评价单元划定为四个等级，其中四级的生态价值最好，一级生态功能最弱。

对耕地生态适宜性评价的数据进行提取（表 10-2），得知评价耕地总量为 41 589.54 公顷，耕地斑块为 5162 个，从数量上看，三级最多，面积为 16 033.75 公顷，占总耕地面积的 38.55%，主要分布在研究区中部的魏善庄、安定镇和南部的礼贤镇；生态功能最好的面积为 12 110.33 公顷，占总面积的 29.12%，主要分布在研究区西部的北臧村镇和东部的采育镇、长子营、青云店等镇。

表 10-2　大兴区生态评价状态

等级	面积/公顷	比例/%	斑块数/个	比例/%
一级	3 402.22	8.18	501	9.71
二级	10 040.444	24.14	1 463	28.36
三级	16 033.75	38.56	2 109	40.86
四级	12 110.33	29.12	1 088	21.08
合计	41 586.74	100	5 161	100

大兴区耕地具有很强的生态功能，这里从耕地的生态服务价值和景观两个方面对耕地的生态功能进行了评价。其中生态服务价值主要从调节大气组成、净化环境、保持土壤肥力三个方面进行了量化，计算结果耕地的生态服务价值仅从这三个方面进行计算。

生态服务价值约为 259 102.8 万元，合计 6.23 万元/公顷，远大于耕地的直接收入，保护耕地更应该注重其生态功能的保护，耕地的生态功能和耕地自然本底有很大的关系，同时，不同的土地利用方式和种植结构对其生态功能也有很大的影响；景观功能中选取了景观连片性指数、斑块面积指数和外观形状三个方面的指标，体现了都市郊区耕地的外部景观的重要性。对大兴区耕地生态功能的评价客观的反映出了区内耕地生态功能的强弱和分布情况，对基本农田的划定提供了技术支持和理论依据。耕地生态服务功能不仅与其自然本底相关，还和人们的利用程度和利用方式有很大的关系，为了更为有效地增加耕地的生态服务功能，有效治理季节性裸露农田，促进首都宜居城市的建设，政府应该制定相应的政策，鼓励农民合理、有效地利用耕地。

10.2.3　大兴区基本农田稳定适宜性评价

大兴区在北京市的功能定位中为城市发展新区，是土地利用和土地覆盖变化最快、最活跃的区域，同时也是用地矛盾冲突最明显的区域。根据建设用地扩展占用耕地的驱动力分析入手，识别近年耕地单元减少的驱动因子，以此为基础构建耕地稳定性评价指标体系，对 2006 年大兴区耕地资源稳定性进行评价。

10.2.3.1　耕地稳定性评价指标体系的建立

1）基于耕地被建设用地占用可能性耕地资源稳定性评价指标体系的建立

研究认为耕地资源的稳定性可以通过耕地资源自然因素、区位和社会经济因素三个方面进行合理的表达。因此，基于耕地被建设用地占用的可能性为基础，充分考虑自然、社会、区位三方面的因素建立一套耕地资源稳定性的评价指标体系（表10-3）。

表10-3　耕地资源稳定性评价指标体系

目标层	准则层	指标层
耕地稳定性评价指标体系	自然因素（建设适宜性）	坡度
		地形地貌
		地质灾害
	区位因素	距离重点城镇的距离
		距离一般城镇的距离
		距离主要道路的距离
		距离农村居民点的距离
	社会经济因素	固定资产投资规模
		城镇化率
		人口增长
		第二、第三产业 GDP 比重
		财政收入
		人均耕地面积

2）指标的遴选

（1）自然因素指标的选取。大兴区位于北京湾小平原上，属于华北平原的一部分，地势平坦，地质灾害不明显，整体建设适宜性较高，所以不选取相应指标。

（2）区位因素指标的选取。区位因素中距离重点城镇的距离、距离一般城镇的距离、距离主要道路的距离、距离农村居民点的距离可以合理表达其区位特点，反映建设用地的扩张对耕地的压力。但是在北京地区，新的一轮土地利用总体规划中，"城乡用地挂钩"、合村并镇的政策引导明显，所以将来的居民点对耕地稳定性的影响并不明显。因此，区位因素中选取距离重点城镇的距离、距离一般城镇的距离、距离主要道路的距离三个指标。

（3）社会经济因素指标的选取。社会经济因素中固定资产投资总额的增加是促进经济发展的手段之一，投资的增加往往伴随着非农建设用地的增加，从而挤占耕地；另外第二产业和第三产业的发展必然会使一定量的耕地转变为非农建设用地，对耕地稳定性影响较大；人口的增加，城镇化进程的加快，增大了对居住用地和工业用地的需求，因此城市化率对区域耕地稳定性的影响较大，所以社会经济指标中选取固定资产投资总额、城镇化率和第二、第三产业 GDP 占 GDP 总量比重三项指标。

3）指标的选取及权重的确定

分别选取了区位因素和社会经济因素两方面的指标，能够很好地反映影响耕地稳定性的各个方面。评价指标体系的权重用特尔菲法确定。指标选取的结果及权重见表 10-4。

表 10-4　耕地资源稳定性评价指标体系

目标层	准则层	指标层	权重
耕地稳定性评价	区位因素	距离重点城镇的距离	0.1952
		距离主要道路的距离	0.1718
		距离一般城镇的距离	0.1835
	社会经济因素	城镇化率	0.1526
		固定资产投资规模	0.1644
		第二、三产业 GDP 比重	0.1325

10.2.3.2 基本农田稳定的适宜评价结果分析

综合考虑自然因素、区位因素、社会经济因素三方面，从地块尺度对大兴区的耕地稳定性进行评价，并对耕地稳定性分级运用 ArcGIS 9.2 中的自然分级功能，将 2006 年耕地评价单元稳定性得分情况进行等级划分，以 31.809、43.686 和 68.201 作为断点，将耕地评价单元划定为四个等级。分级结果如图 10-3 所示。在四个等级中，一级耕地的稳定性最弱，四级最强，该稳定性状态的分级客观反映了耕地评价地块转化为建设用地的可能性大小，一级稳定地块极易转化为建设用地，二级地块次之。

从空间分布上看，一级稳定的耕地地块主要分布在大兴区北部地区的黄村镇、亦庄镇、西红门镇、旧宫镇等，这些地区受北京市城区、黄村卫星城和亦庄卫星城的辐射明显，城镇化速度快，经济发展迅速，对建设用地需求量大。二级稳定的耕地地块，西部沿着五环路和京开高速，东北部沿着 104 国道、京津塘高速呈明显的带状分布，主要是受到大兴区交通发展的影响，对耕地稳定性产生重要影响。

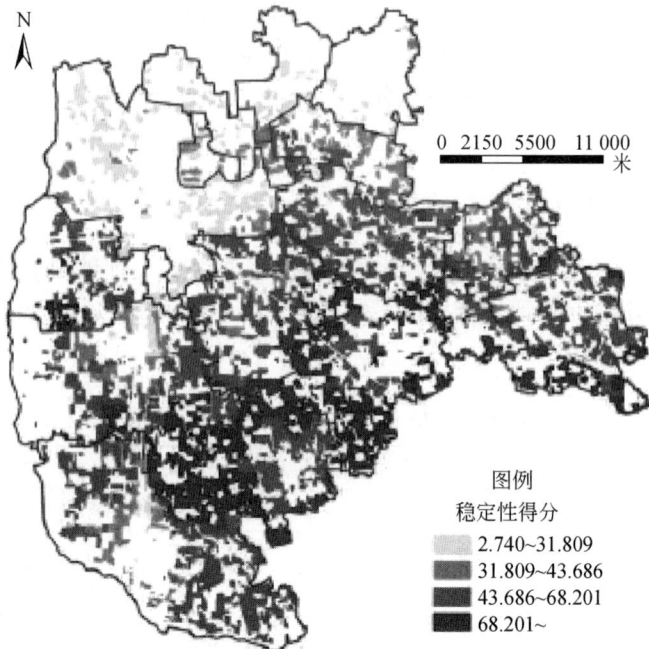

图 10-3　耕地稳定性得分分布图

对耕地稳定性状态的数据提取，得知评价耕地总量为 41 530.47 公顷，耕地斑块为 5148 个，从数量上看，稳定性差（一级稳定地块和二级稳定地块）的耕地比例较高，斑块个数占到 21.84%，面积为 9304.81 公顷，占耕地总量的 22.41%。其中三级稳定地块分布最多，占区域最总面积的 41.29%，无论斑块个数还是面积都强烈地反映出大兴区耕地资源稳定性受到严重威胁。

耕地稳定性分级比较客观地反映了大兴区不同区域的经济发展水平。评价单元稳定性状态分级越小的区域，正是经济发展强劲，建设用地诉求高的地方；评价单元稳定性状态分级大的区域，社会经济发展相对较慢，人地矛盾不十分突出。本节所建立的评价指标体系与评价方法是合理的，能够反映大兴区经济发展实际情况和对耕地稳定性的影响，基本农田稳定性适宜评价对划定基本农田规划和今后的保护都有至关重要的意义。

10.2.4　大兴区基本农田综合规划

10.2.4.1　大兴区基本农田单因素分析

基于中央政府、北京市政府、大兴区县政府三个层面对基本农田关注点的不同，结合基本农田在城市快速扩展区的基本功能和外延功能，分别设置了三种状态对基本农田的生产能力适宜性、生态适宜性和稳定适宜性进行了评价。

如图 10-4 所示，生产能力的适宜性评价结果显示，适宜规划为基本农田的耕地主要分布在大兴区东北部地区；生态适宜性的评价结果显示，适宜规划为基本农田的耕地主要集中在大兴区西南部；稳定性评价结果显示，适宜规划为基本农田的耕地集中在大兴区东北部地区，三个层面的空间分布差异性较大。如果单一从任何一个侧面规划基本农田，都很难同时满足其他层面的要求，所以在基本农田规划时应该综合考虑三个层面的因素，以本研究构建的大都市郊区基本农田规划体系为指导，综合划定基本农田。

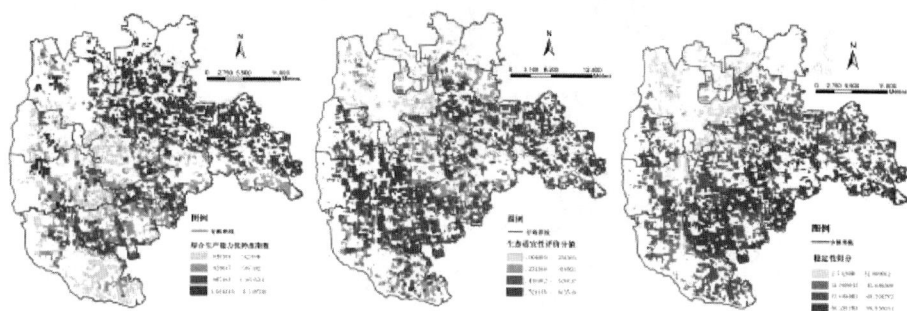

图 10-4   不同状态耕地分级差异比较图

10.2.4.2 大兴区基本农田综合规划

大都市郊区耕地入选基本农田，是多目标决策的过程，采用逼近理想点排序模型，确定耕地入选基本农田的优先顺序，其模型方法是优选理论中多目标系统优选、排序决策较为有效的方法和途径。

1）排序结果及分析

基于"一要吃饭、二要建设、三要生态环境"的逼近理想点的排序多目标排序，确定耕地入选基本农田的优先顺序，为了更为明显地表达其分布情况，利用 ArcGIS 9.2 中的自然分级功能，将排序结果划分为三个等级。

从综合排序的结果看（图 10-5），得分较低的评价单元主要分布在大兴区北部和西部地区，以黄村镇、旧宫镇、西红门镇、亦庄镇和榆垡镇较为集中，这些地区耕地质量不高，受经济发展影响较为明显，同时人们对耕地的依赖程度较低，耕地的生态功能受到限制；得分较高的评价单元主要分布在大兴区的东南部地区，这些地区耕地质量相对较高，受经济发展的影响较小，同时农业收入的比例较高，人们重视耕地的经济产出，利用相对合理，复种指数高，其生态功能也很强，适合入选为基本农田。

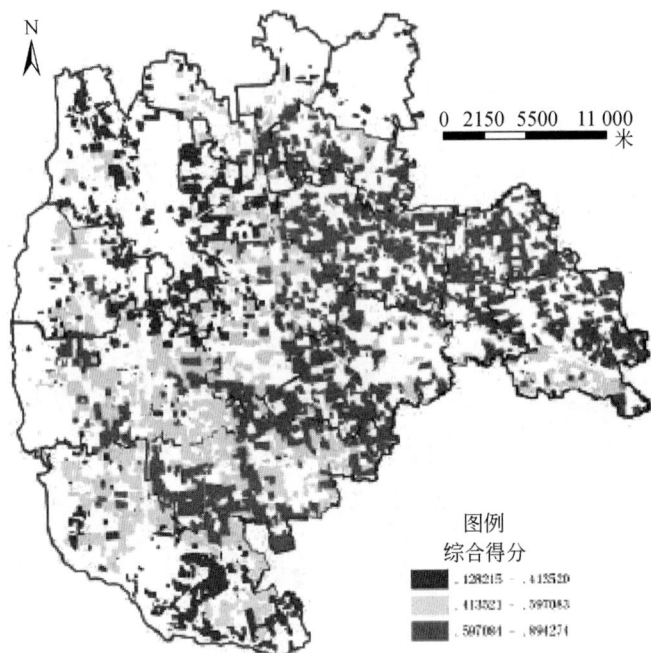

图 10-5　综合排序状态分布图

2) 空间连片区划及基本农田划定

本轮土地利用总体规划（2005~2020 年），北京市下达给大兴区基本农田的保护指标为 31 800 公顷，而基本农田综合适宜区的面积为 34 491.34 公顷，本研究考虑到基本农田保护的连片性原则，进一步通过连片性对其进行筛选。GIS 支持下的连片性计算方法很多，本书采用空间连片性的计算方法，该方法特点是考虑了地块在全区的连片性，便于在现有的地理信息系统中实施。根据实际情况间隔距离在 20 米以内的地块是相通、相连的，即地块间的地类界线、行政界线、水渠、田埂、田间道路等可不视为连片地块的分割物，对于所有的图斑通过 Buffer 功能生成 10 米的缓冲区，然后对重叠和相交的图斑进行 Merge 合并。符合该条件的各农用地分等单元，不论是边相连还是角相连，都自动形成连片地块，系统可以用不同的颜色和编号表示这些连片地块，为了更为直观地观察到连片性情况，采用分段的方法，根据面积从小到大重新进行编号共计分为 32 类，编号为 1 的连片度最小，编号为 32 的连片度最大，得到优质连片地块的分布如图 10-6

所示。

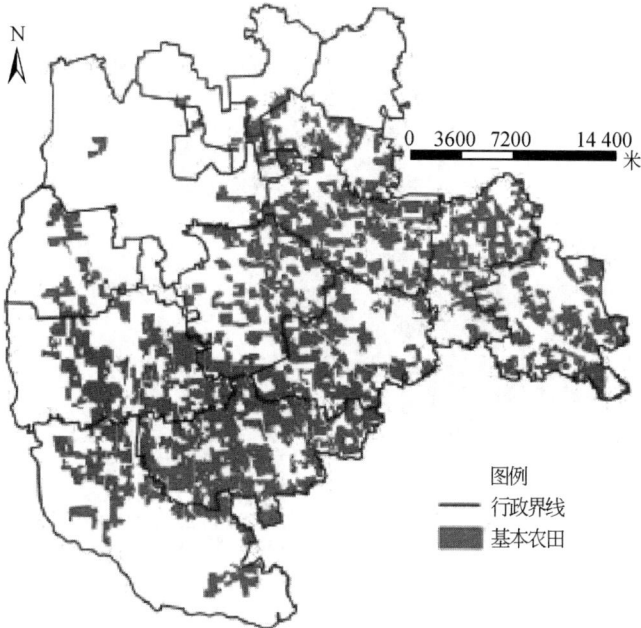

图 10-6 耕地连片性行性分布图

根据连片性计算结果，利用 ArcGIS 9.2 软件通过属性传递赋值给每一个评价地块，由最大的连片性好地开始，降序选择若干连片耕地，使得累积面积达到基本农田保护指标要求，划定最终基本农田空间分布（图 10-7）。

考虑到基本农田保护区划定的客观性、区域指导性，本书结合基本农田适宜区和连片性最终共计规划基本农田为 31 826.85 公顷，能够完成北京市下达给大兴区的基本农田保护目标。

10.3 房山区基本农田保护区划定

10.3.1 基于农用地质量的基本农田划定方法

下面利用房山区农用地分等定级成果，结合土地利用现状图和实地调研，结合 GIS 技术，进行基本农田保护区布局，以期为建立科学合理的基本农田保护区提供有效方法。

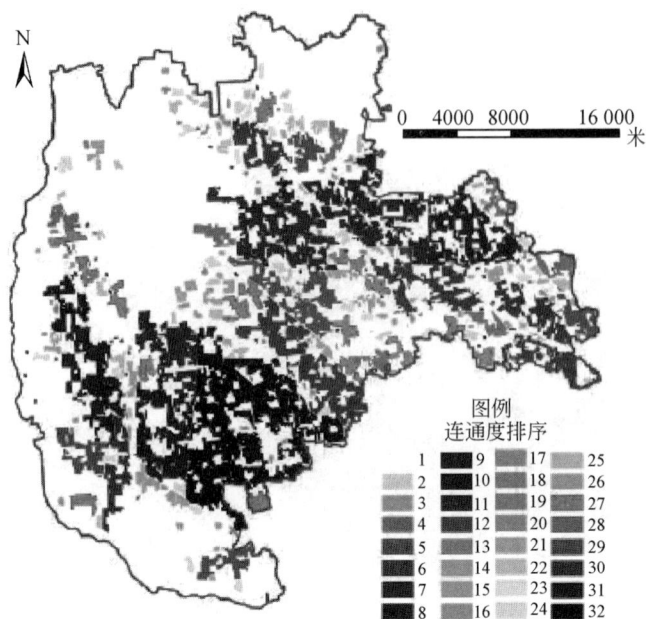

图 10-7 基本农田分布图

10.3.2 房山区农用地利用质量聚类分析

采用 K-Mean 聚类的方法，将农用地的利用等别进行聚类，将聚类结果作为划定基本农田的依据。为了将高质量耕地划定为基本农田，采用 K-Mean 聚类分析分别将农用地利用等别聚为高、中、低三类，即 1、2、3 类。其中 1 类为利用等别最高即质量最好的耕地；2 类次之；3 类为质量相对较差的耕地。建议考虑现有基本农田的数量，从高到低的划定耕地为基本农田。

房山区耕地质量地域差异明显，直接按照利用等别选择高等别农用地进行保护，山区的耕地就很难得到保护。为了削弱地域差异对分析结果的影响，研究中将房山区按地理差异分别划分为山区、平原区两个区域来进行聚类分析。通过上面的 K-Mean 聚类原理，分别对房山区两大区域进行聚类分析得到下面的结果。

平原区聚类结果：1 类：二十至二十一等，聚类中心为二十等，总图斑面积为 3923.7 公顷；2 类：十八至十九等，聚类中心为十九等，总图斑面积为 21 676.9 公顷；3 类：十五至十七等，聚类中心为十六等，总图斑面积为 6035.1 公顷；

山区聚类结果：1 类：十三至十八等，聚类中心为十五等，总图斑面积为

204.3 公顷；2 类：十至十二等，聚类中心为十等，总图斑面积为 685.6 公顷；3 类：七至九等，聚类中心为 9 等，总图斑面积为 1789.9 公顷；

10.3.3 划定基本农田保护区

从基本农田保护面积占耕地总面积的百分比来看，选取 1、2 类耕地作为基本农田，则基本农田的总面积达到 26 490.6 公顷，比现有基本农田中的耕地总面积要多出大约 3510 公顷。借助 ArcView3.3 软件，得到基于农用地分等成果的基本农田布局图（图 10-8）。

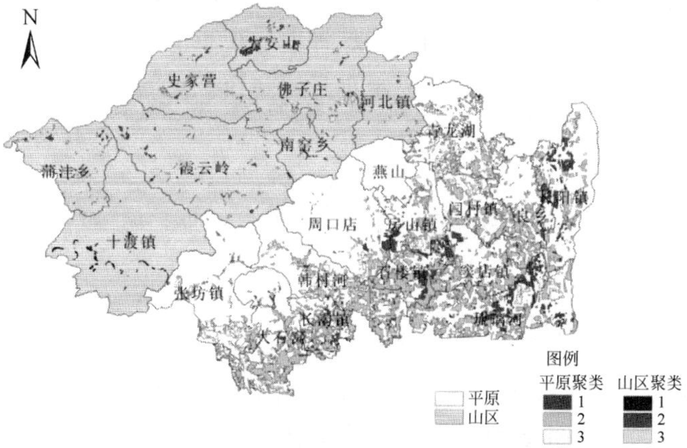

图 10-8 基于农用地分等结果的基本农田布局图

其中颜色为深红色和黄色的是基本农田保护区，颜色为浅红色和黄色的部分为利用等比较低的耕地，不将其划定为基本农田。体现了将高质量耕地划定为耕地的原则，也保障了基本农田的粮食生产能力。

10.4 滦县新兴矿区基本农田划定

10.4.1 永久性基本农田划定方法

下面从研究区所需的粮食综合生产能力、耕地的质量、耕地的连片性和耕地的稳定性四个方面入手，结合研究区的土地利用总体规划，在分析耕地的质量、连片性和稳定性后，依据研究区所需的粮食综合生产能力运用综合指数评价的方法确定永久性基本农田的数量和空间分布。

10.4.2 滦县粮食综合生产能力需求预测

永久性基本农田的主要功能是保障国家粮食安全。保障国家粮食安全既是保障耕地所生产的粮食产量可以满足一定人口正常生活下的粮食需求。本研究区粮食综合生产能力需求可以用基于一定粮食自给率的粮食产量需求测算方法测算。那么可以表达为

$$S = r \times G \times p \tag{10-6}$$

式中，S 为粮食需求总量；r 为粮食自给率；G 为人均粮食需求水平；p 为人口总数。

长期以来，城镇与农村的社会经济的发展有着较大的差异。虽然现阶段我国在努力缩小城乡差异，但在短时间内，这种差异很难消除。再考虑到城乡膳食结构的差异，城镇与农村的人均粮食需求水平应存在一定的差值。则粮食需求总量计算公式应为

$$S = r \times (G_c \times p_c + G_n \times p_n) \tag{10-7}$$

式中，G_c 为城镇人均粮食需求水平；p_c 为城镇人口数；G_n 为农村人均粮食需求水平；p_n 为农村人口数。

10.4.2.1 城镇化水平预测

为方便下面人口数量的预测，本研究首先运用趋势外推预测法对滦县 2020 年城镇化水平预测。目前描述城镇化水平常用的是人口比例指标法，即城镇人口占总人口的比例。由表 10-5 可知，滦县城镇化水平逐年提高，至 2009 年滦县人口总规模的 55.26 万人，城镇人口的 22.11 万人，城镇化水平达到 40%。

表 10-5 滦县 2001～2009 年城镇化进程表

年份	人口总数/人	城镇人口/人	城镇化率/%
2001	534 399	128 362	24.02
2002	535 416	149 113	27.85
2003	536 182	164 572	30.69
2004	538 769	170 720	31.69
2005	541 026	176 103	32.55
2006	542 771	188 620	34.75
2007	547 448	200 366	36.60
2008	550 042	212 866	38.70
2009	552 628	221 051	40.00

注：人口总数来源于滦县 2001～2009 年统计年鉴，城镇人口数据来源于滦县建设局

10.4.2.2　人均粮食需求水平

根据国家食物与营养咨询委员会提出的我国人民食物消费和营养的基本目标：2000 年，人均全年口粮 213 千克（城乡分别为 230 千克和 150 千克），加上肉蛋奶等，人均每年约需要 400 千克的粮食（其中饲料粮需占 1/3 左右）。到 2010 年，城乡全面接近小康水平，人均粮食消费量应达到 420 千克左右。至 2030 年，城乡全面达到小康水平，人均粮食消费量约 450 千克。参考这一增长速度，可以认为在 2000～2030 年人均粮食消费量以 2 千克/年的速度递增，由此得到人均用粮标准逐年增长序列。作为新兴矿产资源县，经济和社会处于高速发展阶段。我们可以认为到 2020 年左右，滦县人均粮食需求水平应高于全国平均值，可取人均粮食消费量为 445 千克。鉴于城镇和农村生活水平和膳食结构的差异，城镇人均粮食需求取 450 千克，农村人均粮食需求取 440 千克。

10.4.2.3　人口数量预测

自然平均增长率法是最为常用的人口预测方法，它具有易操作、准确度高的特点。该方法是根据基期年的人口数直接预测未来人口数，原理是分别考虑影响人口数量的两个重要因素，即自然增长人口和机械增长人口。公式为

$$P = P_0 \times (1+K) \times n \pm \Delta p \tag{10-8}$$

式中，P 为规划年人口数；P_0 为规划基期年人口数；K 为规划期间人口自然增长率（‰）；n 为预测年期；Δp 为规划期间人口机械增长数（等于规划期内迁入人数减去规划期内迁出人口）。

根据滦县历年人口变化情况，可以预测出 2020 年滦县人口数。预测出滦县 2020 年的人口数分别为：$P_{2020} = 55.26 \times (1+6.3‰) \times 16 = 60.33$（万人）。为提高人口预测的准确性和科学性。本书结合《滦县县城总体规划（2008-2020）》中的预测结果，求平均，最终确定滦县规划期间人口规模（表 10-6），2020 年人口预测为 60.59 万人，其中城镇人口 = 60.59 × 61% = 36.96（万人）；农村人口 = 60.59 - 36.96 = 23.63（万人）。

表 10-6　滦县规划期间人口总规模确定

预测方法	2020 年人口规模/万人
自然平均增长率法	60.33
县域城镇体系规划预测数据	60.85
最终确定人口数（平均值）	60.59

10.4.2.4　粮食自给率

结合历年滦县统计年鉴中的人口数量与粮食总产量我们可以得出滦县历年粮食自给率。滦县历年粮食自给率在 0.95~1.28。

滦县耕地面积占全县土地总面积的 55.32%，是冀东地区的粮食主产区。除满足本县人口粮食需求外，还应承担一定的经济粮食产量。作为城镇化和社会经济高速发展的新型矿产资源区，未来城市化和矿产资源开发必然带来较多耕地的破坏，取 1.11 作为滦县的粮食自给率。

10.4.2.5　总结

计算可得滦县粮食总需求量为 29 732.12 万千克。

10.4.3　滦县耕地质量分析

本书将滦县土地利用现状图层与滦县农地利用等数据叠加，获得滦县辖区内耕地的利用等数据。鉴于滦县农用地分等报告与第二次土地利用调查中农地范围的不统一，下面采取以第二次土地利用调查中的农地范围为准，以第二次土地利用调查中同图斑同等别、临近图斑等别相似的标准，为未被农地利用等别数据覆盖的数据赋值，得出第二次土地利用调查中耕地利用等别。

从图 10-9、表 10-7 中可以看出，滦县耕地利用等别共分为 2~9 八个级别，其中绝大部分耕地的利用等别集中在第四等和第七等。而高等别耕地主要分布在南部的小马庄镇、茨榆坨镇、古马镇和北部的油榨镇。

根据《中国耕地质量等级调查与评定（河北卷）》建立的省级等指数与实际标准粮产量的对应关系可知（表 10-8），利用等指数与实际标准粮产量回归方程为

$$y = 0.387x + 52.73 \quad (R_2 = 0.933) \tag{10-9}$$

《河北省滦县农用地分等报告》中农用地利用等指数用 200 等别分。本书假设同一利用等的实际标准粮食产量相同，则滦县耕地平均实际标准粮食产量计算公式可归纳为

$$y = 0.387 \times 200x + 52.73 \tag{10-10}$$

式中，y 为粮食耕地实际标准粮食产量；x 为耕地利用等别。

由图斑面积和图斑所在耕地利用等别可计算出每个图斑的综合粮食生产能力。

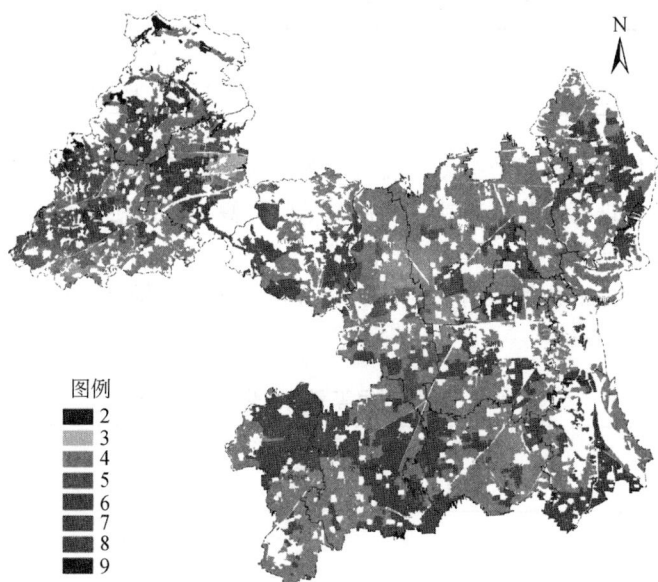

图 10-9　滦县耕地利用等分布图

表 10-7　滦县各镇农地利用等别表　　　　　　单位：公顷

乡镇	二等面积	三等面积	四等面积	五等面积	六等面积	七等面积	八等面积	九等面积	总计
茨榆坨镇	3.39	0	2 651.55	0	1 617.97	701.14	213.40	0	5 187.45
东安各庄	0	0	7 414.76	354.77	652.81	42.04	0	0	8 464.38
古城街道	0	0	1 258.19	0	88.18	359.04	0	0	1 705.41
古马镇	0	0	3 872.79	0	53.91	1 557.14	0	0	5 483.84
九百户镇	0.19	0	1 701.79	584.84	710.51	793.15	0	0	3 790.48
雷庄镇	0	0	4 255.17	1 121.97	77.05	333.74	0	0	5 787.93
滦州镇	0	0	3 637.66	0	1 178.49	615.16	0	21.15	5 452.46
王店子镇	48.45	355.00	1 131.52	802.09	794.87	148.24	24.16	0	3 304.33
响嘡镇	0	0	1 528.85	0	257.19	1 313.76	121.34	57.81	3 278.95
小马庄镇	0	0	3 571.10	33.23	136.19	3 169.88	89.86	0	7 000.26
杨柳庄镇	287.53	0	1 749.55	51.58	420.01	64.79	427.75	0	3 001.21
油榨镇	0	0	3 237.59	280.11	52.90	1 233.95	0	0	4 804.55
榛子镇	49.42	0	2 780.92	1 728.68	1 158.41	22.54	0	0	5 739.97

表10-8 农地利用等别与实际标准粮食产量对照表

利用等别	2	3	4	5	6	7	8	9
实际标准粮食产量/千克	207.53	284.93	362.33	439.73	517.13	594.53	671.93	749.33

由于考虑指标较多或数据差距较大,为了客观评价各因子的影响,消除量纲影响,可将数据进行适当的转换,利用其数学运算,将选定指标进行正规化、标准化处理。在本研究中,所有指标都属于正向指标,并将所有指标因子标准化后,使各因子的标准化值取值0~100,消除量纲影响。根据标准值量化后,各等别得分情况见表10-9。

表10-9 耕地利用等别标准化得分对应表

利用等别	1	2	3	4	5	6	7	8	9
得分	0	12.5	25	37.5	50	62.5	75	87.5	100

10.4.4 滦县耕地稳定性分析

10.4.4.1 影响因素指标的选取

影响因素指标的选取要结合滦县实际情况,同时考虑构建指标体系的科学性、准确性和易操作性,滦县耕地稳定性影响因素指标体系见表10-10。

表10-10 滦县耕地稳定性影响因素指标体系表

影响因素	指标选取
自然因素	滑坡坍塌地质灾害
	耕地坡度等别
社会经济因素	人均GDP
	第二、第三产业与第一产业比值
	城市化水平
区位因素	距中心城区距离
	距建制镇距离
	距矿产产业带距离
	距主要交通干道距离
	距农村居民点距离

一般影响耕地稳定性的自然因素主要是气候、地形、坡度和地质灾害等。滦县地处冀东地区，地形以平原和低山丘陵为主。东部为大片滦河冲积平原。西北部地区的低山丘陵地势较缓，大部分耕地所在地的坡度不会影响耕地的稳定性。同时滦县位于中国的东北部，靠近渤海，气候偏向于温带季风气候，气候因素也不是影响滦县耕地稳定性的因素。但滦县地质条件稳定性较差，加上矿产资源的开发，存在着滑坡、坍塌、塌陷等地质灾害隐患。

基本农田划定规则中规定禁止将坡度在25°以上的耕地划入基本农田保护区且现状为基本农田的坡度在25°以上的耕地要调出基本农田保护区。1984年中国农业区划委员会颁发《土地利用现状调查技术规程》对耕地坡度分为五级，即小于2°、2°~6°、6°~15°、15°~25°、大于25°。坡度是划定永久性基本农田的一个重要指标。

滦县矿产资源丰富，有储量多、品种全和开发晚的特点。滦县未来发展的定位在于积极开发矿产资源，同时以矿产开发带动本县社会经济的全面发展。从城市化率上看，2001~2009年9年间滦县城市化率增长近1倍。

作为矿产资源城市，影响耕地稳定性的首要区位因素是矿产产业带和因矿产开发而带动各大矿产企业和经济工业园区。从传统角度来看，距中心城区、建制镇、农村居民点和主要交通干道的远近将直接影响耕地的稳定性。依据滦县实际情况，选取滦州镇和古城街道办的建制镇用地为中心城区因素；第二次土地利用调查中的采矿用地、重点项目中的重要工业园区、司家营、东海、冀东水泥等重点工矿企业以及响嘡镇镇区作为影响耕地稳定性的矿产产业带因素；其他建制镇镇区作为影响耕地稳定性建制镇因素；现状主要公路交通干道和有明确规划线路的规划道路为影响耕地稳定性的交通干道因素。

10.4.4.2 影响耕地稳定性的自然因素分析

永久性基本农田不宜划在地质灾害高发区。滦县的地质灾害主要是滑坡、坍塌、塌陷等地质灾害隐患分布在杨柳庄镇的西北部山区和茨榆坨镇的部分平原地区，故将地质灾害高发区和潜在危险区内的基本农田剔除。

结合农用地分等定级成果和滦县第二次土地利用调查结果分析，本书所选取的农地资源的坡度都在集中在1~4等。则以图斑为单位，根据图斑坡度等别赋值，其坡度等别与得分分别为1等100分、2等75分、3等50分、4等25分。

10.4.4.3 社会经济因素分析与数据处理

影响耕地稳定性的社会经济因素分为人均GDP、第二、第三产业与第一产业的比值和城市化水平三个方面。这三个方面的数据都可以从滦县统计年鉴中获取。本研究以镇为单位，分别求出每个镇的人均 GDP、第二、第三产业与第一产业的比值和城市化水平。所有指标都属于正向指标，同样将所有指标因子标准化后，使各因子的标准化值取值为 0 ~ 100，消除了量纲的影响。以十三个乡镇的最低值为 100 分，根据比值可测算出滦县每个乡镇人均 GDP、第二、第三产业与第一产业的比值和城市化水平三者分别的百分数，标准化数值柱状图（图 10-10）。

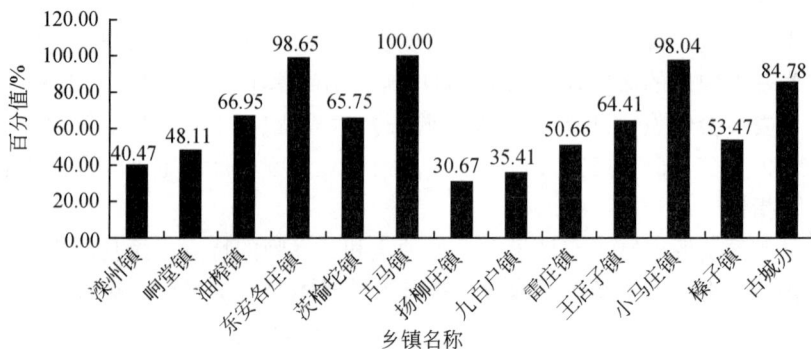

(a)各镇人均GDP标准化数值柱状图

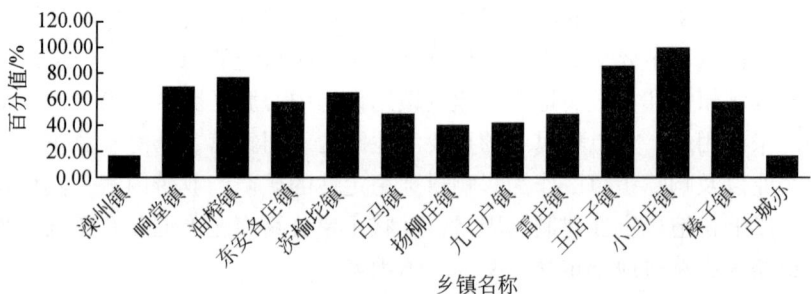

(b)各镇城市化水平标准化数值柱状图

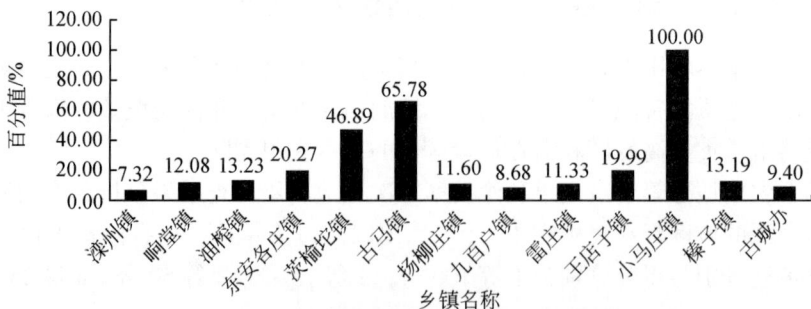

(c)各镇第二、三产业比值标准化数值柱状图

图 10-10 社会经济因素标准化分值柱状图

10.4.4.4 区位因素定量分析

影响耕地稳定性的区位因素分为距中心城区距离、距建制镇距离、距矿产产业带距离、距主要交通干道距离、距农村居民点距离五个指标。同样采取百分制将区位因素指标定量化，其量化标准见表10-11。

表 10-11 区位条件各因素指标定量标准

指标名称	评分标准/米				
	20	40	60	80	100
距中心城区距离	<500	<1000	<2000	<5000	>5000
距建制镇距离	<500	<1000	<2000	<5000	>5000
距矿产产业带距离	<500	<1000	<2000	<5000	>5000
距主要交通干道距离	<200	<500	<1000	<2000	>2000
距农村居民点距离		<200	<500	<1000	>1000

本书利用 ArcGIS 的数据处理和空间分析功能分别提取出中心城区、建制镇、矿产产业带、主要交通干道和农村居民点五个 shp 文件。然后分别做缓冲分析，计算耕地资源至各个指标之间的距离。根据区位条件各因素指标的定量标准，将耕地资源分别赋值获取每个耕地资源图斑在各指标下的分值。则各指标下，分数与面积之间关系见表10-12。

表 10-12 耕地在各区位因素评价指标下稳定性得分与面积对应表

单位：公顷

分值	20.00	40.00	60.00	80.00	100.00
矿产产业带	6 868.49	9 009.96	16 396.30	15 763.84	8 572.34
中心城区	300.05	699.18	2 085.20	6 830.60	46 695.91
建制镇	383.61	1 001.87	2 762.78	8 804.90	43 657.77
主要交通干道	12 471.05	10 250.15	14 332.70	13 040.72	6 516.31
农村居民点	0	1 487.18	7 927.81	20 624.42	26 571.53

10.4.5 确定滦县永久性基本农田空间布局

上述分析可知，本书划定永久性基本农田最主要的且可以定量分析的两个方面是耕地质量和耕地的稳定性。本书在上述内容中已经运用标准化等处理方法对数据作相应变换，克服各参数指标量纲的不一致。用层次分析法确定两者权重可得出永久性基本农田划定的选取次序。

10.4.5.1 建立递阶层次结构

应用 AHP 解决实际问题，首先明确要分析决策的问题，并把它条理化、层次化，理出递阶层次结构。

AHP 要求的递阶层次结构一般由以下三个层次组成：目标层（最高层），指问题的预定目标；准则层（中间层），指影响目标实现的准则；措施层（最低层），指促使目标实现的措施。通过对复杂问题的分析，首先明确决策的目标，将该目标作为目标层（最高层）的元素，这个目标要求是唯一的，即目标层只有一个元素。然后找出影响目标实现的准则，作为目标层下的准则层因素，在复杂问题中，影响目标实现的准则可能有很多，这时要详细分析各准则因素间的相互关系。最后分析为了解决决策问题（实现决策目标），在上述准则下，有哪些最终解决方案（措施），并将它们作为措施层因素，放在递阶层次结构的最下面（最低层）。

明确各个层次的因素及其位置，并将它们之间的关系用连线连接起来，就构成了递阶层次结构。

10.4.5.2 构造判断矩阵并赋值

根据递阶层次结构就能很容易地构造判断矩阵。

构造判断矩阵的方法是：每一个具有向下隶属关系的元素（被称作准则）作为判断矩阵的第一个元素（位于左上角），隶属于它的各个元素依次排列在其后的第一行和第一列。

重要的是填写判断矩阵。大多采取的方法是：向填写人（专家）反复询问，针对判断矩阵的准则，其中两个元素两两比较哪个重要，重要多少，对重要性程度按 1~9 赋值。设填写后的判断矩阵为 $A = (a_{ij}) n \times n$，判断矩阵具有如下性质：①$a_{ij} > 0$；②$a_{ji} = 1/a_{ij}$；③$a_{ii} = 1$。

根据上面性质，判断矩阵具有对称性，因此在填写时，通常先填写 $a_{ii} = 1$ 部分，然后再仅需判断及填写上三角形或下三角形的 $n (n-1)/2$ 个元素就可以了。

在特殊情况下，判断矩阵可以具有传递性，即满足等式：$a_{ij} \times a_{jk} = a_{ik}$，当上等式对判断矩阵所有元素都成立时，则称该判断矩阵为一致性矩阵。

10.4.5.3 计算权向量并划定永久性基本农田

对于专家填写后的判断矩阵，利用一定的数学方法进行层次排序。

　　层次单排序是指每一个判断矩阵各因素针对其准则的相对权重，所以本质上是计算权向量。和法计算权向量的原理是，对于一致性判断矩阵，每一列归一化后就是相应的权重。对于非一致性判断矩阵，每一列归一化后近似其相应的权重，在对这 n 个列向量求取算术平均值作为最后的权重。具体的公式是

$$W_i = \frac{1}{n} \sum_{j=1}^{n} \frac{a_{ij}}{\sum_{k=1}^{n} a_{kl}} \qquad (10\text{-}11)$$

式中，W_i 为第 i 个因素的权重；n 为列向量个数；a_{ij} 为列向量；a_{kl} 为列向量 $\dfrac{a_{ij}}{\sum_{k=1}^{n} a_{kl}}$ 为列向量归一化处理。

　　需要注意的是，在层层排序中，要对判断矩阵进行一致性检验。最终确滦县永久性基本农田划定影响指标权重见表 10-13。计算被选入的耕地的每个图斑的综合得分，依照分值大小确定永久性基本农田划定的优先级别。唐山市下达的滦县基本农田保有量是 47 348.21 公顷。唐山市下达的指标是综合考虑了唐山市各区县经济、社会、人口等多方面因素。根据综合得分运用 ArcGIS 9.2 多次从高分择优选择，同时再次采用耕地连片性分析的方法剔除零星破碎图斑后，选取以下耕地图斑为永久性基本农田，如图 10-11 所示。

表 10-13　滦县永久性基本农田划定影响指标权重表

影响因素		指标	权重
稳定性	自然因素	耕地坡度等别	0.068
	区位因素	距矿产产业带距离	0.041
		距中心城区距离	0.050
		距主要交通干道距离	0.047
		距建制镇距离	0.134
		距农村居民点距离	0.116
	社会经济因素	第二、三产业与第一产业比值	0.073
		城市化水平	0.081
		人均 GDP	0.069
耕地质量			0.322

　　根据划定的永久性基本农田图斑及数据库内的属性可知本次划定的永久性基本农田面积为 47 371.66 公顷。范围内的粮食综合生产能力为 31 195.2 万千克。在生产力不提高的前提下可以满足至 2020 年滦县粮食综合生产能力的需求。

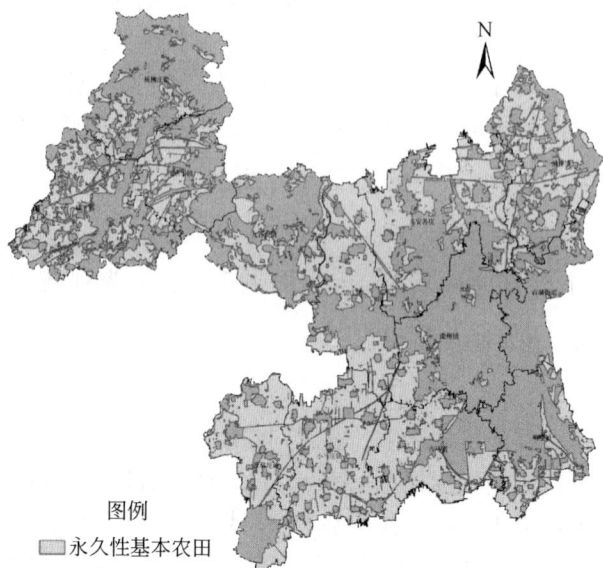

图例
▨永久性基本农田

图 10-11 滦县永久性基本农田布局图

　　永久性基本农田分布范围最广的镇是小马庄镇，分布较少的是滦州镇。古城街道办和响嘡镇。其中，小马庄镇分配永久性基本农田为 6883.09 公顷，而最少的古城街道办则为 480.83 公顷。主要原因是小马庄镇、古马镇地势平坦，耕地质量较高，且经济发展较缓慢。而滦州镇、响嘡镇和古城街道办则是滦县的经济中心，而响嘡镇和古城街道办的耕地资源较差。所以本次划定永久性基本农田照顾了耕地资源的质量和稳定性。

11   区域项目区优质耕地设计技术

本章以天津市八里台镇为例，选取八里台村、巨葛庄村、大孙庄村、大韩庄村、团洼村、西小站村、小黄庄村、和顺地村、潘家洼村、双闸村、中义村、南义村、毛家沟村、刘家沟村、北中塘村 15 个村为项目区，对项目区耕地利用功能分区进行了设计，并提出了乡镇（村）尺度的优质耕地和高标准基本农田设计技术，为解决乡镇（村）、地块尺度的耕地和基本农田建设提供理论和技术支撑。

11.1   项目区耕地利用功能分区设计

11.1.1   分区原则

八里台镇规划用地功能分区是按照土地资源的利用特点，结合发展现状和未来潜力，即以土地资源的适宜性为基础，结合国民经济、社会发展和环境保护的需要，划分用地功能分区。八里台镇总体功能分区遵循下列原则。

（1）突出主导功能原则：功能分区要与区域资源禀赋、主导产业发展相结合，在充分保护生态环境的前提下，突出用地主导功能，做大做强主导产业，发挥规模产业集聚效益。功能区内允许有少量的非主导功能用地继续存在。

（2）空间连续性原则：功能区划分中应使划分对象具有独特性和空间上的完整性，使区域内的生态系统结构、过程和服务功能，如景观、地形等存在一定程度的相似性，使其在空间上形成连续区域。

（3）资源开发与功能定位一致原则：区域可持续发展立足于土地资源的保护与可持续利用，用地功能分区要充分强调资源开发利用方式的一致性和生态环境保护方向及各区域功能定位的一致性，提升生态环境对用地开发的支撑能力。

11.1.2   项目区功能分区

八里台镇农业用地功能分区以当地农业发展现状和土地利用适宜性为基础，利用其良好的区位优势和便捷的交通条件，以及天嘉湖和鸭淀湖等大面积湿地得天独厚的自然条件，依托南北贯穿全镇的洪泥河景观轴和东西穿过镇区的津港公路景观轴两条生态发展带，根据突出分区特色、形成产业规模的要求，构筑了八里台镇三大农业功能分区：北部高效农业区、中部特色水产及都市农业区和南部生态观光农业区（图11-1）。

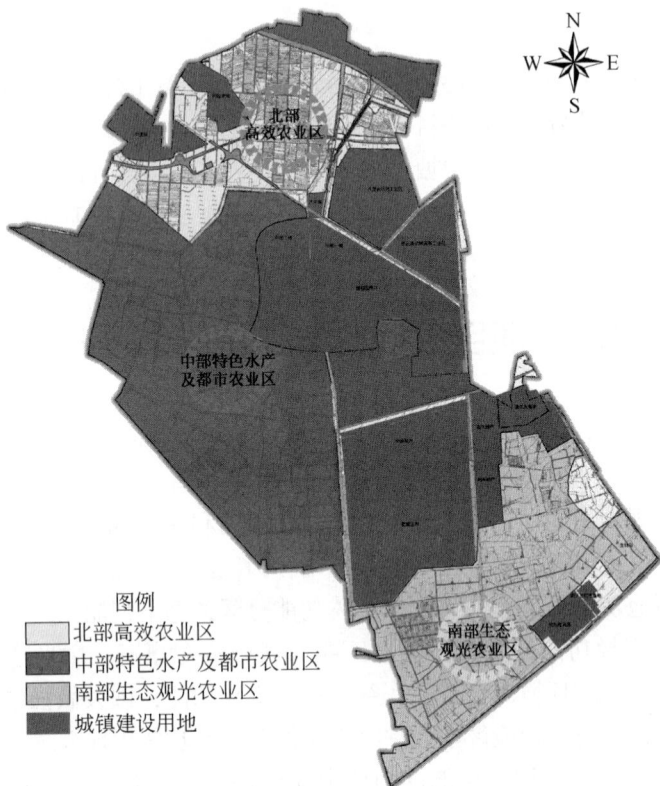

图 11-1　三大功能分区布局示意图

11.1.2.1　北部高效农业区

（1）范围：该功能区位于八二公路以北，主要包括巨葛庄村、大韩庄北部地区以及团洼村部分区域。

（2）区域功能定位及规划目标：高效农业是以市场为导向，运用现代科学技术，充分合理利用资源环境，实现各种生产要素的最优组合，最终实现经济、社会、生态综合效益最佳的农业生产经营模式。该区在今后的发展中，应充分利用规模优势和区位优势，结合土地利用规划及城市规划，注重耕地保护、发展粮食生产、保障粮食供给，发展以粮食生产为主的优质、高产、高效农业，面积广阔，地面平整，可形成较好的农业景观。

11.1.2.2 中部特色水产及都市农业区

（1）范围：该功能区位于八二公路以南，唐津高速以北，主要包括八里台镇八里台村及大韩村以南区域，形成两湖夹绿洲，双翼展开之形。

（2）区域功能定位及规划目标：该区以特色水产养殖为主，以都市农业为辅。依托其悠久的水产养殖历史，改善水产养殖条件，改进养殖技术发展高效水产养殖，在不破坏生态环境的前提下，适度开发水上休闲旅游项目。该区处于八里台镇的中西部中心镇区、天嘉湖旅游度假风景区之间，距天津市区18公里，发展都市农业的区位条件和优势明显。该区在水上项目中应不断加大渔业投入力度，完善渔业基础设施建设，持续快速推进渔业生产规模化、产业化健康发展。同时，在不破坏鸭淀湖生态环境的前提下，适度发展水域观光旅游项目。在都市农业发展中不断引进新品种、新技术，合理搭配品种结构，提升瓜菜、果品的质量，发展特色、精品瓜菜和果品，发展生态、有机农业，提高农产品绿色附加值。

11.1.2.3 南部生态观光农业区

（1）范围：该功能区位于唐津高速以南，主要包括八里台镇南部毛家沟村、刘家沟村、北中塘村，以及津南水库东北部的中义村、潘家洼村，对津南水库形成环抱之势。该区生态条件较好，景色秀丽，交通便捷，适宜发展生态农业。

（2）区域功能定位及规划目标：该区利用其独特的区位优势和便利的交通条件，依托陆水结合、风景秀丽的自然环境，结合农村居民点及工矿用地的复垦，利用耕地、园地、苗圃等农用地的绿色田园景观，发展集生态休闲、观光垂钓、绿色采摘为一体的综合乡村特色旅游项目。

11.2 项目区工程设计

11.2.1 土地平整工程

项目区土地平整工程中主要涉及田块平整、硬土挖除、土地翻耕、施用有机肥等。

11.2.1.1　田块平整

项目区的土地为建设用地复垦，原有主要道路都保留并整修，地块走向主要依据道路、周边地块和原有地块的走向设定，规划后土地地块多呈长方形。土地平整工程实施后，将为项目区农业后续发展提供坚实的基础。对于项目区内面积较小的地块，田块走向依周边地块情况而布置，其他地块多依现有道路情况、当地耕作习惯等因素布置。地块长度在 200 ~ 400 米，宽度在 100 ~ 200 米。田块划分后，根据地形情况将田块按高程划分为不同的平整单位，以田埂为界，进行平整。平整后田块按大地形方向保持 2 度的坡度，方便灌溉和排水。

村庄拆迁后，将拆迁建筑垃圾运走，不在复垦项目预算内。但由于项目区拆迁后，原有建筑物基础土方是经过工程处理的，不能作为耕作土使用，必须将表层移除，将底层新鲜素土翻耕并连续两年拌和有机肥使用，方可作为耕地使用。项目区土方工程量主要集中在项目区建筑表土移除、土地翻耕和有机肥的施用上。

土地平整方法采用散点法，尽量依据自然地形、地势，合理设计高程，使挖填土方量最小，同时满足机械作业、灌溉、农作物耕作的要求。土方计算借助 CASS 7.0 软件进行土地平整工程辅助计算。

土方计算流程如下。

（1）打桩。在田面的四角四边，田块的最高点、最低点、次高点、次低点以及一切能代表不同高程的各个不同位置上打桩，作为测点，并测出其高程读数 H_1，H_2，H_3，H_4，H_5，$\cdots$，H_n，共计 n 个高程点。

（2）计算田面的平均高程。田面平均高程（H_a）可以根据所测的各点高程得出：

$$H_a = 1/n \times (H_1 + H_2 + H_3 + H_4 + H_5 + \cdots + H_n) \tag{11-1}$$

田面设计高程（H_b）为田面平均高出 H_a 减去 20cm 厚的建筑表土，各测点高程大于 H_b 的是挖方，小于 H_b 的是填方。算出各点与 H_b 的差数作为施工时应掌握的挖填深度。

（3）挖填方计算。求挖填平均深度，挖方区平均深度 h_c：

$$h_c = \frac{\sum H_f}{M} - H_b \tag{11-2}$$

填方区平均深度 h_f：

$$h_f = H_b - \frac{\sum H_c}{L} \tag{11-3}$$

式中，h_c 为挖方区平均深度；h_f 为填方区平均深度；M 为测点读数大于 H_a 的测点数；L 为测点读数小于 H_a 的测点数；$\sum H_c$ 为测点读数小于 H_a 的各点读数之和；$\sum H_f$ 为测点读数大于 H_a 的各点读数之和。

求挖填方面积：

$$A_c = \frac{A_a h_f}{h_c + h_f} \tag{11-4}$$

$$A_f = \frac{A_a h_c}{h_c + h_f} \tag{11-5}$$

式中，A_a 为测量地块总面积（公顷）；A_c 为挖方面积（公顷）；A_f 为填方面积（公顷）。

经计算，工程完成后，项目区内田块平整共完成挖土方量 1 076 662.56 立方米，填土方量 227 710.96 立方米。

11.2.1.2　土地翻耕

对项目区土地深翻耕40厘米，以达到土壤改良的效果，项目区整理复垦后新增耕地面积为428.35公顷，则土地翻耕工程量为428.35公顷。

11.2.1.3　施用有机肥

为了提高复垦之后的土壤肥力，对项目区土地按40吨/公顷的标准施用有机肥，分两年施用，有机肥施用量为17 134吨。

11.2.2　农田水利工程

11.2.2.1　灌溉制度

1）灌溉标准

考虑项目区现有灌溉方式，结合天津市土地开发整理项目工程建设标准，项目区灌溉保证率取80%。

2）灌溉水利用系数

$$\eta_{水} = \eta_G \cdot \eta_P \tag{11-6}$$

$$\eta_{水} = \eta_Q \cdot \eta_P \tag{11-7}$$

式中，$\eta_{水}$ 为灌溉水利用系数；η_G 为管道系统水利用系数，取0.97；η_Q 为渠道系统水利用系数，取 0.80；η_P 为田间水利用系数，取 0.92。

经计算，管道系统灌溉水利用系数为 0.892，渠道系统灌溉水利用系数为 0.736。

3）设计灌水定额

根据天津市农业用水定额规定，棉花灌溉定额为 80 立方米/亩，玉米灌溉定额为 120 立方米/亩。结合项目区生产实际，棉花全生育期灌水两次，每次灌水定额为 40 立方米/亩；玉米全生育期灌水三次，每次灌水定额为 40 立方米/亩。

4）设计灌水周期

$$T = \frac{m}{W} \cdot \eta_水 \qquad (11\text{-}8)$$

式中，T 为设计灌水周期（天）；m 为设计灌水定额（毫米）；W 为作物最大日平均耗水量（毫米/天）；$\eta_水$ 为灌溉水利用系数。

作物最大日平均耗水量为 6 毫米/天，设计灌水定额为 60 毫米，管道系统灌溉水利用系数为 0.892，渠道系统灌溉水利用系数为 0.736；则机井灌溉的设计灌水周期为 8 天，渠道灌溉的设计灌水周期为 7 天。

11.2.2.2 水源工程

1）地下水

（1）水源。在地块零散的区域，采用新打机井或利用现有机井提取地下水，通过埋设的 PVC 管道将水引到各田块，并在各出水口安装给水栓，给水栓处接临时软管进行地面灌溉。

项目区灌溉水源来自地下水，采用机井抽取地下水进行灌溉。根据 GB50295-99 的规定，机井深度设计应考虑项目区拟开采含水层（组、段）的埋深、厚度、水质、富水性及其出水能力等综合因素。因此根据当地水文地质资料和周边现有机井参数，拟建井深为 400 米，出水设计流量为 50 立方米/小时，井径为 300 毫米，孔径为 600 毫米，静水位为 8 米，动水位为 31 米。井壁管选用 DN300mm 的钢筋混凝土管，滤水管的过滤器采用穿孔钢筋混凝土管，管材为 DN300mm 钢筋混凝土管，开孔孔径为 21 毫米，每周孔数为 10 个，每米行数为 33，12 号缠丝，开孔率为 18%，圆孔布置呈梅花形排列。依据现场打井的具体地层分布布置花管。机井的施工工艺和要求参照水利部技术标准《机井技术规范》SL266-2000 执行。

项目区采用管道输水，地面沟灌的灌溉方式，PVC 主管沿道路走向布局，给水栓间距为 30m。

（2）机井布置。机井灌溉控制面积的计算公式为

$$F = \frac{Q \cdot T_{设} \cdot t(1 - \eta_{损}) \cdot \eta}{m_{设}} \qquad (11\text{-}9)$$

式中，F 为单井灌溉控制面积（亩）；Q 为单井出水量（50 立方米/小时）；$T_{设}$ 为井灌设计灌水周期（8 天）；t 为灌水高峰期井泵日工作时数（22 小时）；$\eta_{损}$ 为干扰抽水的水量消减系数，取 0.1；η 为井灌灌溉水利用系数，取 0.85；m 为设计灌水定额（40 立方米/亩）。

在玉米发育期，土壤含水量对玉米生长起关键作用，甚至影响产量，因此必须保证玉米发育期间的需水量，而项目区此期间通常是最干旱少雨、蒸发量也最大的时期，因此方案选择此期间的灌水定额，则计算出单井控制面积为

$$F = \frac{50 \times 8 \times 22 \times (1 - 0.1) \times 0.85}{40} = 169（亩）$$

根据单井控制面积，结合项目区内已有的、拟保留的机井情况，该次规划共新建机井 6 眼，保留机井 10 眼，机井的具体位置见规划图。为每眼机井修建机井房，项目共建机井房 6 座。

根据单井控制面积并结合项目区地形、地块和道路情况布设机井。为避免井群互相干扰，布设时井间距应大于其最小井距。最小井距计算公式为

$$L_0 = 25.8\sqrt{F_0} \qquad (11\text{-}10)$$

式中，L_0 为最小井距（米）；F_0 为单井控制面积（亩），取 169 亩。计算得最小井距为 335 米。在机井布置中，机井都满足最小井距要求。

（3）井房。井房的建设主要是为保证机井设备安全和方便机井使用过程中的管理，其房内尺寸设计为 3 米×3 米×3 米，砖混结构。该项目共涉及新建机井 6 眼，计划新建井房 6 座。

2）地表水

该项目拟在复垦面积较大的片区采用抽提河水，经斗、农两级渠道输水田间，进行地面灌溉。

11.2.2.3　输配水工程

1）管道输水

根据节约用水的需要，井灌区域的灌溉工程中采用埋地式 PVC 输水管道。为了减少田间耕地导致的输水管道损坏，不在田间配置输水支管，为了减少田间

输水和灌水损失，将给水栓间距布置为 30 米。符合当地灌溉习惯，并且经济实用。

根据配水系统选定流量，计算 PVC 管道管径，管道管径计算公式如下

$$D^2 = 4Q/(\pi V 3600) \tag{11-11}$$

式中，D 为管道直径（米）；Q 为管道流量（立方米/小时）；V 为经济流速，取 1.5 米/秒。

将机井流量 50 立方米/小时和经济流速代入式中，可得到计算管径 108 毫米，因此选用 DN110PVC 管道，考虑到今后农业发展的需要，选用 0.6MPa 管道。

2）渠道输水

（1）设计灌水率。由于项目区面积较小，采用以下公式计算灌水率：

$$q = \frac{\sum \alpha_i m_i}{8.64T} \tag{11-12}$$

式中，q 为灌水率（立方米/秒·万亩）；α_i 为作物种植比例；m_i 为作物需水量；T 为灌水延续天数（7 天）。净灌水率为 0.72 立方米/秒·万亩。

（2）确定渠道的工作制度。规划项目区内灌溉水源来自泵站提取周边河渠的水，输水方式采用渠道进行，灌水方法采用地面灌溉。由于项目区各片面积均比较小，该次规划灌溉渠道只有斗、农两级渠道，在农渠上每隔 50 米设小农门一个。

根据项目区各片区周边地形条件、农田分布、村组界限和地表水情况，规划新修泵站 6 座。

（3）渠道设计流量的推算。轮灌渠道的设计流量的推算方法一般是先根据轮灌组划分情况自上而下逐级分配末级续灌渠道的田间净流量，再自下而上逐级计入输水损失水量，推算各级渠道的设计流量。

每条农渠的田间净流量：

$$Q_{农田净} = A_农 \times q_净 \tag{11-13}$$

式中，$Q_{农田净}$ 为农渠的设计田间净流量（立方米/秒）；$A_农$ 为农渠的灌溉控制面积（万亩）；$q_净$ 为设计灌水率（立方米/秒·万亩），取 0.72。

农渠的净流量：由农渠的田间净流量计入田间损失水量，求得农渠的净流量。

$$Q_{农净} = Q_{农田净}/\eta_田 \tag{11-14}$$

式中，$Q_{农净}$ 为农渠的净流量（立方米/秒）；$\eta_田$ 为田间水利用系数，取 0.95。

得到农渠的净流量之后，根据各级渠道的输水利用系数就可由下而上逐级推

算各级渠道的净流量和毛流量，毛流量即为渠道的设计流量。各级渠道的设计流量计算公式如下。

农渠的设计流量：

$$Q_{农设} = Q_{农净}/\eta_农 \tag{11-15}$$

式中，$Q_{农设}$ 为农渠的设计流量，立方米/秒；$\eta_农$ 为农渠的渠道水利用系数，取 0.95。

斗渠的设计流量：

$$Q_{斗设} = \sum Q_{农设i}/\eta_斗 \tag{11-16}$$

式中，$Q_{斗设}$ 为斗渠的设计流量（立方米/秒）；$\eta_斗$ 为斗渠的渠道水利用系数，取 0.90；i 为每条斗渠下同时灌溉的农渠数量。

渠道的加大流量：续灌渠道应计算加大流量（加大系数 J 取 30%），作为确定渠道断面深度和堤顶高程的依据，轮灌渠道控制面积较小，轮灌组内各条渠道的输水时间和输水流量可以适当调剂，不考虑加大流量。

（4）渠道断面形式。由于项目区面积较小，为节约占地，灌水渠道选用梯形断面。斗渠为 8 厘米厚预制砼板衬砌防渗，板下铺设 15 厘米厚砂砾石排水防冻胀；农渠为 6 厘米厚预制砼板衬砌防渗，板下铺设 15 厘米厚砂砾石排水防冻胀。

（5）渠道横断面的设计。各级渠道过水断面均采用明渠均匀流公式计算：

$$Q = AC\sqrt{Ri} \tag{11-17}$$

$$C = \frac{1}{n}R^{\frac{1}{6}} \tag{11-18}$$

$$R = A/\chi \tag{11-19}$$

式中，Q 为渠道的设计流量（立方米/秒）；A 为渠道过水断面面积（平方米）；R 为水力半径（米）；i 为渠底比降；C 为谢才系数；n 为渠道糙率，取 0.015；χ 为湿周（米）。

针对于梯形断面渠道，各参数计算公式如下：

$$A = (b + mh)h \tag{11-20}$$

$$\chi = b + 2h\sqrt{1 + m^2} \tag{11-21}$$

式中，m 为渠道的边坡系数；b 为渠底宽（米）；h 为断面水深（米）。

渠道设计流速计算公式如下：

$$V = \frac{1}{n}R^{\frac{2}{3}} \times \sqrt{i} \tag{11-22}$$

式中，V 为渠道设计流速（米/秒）；其他符号表示意义同上。

衬砌超高 a_1 与渠堤超高 a：衬砌护面应有一定的超高，以防风浪对渠床的淘刷。衬砌超高指加大水位到衬砌层顶端的垂直距离。渠堤超高指堤顶到加大水位的垂直距离。根据有关参数经验值，设计斗、农渠衬砌超高 a_1 取 $0.10 \sim 0.15$ 米，衬砌体顶端以上土堤超高取 0.10 米，即渠堤超高 a 为 $0.20 \sim 0.25$ 米。

根据渠道的设计流量，分别试算各级渠道的过水断面尺寸，设计渠道的试算流量略高于此数值或不低于 5% 均符合设计要求。此外，渠道设计流速 v 应满足小于不冲流速且大于不淤流速的要求，即：$v_{cd} < v < v_{cs}$。根据灌区水质及渠道的建筑材料选取适当的不冲流速和不淤流速，由于灌溉水质含沙量较小、渠道采用预制混凝土板，取 $v_{cd} = 0.30$ 米/秒，$v_{cs} = 5.00$ 米/秒。

根据轮灌组设计流量计算结果，同时为了方便实施管理，流量相近的同级渠道选取统一流量值进行渠道断面设计。各级渠道横断面设计参数见表 11-1。

表 11-1　梯形支渠横断面水力要素表

项目	底宽/米	水深/米	边坡	衬砌超高/米	渠堤超高/米	过水断面面积平方米	水力半径/米	糙率	谢才系数	流量/（立方米/秒）	流速/（米/秒）
斗渠	0.50	0.50	1.00	0.15	0.20	0.50	0.26	0.02	47.03	0.38	0.76
分斗渠	0.40	0.40	1.00	0.15	0.20	0.32	0.21	0.02	45.31	0.21	0.66
农渠	0.30	0.30	1.00	0.10	0.15	0.18	0.16	0.02	43.19	0.07	0.38

（6）渠道纵断面设计。为保证渠道能够进行自流灌溉，各级渠道在分水点处都应具有足够的水位高程。各分水口的水位控制高程，应根据田块的地面高程，渠道长度、比降和水流过建筑物的水头损失等因素确定。渠道水位计算公式如下：

$$H_0 = A_0 + h + \sum l \cdot i + \sum \varphi \qquad (11\text{-}23)$$

式中，H_0 为渠道进水口处的设计水位（米）；A_0 为控制点的田块高程（米）；h 为渠道设计水位高差，取 0.1 米；l 为渠道长度（米）；i 为渠道比降；φ 为水流通过建筑物的水头损失（米）。

（7）渠道防渗设计。考虑项目区土壤条件，渠道产生渗漏问题，为解决渠道渗漏问题，现采取防渗措施。预制混凝土渠槽与现浇混凝土相比较具有省时、费用低、方便施工等优点，因此本次设计采用的防渗材料为预制混凝土。

11.2.2.4　水泵选型计算

1）井灌区

（1）管道压力计算。灌溉系统管网压力设计水头：

$$H = Z_s + Z_d + h_p + h_f + h_j \qquad (11\text{-}24)$$

式中，H 为系统设计水头（米）；Z_s 为机井动水位，取 31 米；Z_d 为管网控制点的地面高程（米）；h_p 为给水栓的工作压力，取 0.5 米；h_f 为管网的沿程水头损失（米）；h_j 为管网的局部水头损失（米）。

根据 GB/T50085-2007，管道沿程水头损失按照式（11-25）进行计算。局部水头损失按沿程水头损失的 10% 计算。

$$h_f = fLQm/db \qquad (11-25)$$

式中，h_f 为管网的沿程水头损失（米）；f 为管道的沿程阻力系数，PVC 管道取 94 800；Q 为管网的流量（50 立方米/小时）；m 为管道的流量指数，PVC 管道取 1.77；d 为管道的管径，取 110 毫米；b 为管道的管径指数，PVC 管道取 4.77；

干管采用的 DN110mmPVC 管道。系统水头是机井动水位、管网控制点的地面高差、给水栓工作压力、干管水头损失之和。各机井管网干管管道水头损失、灌溉系统需要的扬程计算，见表 11-2 所列。

表 11-2 机井设计扬程计算表

权属	编号	选泵流量/(立方米/小时)	管道长度/米	动水位/米	控制点高程/米	给水栓压力/米	沿程水头损失/米	局部水头损失/米	设计水头/米
大韩庄村片	机井 DHZ-1	50	643.42	31	2.4	0.5	11.35	1.14	46.39
中义心庄片	井 ZYX-1	50	330.15	31	2.6	0.5	5.82	0.58	40.51
	井 ZYX-2	50	229.98	31	3.18	0.5	4.06	0.41	39.14
	井 ZYX-3	50	417.33	31	3.2	0.5	7.36	0.74	42.8
	井 ZYX-4	50	503.01	31	3.15	0.5	8.87	0.89	44.41
	新修机井-1	50	385.89	31	3.18	0.5	6.81	0.68	42.17
	新修机井-2	50	234.6	31	3.15	0.5	4.14	0.41	39.2
潘家洼村片	井 PJW-1	50	235.46	31	2.9	0.5	4.15	0.42	38.97
	井 PJW-2	50	423.36	31	3.2	0.5	7.47	0.75	42.92
	井 PJW-3	50	300.4	31	3.24	0.5	5.3	0.53	40.57
	新修机井-1	50	562.91	31	3	0.5	9.93	0.99	45.42

（2）水泵选型。选用井用潜水电泵，根据系统设计流量 50 立方米/小时，设计扬程在 38.97～46.39 米，根据 QJ 系列井用潜水电泵的流量和扬程分布，考虑到统一采购、方便安装使用等因素，统一选用 250QJ50-60/3 型号井用潜水电泵。

（3）井房。参考地方实际，选定井房尺寸为 3.0×3.0 米，外墙厚度为 240 毫米。井房门为木门，规格为 1000×2100 毫米，无亮子；窗采用塑钢窗，规格为 900×1200 毫米。屋面为 150 毫米厚 C_{20} 现浇钢筋混凝土板。屋面设检修天窗，加混凝土盖。

井房地面为水泥砂浆地面。井房地面由上至下依次为 30 毫米厚 C_{20} 细石混凝土、120 毫米厚 C_{10} 素混凝土垫层、60 毫米厚砾石灌 $M_{2.5}$ 水泥砂浆、素土夯实底层。

2）渠灌区

（1）水泵流量。水泵的选择首先应满足田间系统最大需水量的要求。最大流量为 0.084 立方米/秒，合 302.40 立方米/小时。因此，所选泵站流量应不小于 302.40 立方米/小时。

（2）水泵扬程。水泵扬程是指用"m 水柱"表示的水泵出口压力和入口压力之差。

总扬程计算公式为

$$H = h_w + P + Z \tag{11-26}$$

式中，H 为总扬程（米）；h_w 为总水头损失，它包括沿程损失和局部损失之和（米）；P 为水泵出水口的水位（米）；Z 为水泵进水口的水位（米）。

本次设计中选取 h_w 为 0.5 米。水泵进出口水位差选为 4～6 米，泵型选择单级单吸式离心泵，具体型号和参数见表 11-3。

表 11-3　泵站参数表

型号	流量 /(立方米/小时)	扬程 /米	效率 /%	电机功率 /千瓦	转速 /(转/分)	必需气蚀余量 r/米
IS200-150-250B	346	15	78	30	1450	4.6

（3）泵房。选定泵房尺寸为 3.5×4.75 米，外墙厚度为 240 毫米。泵房门为双扇木门，规格为 1200×2100 毫米，无亮子；窗采用塑钢窗，规格为 900×1200 毫米。屋面为 150 毫米厚 C_{20} 现浇钢筋混凝土板。

泵房地面由上至下依次为水泥砂浆抹面、250 毫米厚 C_{20} 砼地面、50 毫米厚碎石垫层、素土夯实底层。

11.2.2.5　排水工程

排水沟采用明沟自流排水，设斗沟及农沟两级排水沟道，设计新建农沟 42 条，总长 23 025.56 米。

根据当地实际情况选取明沟自流排水。虽然浅层地下水埋藏较浅，考虑到天津市目前水资源紧张的现状，尽量考虑降水入渗。同时机井抽取地下水灌溉，一定程度上可控制浅层地下水的水位，排水设计只考虑排涝，不考虑排渍。各地块中多余地表水通过田块内部平整可以自流排入农沟，再汇集到斗沟，排出项目区。排水标准为十年一遇、一日暴雨两日排出。

1) 排涝模数

根据《灌溉与排水工程设计规范》（GB50288—99）和项目区规划种植作物情况，排水标准为十年一遇一日暴雨两日排出。项目区所在地区十年一遇一日暴雨量为 200 毫米。

排涝模数按下列公式计算：

$$q_w = R/3.6tT \tag{11-27}$$

式中，q 为设计排涝模数（立方米/秒·公顷）；t 为每日排水时数，取 24 天；T 为排水历时，取 2 天；R 为设计径流深（毫米）。

设计径流深 R 的确定按式（11-28）进行计算

$$R = \alpha P \tag{11-28}$$

式中，P 为设计降雨量，取 200 毫米；α 为径流系数，取 0.40。经过计算项目区排涝模数为 0.463 立方米/秒/公顷。

2) 计算排水沟排涝流量

排水沟排涝流量按式（11-29）计算：

$$Q = q \times F \tag{11-29}$$

式中，Q 为计算排涝流量（立方米/秒）；q 为计算排涝模数（立方米/秒·公顷）；F 为排水沟控制的排水面积（公顷）。

通过控制面积计算，排水沟排涝流量见表 11-4。

表 11-4　排水沟流量计算表

片区	编号	控制面积/平方米	长度/米	流量/(立方米/秒)
大孙庄村	新修农沟-1	106 429.12	574.63	0.05
	新修农沟-2	105 518.68	562.64	0.05
	新修农沟-3	104 290.32	553.02	0.05
	新修农沟-4	71 619.84	547.17	0.03
	新修农沟-5	88 848.29	539.29	0.04
	新修农沟-6	113 893.36	527.42	0.05

片区	编号	控制面积/平方米	长度/米	流量/（立方米/秒）
大孙庄村	新修农沟-7	107 456.34	515.12	0.05
	新修农沟-8	36 779.55	217.58	0.02
	新修农沟-9	57 425.96	261.92	0.03
	新修农沟-1	106 427.97	484.74	0.05
	新修农沟-2	44 446.19	381.71	0.02
	新修农沟-3	41 449.56	256.27	0.02
	新修农沟-4	59 879.08	363.76	0.03
大韩庄村	新修农沟-1	97 915.92	554.26	0.05
	新修农沟-2	151 204.55	343.69	0.07
	新修农沟-3	204 955.01	397.69	0.09
	新修农沟-4	90 600.69	320.92	0.04
	新修农沟-5	107 232.58	346.8	0.05
	新修农沟-6	91 838.33	400.08	0.04
中义心庄	新修农沟-1	87 130.48	424.35	0.04
	新修农沟-2	65 716.01	383.72	0.03
	新修农沟-3	89 236.64	1061.26	0.04
	新修农沟-4	68 772.7	459.02	0.03
	新修农沟-5	80 260.05	481.98	0.04
	新修农沟-6	56 419.82	434.08	0.03
潘家洼	新修农沟-1	35 777.23	326.85	0.02
	新修农沟-2	37 614.98	208.25	0.02
	新修农沟-3	19 259.69	187.48	0.01
	新修农沟-4	72 130.71	688.05	0.03
毛家沟	新修农沟-1	42 394.01	311.97	0.02
	新修农沟-2	35 565.89	242.17	0.02
刘家沟	新修农沟-1	70 952.06	560.52	0.03
	新修农沟-2	72 162.44	467.51	0.03
北中塘	新修农沟-1	43 471.98	545.23	0.02
	新修农沟-2	38 811.37	366.85	0.02

排水沟参数见表 11-5。

表 11-5　排水沟参数表

排水沟级别	长度/米	类型	底宽/米	边坡/米	沟深/米	断面土方/立方米	计算土方/立方米
斗沟	7 727.58	新修	0.5	1.25	1.0	0.9375	7 244.61
农沟	15 297.98	新修	0.4	1	0.6	0.6	9 178.79

根据 GB50288-99《灌溉与排水工程设计规范》，排水沟采用梯形断面，排涝流量计算采用明渠均匀流公式：

$$Q = AC\sqrt{Ri} \tag{11-30}$$

式中，Q 为渠道的设计流量（立方米/秒）；A 为渠道过水断面面积（平方米）；R 为水力半径（米）；i 为渠底比降（排水沟取 1/1000）；C 为谢才系数（$C = 1/n \cdot R^{\frac{1}{6}}$），（排水沟取 0.0275）。

根据式（11-30），对设计农沟进行流量校核计算，结果见表 11-6。

表 11-6　农沟流量校核计算

排水沟级别	底宽	水深	边坡	过水断面面积	水力半径	糙率	谢才系数	比降	流量
斗沟	0.500	0.500	1	0.500	0.261	0.0275	29.073	1/2000	0.166
农沟	0.400	0.400	1	0.320	0.209	0.0275	28.012	1/2000	0.092

根据以上计算，农沟设计尺寸能满足设计流量的需要，并留有一定的余地。

11.2.3　田间道工程

田间道是由居民点通往田间作业的主要道路。除用于运输外，还起田间作业供应线的作用，一般设置路宽为 3~4 米。田间道规划设计时，主要考虑以下三个因素。

（1）现状道路情况。为了节约成本，避免不必要的浪费，现有道路中质量较好的，等级较高的，应考虑利用。

（2）田块分割计划。为了规划实施后耕作便利，在项目区内有必要适当新建一些田间道，供正常的农业生产使用。

（3）灌溉渠系构想。一般情况下，路、沟、渠是相邻布置的，在田间道路规划设计中，应尽量与灌排渠系相结合进行规划。

项目区内原有居民点现有道路条件较好，连接项目区与外界的交通支路为硬化路面，而项目区内道路大部分为硬化路，拆旧区拆迁实施后，须将这类道路重新整修，整修为4米宽砼路面。项目区需新建田间道，使道路形成网络，方便交通，这些道路工程都按新建道路计算，采用4米宽泥结碎石路面。整修道路由于已有路基，因此只需在现有道路上直接进行铺筑20厘米碎石路基，在此基础上再铺筑20厘米厚砼路面，路面宽4米，两侧各设置50厘米宽素土路肩。新建道路需要先进行路基夯实，在夯实路基上铺筑20厘米厚碎石路基，在路基上铺筑20厘米厚砼路面，两侧各设置50厘米宽素土路肩。

项目区新修田间道长4967.25米，整修田间道18 501.84米。各条道路工程量及合计情况见表11-7~表11-9。

表 11-7 新修田间道工程量表

素土夯实路基 /平方米	20cm 厚砼路面 /平方米	20cm 厚碎石路基 /平方米	素土夯实路肩/立方米
5.8	4	4	0.5

表 11-8 整修田间道工程量表

20cm 厚砼路面/平方米	20cm 厚碎石路基/平方米	素土夯实路肩/立方米
4	4	0.5

表 11-9 项目区道路表

片区	类型	长度/米
大韩庄片区	新修田间路	2 442.26
	整修田间路	5 301.21
大孙庄村	新修田间路	
	整修田间路	6 663.28
中乂庄村片区	新修田间路	624.66
	整修田间路	2 013.5
潘家洼村片区	新修田间路	314.56
	整修田间路	4 523.85
毛家沟片区	新修田间路	445.19
	整修田间路	
刘家沟片区	新修田间路	740.02
	整修田间路	
北中塘片区	新修田间路	400.56
	整修田间路	

11.2.4 防护林工程

在项目区田间道双侧种植单排国槐作为护路林，国槐胸径 3~5 厘米，株距 2 米，共需植树 23 469 株。

第 5 部分

区域耕地预警技术

12 区域耕地预警技术

本章以北京市房山区为例构建了区域耕地预警技术，在充分考虑区域内的自然资源和灾害因素的空间分布状况的基础上，以保护房山区生态环境为出发点，依据生态安全因素的空间异质性和生态功能单元的内部均质性，为村镇耕地的安全预警结果的有效性分析提供参考标准，也为房山区的土地利用布局提供科学依据。

12.1 村镇耕地资源利用安全预警体系的建立

12.1.1 预警指标体系构建的原则

预警指标体系构建的原则如下：①体现本区的区域特点；②立足现有成熟、稳定的数据源；③可操作性原则；④结果要具有较强的可解释性。

12.1.2 预警指标的选取及获取方法

耕地预警指标体系的构建还需要参考以下三个方面的情况。

（1）房山区耕地资源既受到自然本底因素的影响（如地质地貌因素、土壤质量因素），又有外在压力的干扰（如城镇的扩张、地质灾害和生态污染的危害）。

（2）北京市是一个人地资源极其紧张的地区，须将体现房山区人均耕地资源和人均后备耕地资源两项指标纳入到村镇耕地预警指标体系中。

（3）指标体系应根据研究系统的结构分出层次，由宏观到微观，由抽象到具体，并在此基础上进行指标分析。

村镇耕地预警指标体系见表12-1。

表 12-1 村镇耕地安全预警指标体系

目标层	准则层	指标层	指标说明
耕地安全预警指标体系	自然因素	坡度	耕地的坡度大小
		高程	耕地的海拔高度
		连片性	耕地地块连片性的大小
	城镇扩张因素	中心镇	耕地到中心镇的距离
		一般镇	耕地到一般镇的距离
		道路	耕地到道路的距离
	生态限制因素	泥石流	耕地到泥石流易发区的距离
		滑坡塌陷	耕地到滑坡塌陷易发区的距离
		水土流失	耕地处于何种程度的水土流失区域
		地下水污染	耕地距地下水污染区的距离
		土地沙化区	耕地距土地沙化区的距离
	土壤肥力因素	土壤有效磷含量	单位土壤的有效磷含量
		土壤速效钾含量	单位土壤的速效钾含量
		土壤全氮含量	单位土壤的全氮含量
		土壤有机质含量	单位土壤的有机质含量

12.1.3 预警指标警度参照标准的确立和无量纲化处理

根据房山区的安全状况以及预警标准的分级原则，分为 5 个警报级别，分别为无警、轻警、中警、重警、巨警，并在 0 ~ 100 的取值范围对各级别进行赋值，规定各级别的值域（表 12-2），各指标临界值 $S_1 > S_2 > S_3 > S_4$（$Z_1 < Z_2 < Z_3 < Z_4$）。

表 12-2 预警指标参照标准

警度	无警	轻警	中警	重警	巨警
阈值	[0, 20)	[20, 40)	[40, 60)	[60, 80)	[80, 100]
指标范围	≥S_1（<Z_1）	[S_2, S_1) （[Z_1, Z_2))	[S_3, S_2) （[Z_2, Z_3))	[S_4, S_3) （[Z_3, Z_4))	<S_4（≥Z_4）

在耕地生态安全预警因子确立之后，由于各因子之间量纲的不统一，没有可比性，对因子直接进行使用是不合理的，因此需要对预警因子进行标准化处理，使其处于一个可以比较的范围内。

12.1.4 预警指标警度区间的确定

12.1.4.1 自然因素的警度区间

坡度指标阈值的确定以农用地分等规程中所划分的级别作为参考,根据房山区的地质特点以及预警级别的要求,将原来的6个级别划分为5个级别。其中处于无警状态的耕地坡度≤2度,处于巨警状态的耕地>25度。

房山区是一个地质地貌较为复杂的地区,区域内既有高山,又有平原,根据房山区所固有的特点,并参照农用地定级估价的规程,将无警的耕地高程阈值设为100米,巨警的高程下限设为800米。

耕地斑块连片性的确定根据预警警限划分的均数原则,将连片性指数≥0.8的耕地地块定为无警,<0.2的耕地地块定为巨警。

12.1.4.2 城镇扩张因素警度区间

《北京市基本农田划分标准和潜力研究》中指出,北京市山区建制镇的扩张范围多在200~300米,而依据房山区的实际情况,被占用的耕地有80%处于建设用地周边300米范围内。根据房山区中心镇、一般镇、道路的扩张距离,设定中心镇、一般镇、道路的巨警上限分别为400米、300米和100米。

12.1.4.3 生态限制因素警度区间

泥石流和滑坡塌陷阈值参考有关学者的研究成果(刘希林和张松林,1992;张春山等,2004)。根据房山区地质灾害的实际分布情况,确定房山区耕地的泥石流因素、滑坡塌陷因素的巨警上限都为200米。

房山区水土流失的警度区间根据房山区耕地水土流失的严重程度确定。

房山区的中部和东部污染较为严重,根据房山区地下水污染区、土地沙化区的分布状况,采用预警警限划分的多数原则,设定此两项指标的巨警阈值均为100米。

12.1.4.4 土壤肥力因素警度区间

在参考国内有关学者相关研究成果(张桃林等,1999;齐伟等,2003;吴群等,2004;孔祥斌等,2008)后,根据房山区的土壤肥力特点,确定土壤有效磷含量、土壤速效钾含量、土壤全氮含量、土壤有机质含量无警的下限分别为60毫克/千克、180毫克/千克、1.2克/千克、20克/千克。

12.1.4.5 人地关系因素警度区间

人均耕地面积反映了区域目前耕地的承载量是否超过了安全的标准。在此,

将粮食量 393 千克/人（《中国居民膳食指南》中建议我国人均居民食物消费消
费量）、362 千克/人（1990 年粮食消费水平）作为我国营养推荐水平和温饱水
平下的人均粮食量，并根据房山区 2006 年耕地每亩的粮食产量 447.18 千克/亩
折算出房山区无警和轻警的临界值分别约为 0.9 亩和 0.8 亩。

人均后备耕地面积是反映耕地潜在供给能力的指标。人均后备耕地面积警限
的确定应根据人均耕地面积的不同而异。当人均后备耕地面积≥0.4 亩时，就能
够使大部分村镇的人均耕地面积摆脱警情，因此将人均后备耕地面积≥0.4 亩作
为无警的界限。

按照以上划分标准，各耕地安全预警指标的警度划分区间详见表 12-3。

表 12-3　耕地预警指标警度区间表

目标层	准则层	指标层	单位	无警 [0, 20]	轻警 (20, 40]	中警 (40, 60]	重警 (60, 80]	巨警 (80, 100]
耕地安全预警指标体系	自然因素	坡度	度	≤2	(2, 6]	(6, 15]	(15, 25]	>25
		高程	米	[0, 100]	(100, 300]	(300, 500]	(500, 800]	>800
		连片性	无量纲	≥0.8	[0.6, 0.8)	[0.4, 0.6)	[0.2, 0.4)	<0.2
	城镇扩张因素	中心镇	米	≥1600	[1200, 1600)	[800, 1200)	[400, 800)	<400
		一般镇	米	≥1200	[900, 1200)	[600, 900)	[300, 600)	<300
		道路	米	≥400	[300, 400)	[200, 300)	[100, 200)	<100
	生态限制性因素	泥石流	米	≥800	[600, 800)	[400, 600)	[200, 400)	<200
		滑坡塌陷	米	≥800	[600, 800)	[400, 600)	[200, 400)	<200
		水土流失	无量纲	无水土流失	微度水土流失	轻度水土流失	中度水土流失	重度水土流失
		地下水污染	米	≥400	[300, 400)	[200, 300)	[100, 200)	<100
		土地沙化区	米	≥400	[300, 400)	[200, 300)	[100, 200)	<100
	土壤肥力因素	土壤有效磷含量	毫克/千克	≥60	[40, 60)	[20, 40)	[5, 20)	<5
		土壤速效钾含量	毫克/千克	≥180	[150, 180)	[120, 150)	[90, 120)	<90
		土壤全氮含量	克/千克	≥1.2	[0.9, 1.2)	[0.6, 0.9)	[0.3, 0.6)	<0.3
		土壤有机质含量	克/千克	≥20	[15, 20)	[10, 15)	[5, 10)	<5
	人地关系因素	人均耕地面积	亩/人	≥0.9	[0.8, 0.9)	[0.6, 0.8)	[0.4, 0.6)	<0.4
		人均后备耕地面积	亩/人	≥0.4	[0.3, 0.4)	[0.2, 0.3)	[0.1, 0.2)	<0.1

12.1.5 预警指标权重确定的方法

采用主观赋值法和客观赋值法相结合的方法确定指标权重,在使用层次分析法确定指标权重的基础上,引入主成分分析法进行校核,得到最终的指标权重(表12-4)。

表12-4 村镇耕地安全预警指标权重表

目标层	指标层	权重		
		层次分析法	主成分分析法	最终权重
自然因素	坡度	0.04	0.07	0.05
	高程	0.03	0.07	0.05
	连片性	0.05	0.04	0.04
城镇扩张因素	中心镇	0.1	0.06	0.08
	一般镇	0.08	0.04	0.06
	道路	0.05	0.04	0.05
生态限制性因素	泥石流	0.08	0.06	0.07
	滑坡塌陷	0.08	0.06	0.07
	水土流失	0.07	0.05	0.06
	地下水污染	0.05	0.06	0.06
	土地沙化区	0.05	0.06	0.06
土壤肥力因素	土壤有效磷含量	0.07	0.06	0.06
	土壤速效钾含量	0.05	0.06	0.05
	土壤全氮含量	0.04	0.07	0.06
	土壤有机质含量	0.08	0.07	0.07
人地关系因素	人均耕地面积	0.05	0.07	0.06
	人均后备耕地面积	0.03	0.06	0.05

12.1.6 综合预警模型的构建

根据预警指标标准化处理后得到的分值和层次分析法确定的指标权重,采用目前较为成熟的"效用函数综合评价模型"(朱平,2007)作为综合预警指数的构建方程:

$$P_{i,j} = \sum_{i=1}^{n} W_{i,j} X_{i,j} \tag{12-1}$$

式中，$P_{i,j}$ 为第 j 个耕地斑块参评因子的综合分值；$W_{i,j}$ 为第 j 个斑块第 i 个指标的权重；$X_{i,j}$ 为第 j 个斑块第 i 个指标的分值。

12.2 预警结果分析

12.2.1 单项指标预警结果分析

从各单项指标中各级警情的面积百分比来看，大多数指标处于无警状态的面积最多，且面积比例基本上都超过了 50%。而出现较多警情的指标有土壤肥力因素、人均后备耕地面积和水土流失，其中土壤全氮含量、土壤有机质含量、水土流失以轻警的面积最多，土壤有效磷和速效钾含量以中警的面积最多。人均后备耕地面积的警况非常严重，重警和巨警的比例占到了总面积的 95% 以上。

根据各单项指标警情状况的面积比例分析可得（表 12-5）：①房山区的耕地生态安全状况在大多数的指标中处于无警状态，总体状况良好；②房山区的土壤肥力因素的各级别警情分布较为均匀，出现了许多低级别的警情；③水土流失普遍存在于房山区的耕地中，但警情状况较轻，多处于轻警状态；④人均耕地面积和人均后备耕地面积巨警的面积比较大，这与房山区的人均资源占有量较低有直接的关系。

表 12-5 单项指标各预警级别面积比例 　　　单位:%

预警指标	无警	轻警	中警	重警	巨警
坡度	77.79	10.50	6.21	4.23	1.27
高程	85.57	10.82	1.78	1.03	0.80
连片性	83.98	16.00	0.02	0.00	0.00
中心镇	96.90	0.89	1.11	0.64	0.46
一般镇	58.52	11.79	10.14	10.26	9.29
道路	53.02	11.93	12.90	15.09	7.06
泥石流	98.43	0.50	0.40	0.21	0.46
滑坡塌陷	96.52	2.19	0.79	0.41	0.09
水土流失	0.00	90.21	4.45	5.34	0.00
地下水污染	85.00	0.59	0.56	0.70	13.15

续表

预警指标	无警	轻警	中警	重警	巨警
土地沙化区	93.58	1.08	0.94	1.44	2.96
土壤有效磷含量	1.07	9.25	59.30	30.38	0.00
土壤速效钾含量	13.58	20.68	40.45	21.87	3.42
土壤全氮含量	23.31	51.88	19.99	4.81	0.01
土壤有机质含量	36.55	43.96	19.44	0.05	0.00
人均耕地面积	55.05	7.15	5.30	0.25	32.25
人均后备耕地面积	2.57	0.00	0.69	16.15	80.59

12.2.2 准则层指标预警结果分析

从自然因素、城镇扩张因素、生态限制性因素、土壤肥力因素、人地关系因素五个方面对房山区村镇耕地安全进行预警，通过对五个因素中的子指标进行加权综合后，得到各因素的预警分值。

（1）在自然因素中，耕地基本没有出现重大警情，超过80%的耕地处于无警状态，处于重警和巨警状态下的耕地仅有0.14%。从警情的空间分布上可以看出（图12-1），耕地的集中分布区房山区的东部和南部基本处于无警状态，而出现警情的地区多位于房山区的西北部地区，这是由于房山区西高东低，西部地质地貌复杂，东部地形平缓导致的。

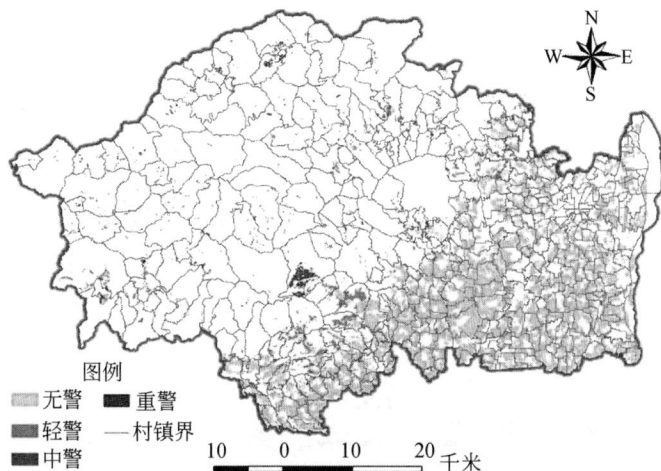

图 12-1 自然因素预警分析图

（2）在城镇扩张因素中，由于大部分耕地都分布在城镇的周边，大部分的耕地都出现了警情，其中处于轻警状态的耕地面积最大，占到了总面积的47.62%，而出现重警和巨警的耕地面积不大，不到总面积的1%。处于轻警和巨警状态的耕地在房山区的中部和南部分布范围比较大（图12-2）。

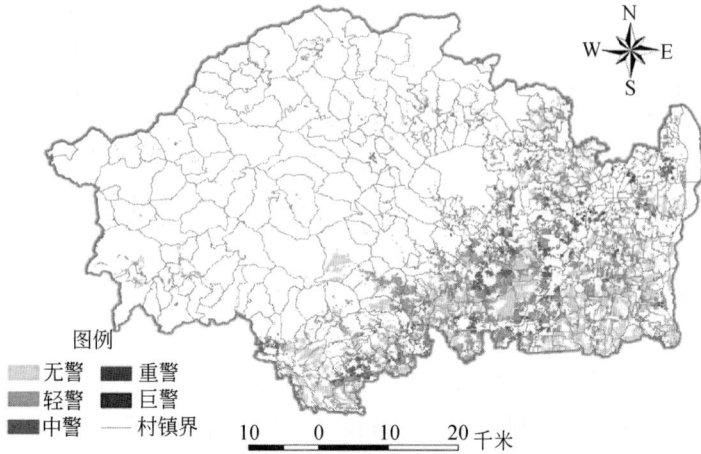

图 12-2 城镇扩张因素预警图

（3）在生态限制性因素中，处于无警状况的耕地面积比例最大，而处于重警和巨警状态的耕地面积为0。从空间分布上看（图12-3），房山区的中部和东南部有较大面积的耕地处于轻警或中警状态，这可能是由于地下水污染区和土地沙化区

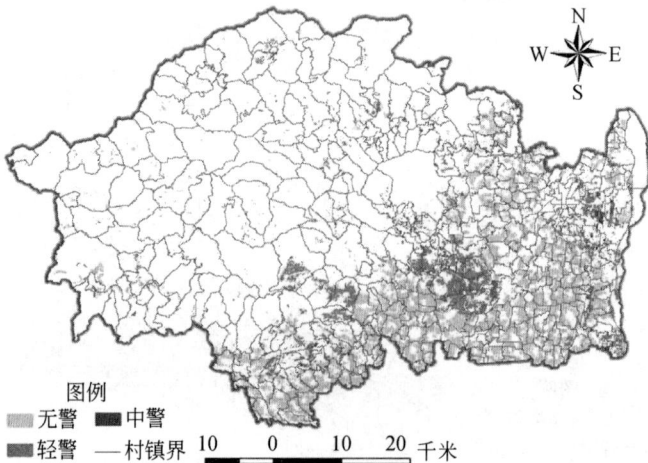

图 12-3 生态限制因素预警图

在此区域分布较多造成的。由于房山区的耕地多集中在东部和南部地区，而地质灾害多分布在房山区的西北部地区，因此由于地质灾害引起的警情面积并不大。

（4）在土壤肥力因素中，处于轻警和中警状态的耕地面积占到了总面积的96.74%，大部分的耕地都出现了警情，但警情状况不是特别严重。从各级别警情的空间分布上可以发现（图12-4），房山区有警的耕地在东部和南部有大面积的分布，而只有东北部的少部分的耕地是处于无警状态的。

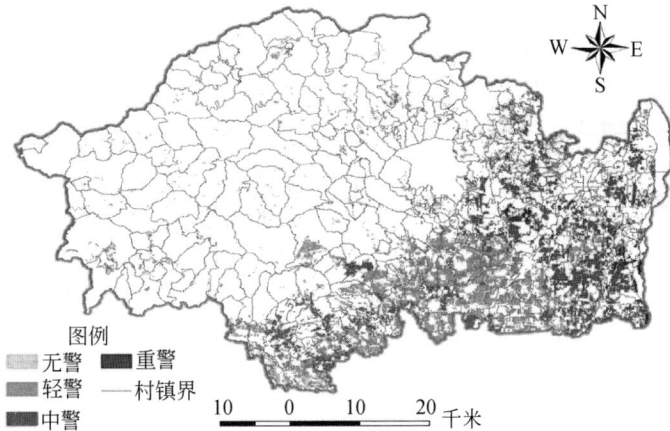

图 12-4　土壤肥力因素预警图

（5）在人地关系因素中，出现了较为重大的警情，巨警的面积占到了总面积的27.88%，而且这类耕地多分布在房山区的人口密集区——中部和东北地区（图12-5）。作为房山区人地资源最为紧张、人地矛盾最为突出的地区，该区域出现重大警情是可想而知的。

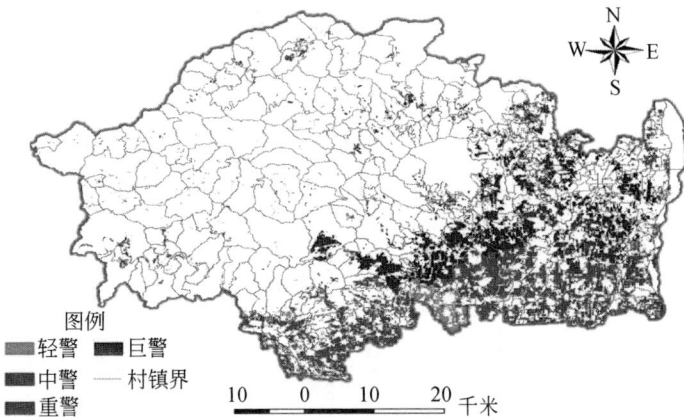

图 12-5　人地关系因素预警图

12.2.3 综合预警结果分析

房山区耕地综合预警结果的判定是在采用效用函数综合评价模型后，得到各地块的综合预警分值，并根据预警的参照标准划分各警度区间，得到的综合预警结果为：房山区的绝大部分村镇的耕地都存在警情，但警情级别较低，有96.8%的耕地处在轻警状态，处于中警状态的耕地占2.76%，处于无警状态的耕地只占总面积的0.44%。从图12-6可以看出，处于轻警状态的耕地在房山区绝大部分地区都有分布，处于中警状态的耕地只是在房山区东北部长阳镇、良乡镇、闫村镇和中部的城关镇分布较多；而处于无警状态的耕地只在琉璃河镇的西南吕村和庄头村分布有少量的分布。

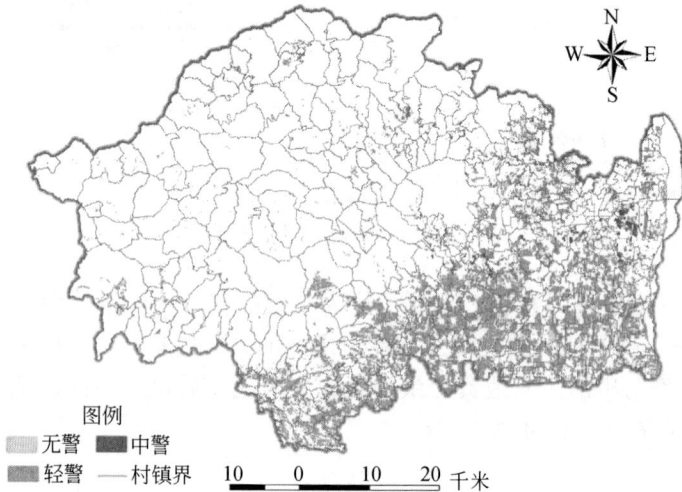

图 12-6 综合预警分析图

第 6 部分

耕地数量质量控制与提升的保障机制

13　耕地利用经济过程分析和耕地保护经济补偿标准测算技术

本章对耕地利用的经济过程以及耕地转为建设用地的经济过程进行分析；分析了耕地不用利用方式条件下的收益情况，对比一般耕地、果园、都市农业等土地利用方式的收益差异；分析了耕地转为建设用地的经济过程及其收益情况；分析耕地转为建设用地的可行性，并最终提出了耕地保护经济补偿标准的测算技术。

13.1　当前耕地资源价值的实现程度分析

耕地资源具有多种价值，这些价值的良好发挥和实现对各方价值主体都具有非常重要的作用和意义。其中，有些价值，如观光休闲价值和部分生产价值可以依靠市场来实现，而耕地的生态价值以及社会承载价值等不能完全依靠市场来实现。耕地保护补偿工作应重点关注未能实现的耕地资源价值。

北京市从 2004 年起对郊区种植小麦、玉米的农户实施种植面积和良种补贴，2008 年的补贴标准为小麦和玉米农资综合补贴标准统一调整为 40 元/亩；小麦种植补贴为 50 元/亩，良种补贴为 20 元/亩；玉米种植补贴为 20 元/亩，良种补贴为 12 元/亩。目前北京市小麦的补贴为 110 元/亩，玉米为 72 元/亩，假设农民以小麦–玉米的轮作方式耕种，每亩地每年可以获得 182 元补贴。此外，从 2008 年起为了更好地发挥农业的生态服务功能，有效治理季节性裸露农田，促进首都环境更加宜居，对北京市农户在耕地内种植的小麦、牧草实行生态补贴政策，小麦 40 元/亩，牧草 35 元/亩（图 13-1）。

可见北京市对于耕地保护的外部效用，粮食安全价值及生态价值已给予农民一定程度的补贴。但目前生态补贴的力度还比较小，并且只针对小麦和牧草两种作物，而在北京市逐渐增加的总人口数和逐渐减少的耕地资源的背景下，耕地资源生态价值最大限度地发挥越发显得重要。所以可以增加对农民的生态补贴，以进一步促进农民增收，最大限度地发挥耕地资源的生态价值。

此外，目前农业的低效益也不能很好地支撑耕地资源社会保障价值的顺利实现，这一功能是生产和生态功能的衍生社会功能，应使农民的土地保障向社会保障转移。近年来，北京市的农村社会保障体系正在逐步地建立和完善，这与耕地保护补偿中的社会保障价值的补偿部分在目的和作用上是重合的。并且，目前北京市已制定了《北京市建设征地补偿安置办法》（市政府148号令），以及《北京市征地补偿费最低保护标准》，对农民的安置补助费用的标准、人员安置等做出了规定。所以，可以认为耕地资源的社会保障价值已经在某种程度上实现，因此就不再就此单独对农民进行补偿，但对农民的耕地保护补偿资金可以以参与农民社会保障的形式发放。

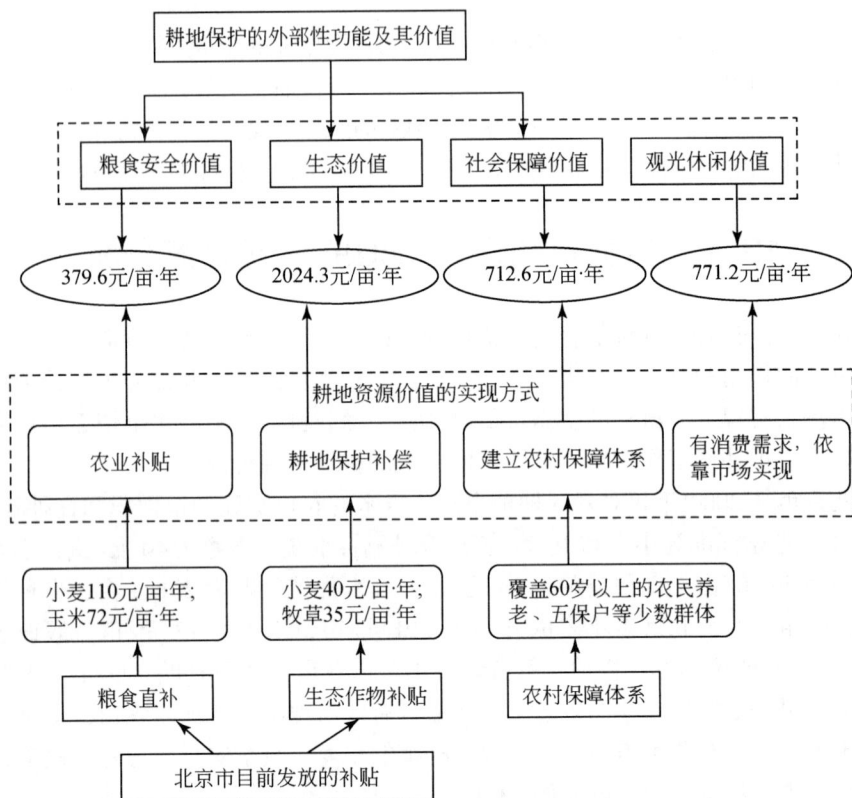

图 13-1　北京市耕地保护补偿体系–外部性补贴

13.2　耕地利用的经济过程分析技术

13.2.1　传统耕地利用的成本收益分析

下面以项目农户调研数据为基础进行测算分析。北京市耕地利用方式主要包括粮食作物（小麦、玉米）、蔬菜等，而西瓜则在部分村镇种植比较多，如大兴庞各庄；油料作物，花生、大豆，以及谷子、高粱等杂粮作物则多因农民自己消费而种植，分布较分散，面积较小。

13.2.1.1 不同作物产品的成本收益分析

从不同作物产品的收益水平来看（表 13-1），蔬菜收益最高，其次为西瓜，粮食收益最低。北京市的粮食收益平均水平为 419.1 元/亩，蔬菜为 2441.4 元/亩，西瓜为 1075.0 元/亩。从调研的结果来看，蔬菜的收益落差非常大，这与蔬菜受市场影响较大有很大关系。从不同作物产品的投入水平来看，粮食投入在近郊和远郊区要高于山区，通州区和房山区的粮食投入最高，亩均收入为 500 多元；蔬菜和西瓜的投入最高，北京市亩平均投入水平为 750~850 元，投入水平较高的区县到 1000 元左右。从不同作物的投入和收益之间的差值大小来看，粮食作物的投入和收益比较接近；蔬菜的差值最大，北京市的蔬菜亩均收益高出亩均投入为 1680.3 元。可见如果农民以获取最大利益的角度来选择种植作物，粮食被选择的可能性较低。

表 13-1 北京市各区县不同作物投入和收益计算表　　单位：元/亩

区县名称	粮食		玉米		小麦		油料		蔬菜		西瓜	
	收益	投入	收益	投入	收益	投入	收益	投入	收益	投入	收益	投入
海淀区	611.4	320.1	413.8	214.7	334.3	197.3		100.0	3562.0	983.0		
大兴区	441.3	458.5	399.0	275.4	231.6	316.9	1066.7	166.7	2224.1	1060.3	1075.0	825.0
通州区	571.6	535.3	424.2	247.9	258.8	298.9						
顺义区	361.9	326.8	393.6	284.0	135.0	251.7	150.0	100.0	3809.5	571.4		
房山区	378.2	519.8	322.6	305.2	193.0	347.3	983.3	133.3	2224.1	1060.3	1075.0	825.0
怀柔区	491.3	323.7	475.7	225.0	216.5	257.5	521.7	116.7	1000.0	291.7		
密云县	374.5	304.1	406.2	285.8	233.3	247.5	632.3	244.9				
平谷区	371.1	218.2	464.1	256.0								
昌平区	296.9	256.9	343.2	237.7	120.0	250.0						
延庆县	293.3	274.6	312.7	277.2			401.7	113.3	1828.6	600.0		
北京市	419.1	353.8	395.5	260.9	215.3	270.9	625.9	139.3	2441.4	761.1	1075.0	825.0

13.2.1.2 不同区县耕地利用成本收益分析

不同区县、不同作物的成本收益[①]差异较大（表 13-2），北京市耕地利用收

---

① 此处成本收益的计算公式为：耕地收益=农户家庭种植的各类农产品总的收益/农户拥有的耕地面积；耕地投入=农户家庭种植的各类农产品总的投入/农户拥有的耕地面积。

益的变化基本呈现近郊、远郊到山区逐渐降低的趋势。大兴、通州、顺义这三个远郊平原区县耕地收益高于房山、怀柔、密云等山区县（平谷区除外），延庆县最低，仅为305.1元/亩。平谷区耕地收益为1203.4元/亩，明显高于其他区县和北京市平均水平。北京市耕地亩均投入水平较高为大兴区、通州区、房山区，分别为614.6元/亩、454.0元/亩、491.1元/亩。

表 13-2　北京市各区县耕地投入收益比较　　　单位：元/亩

区县	耕地收益	耕地投入
海淀区	847.4	404.3
大兴区	945.5	614.6
通州区	582.2	454.0
顺义区	695.8	336.6
房山区	513.2	491.1
怀柔区	508.6	254.6
密云县	451.2	295.2
平谷区	1203.4	447.3
昌平区	404.9	256.9
延庆县	305.1	263.0
北京市	645.7	381.8

13.2.2　耕地利用的新形式——都市农业成本收益分析

13.2.2.1　都市农业投入分析

都市型现代农业作为耕地利用的一种新形式，有广阔的消费市场和巨大的获利空间，因此吸引了农户、农村集体、公司、国有企业等多种来源的投资。然而都市农业不同于传统的耕地利用方式，因为有大量游客参与，相应地就需要配备一定数量的附属设施，如道路、公共厕所、接待、办公、售票处、停车场、仓储库房等，投资强度比较大。

以北京市都市农业用地研究的调研数据为基础，对都市农业的投资收入、利润等情况进行分析（表13-3）。从不同投资主体经营都市农业情况来看，村集体加农户的经营占地规模最大，平均为906亩，其次是公司、国企和事业单位。村集体拥有耕地的实质管理权，将村里大片的机动地或者将农户的耕地集中形成规模较大的都市农业园区，但其投资强度相对较小，亩均投资强度为1万元左右，收入水平也一般；而公司、国企和事业单位，一般属于外来投资者，具有雄厚的资金基础，平均经营规模小于村集体加农户，因建设较多的附属设施而使得亩均投资强度非常大，在 7 万元以上，同时收入水平较高；农户个体的经营规模一般较小，投资强度和亩均收入略大于村集体加农户的经营模式。

表 13-3　北京市都市农业投资和收入分析

经营模式	占地规模/(亩)	投资强度/(万元/亩)	单位面积收入/(元/亩)
农户	27	2	891
村集体加农户	906	1	628
公司	418	7	1 530
国企和事业单位	397	11	2 739

13.2.2.2　都市农业收益分析

以北京市都市农业用地的调研数据为基础进行分析，获得收益数据的 27 个园区样点中，其获益水平因园区的区位、经营状况好坏差别较大。样点园区的平均收益为 2227 元/亩，远远高于传统耕地收益水平。

13.2.3　一般耕地、果园、都市农业的收益对比

一般耕地利用方式，种植粮食作物对农民来说基本不存在种植技术、销售渠道等问题，但收益水平也最低。而蔬菜、西瓜等经济作物会存在这方面的问题，一般农户多采用自己销售的方式，集体运作的较少，即使有也仅覆盖少数农户。

果树对种植技术、产品销售等方面的要求要高于粮食作物，如果经营好，农民的获益水平要高于一般耕地。有效调查问卷显示，果树单位面积收益为 1202 元/亩。

都市农业这种新的耕地利用形式获益水平最高，但其对投资的要求相对高，园区的经营方式、农产品生产的情况等在很大程度上影响到经营者的收益水平。

北京市不同耕地利用方式收益的对比情况如图 13-2 所示。

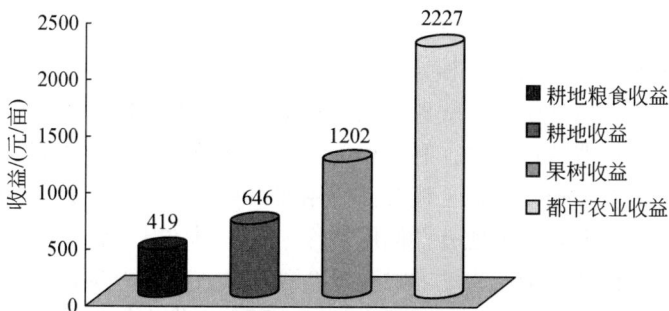

图 13-2　北京市不同耕地利用方式收益对比分析图

13.3　耕地转为建设用地的经济过程及其收益分析

13.3.1　耕地转用过程中的经济过程分析

13.3.1.1　征地过程分析

集体所有农用地被征收为国有土地，转用为国有建设用地的过程中，发生的税费包括土地补偿费、安置补助费、青苗补偿费、附着物补偿费、耕地占用税、耕地开垦费、防洪费、新增建设用地有偿使用费、征地管理费。

1) 征地补偿费

征地过程中，利益相关者包括各级政府、农民集体经济组织和农民。各级政府依托征地单位——北京市国土资源局或者区县国土分局向被征地农民集体经济组织和农民支付土地补偿费，安置补助费；涉及青苗和其他土地附着物的，还应当向所有权人支付青苗补偿费和其他土地附着物补偿费；而征地补偿费则来源于土地出让金，用于失地农民的生产生活。

根据《北京市建设征地补偿安置办法》(北京市人民政府令[2004]第148号)，北京市于2004年7月开始实施征地补偿费最低保护标准，安置办法中征地补偿费含有土地补偿费和安置补助费两项，各乡镇的征地补偿费不得低于征地补偿费最低保护标准。

2) 新增建设用地有偿使用费

新增建设用地土地有偿使用费是指国务院或省级人民政府在批准农用地转用、征用土地时，向取得出让等有偿使用方式的新增建设用地的县、市人民政府收取的平均土地纯收益。申报用地的县、市人民政府根据《新增建设用地有偿使用费缴款通知书》核定的缴款额和缴款时间，填制"一般缴款书"，将土地有偿使用费按规定比例就地缴入中央金库和省级金库。因此，在征收新增建设用地有偿使用费的过程中，利益相关者包括国务院、省级政府和区县政府。

新增建设用地土地有偿使用费30%上缴中央财政，70%上缴北京市财政。上缴中央财政的土地有偿使用费作为中央财政基金预算收入，上缴北京市财政的土地有偿使用费作为地方财政基金预算收入，均专项用于基本农田建设和保护、土地整理、耕地开发，不得平衡财政预算，结余结转使用。

新增建设用地土地有偿使用费收缴工作所需业务费用，分别由中央和地方财政部门在本级基金预算中按缴入本级金库土地有偿使用费金额2%的比例安排。

3）耕地占用税

占用耕地建房或者从事非农业建设的单位或者个人，为耕地占用税的纳税人，向北京市地方税务局缴纳耕地占用税。北京市耕地占用税的平均税额为40元/平方米；经济技术开发区和经济发达且人均耕地特别少的地区，适用税额可以适当提高，但是提高的部分最高不得超过当地适用税额的50%；占用基本农田的，应当在当地适用税额的基础上提高50%。

4）耕地开垦费

经批准的非农业建设占用耕地的区县政府、农村集体经济组织和建设单位，在没有条件开垦或者开垦的耕地不符合要求时，须依照《北京市耕地开垦费收缴和使用管理办法》的规定，持市土地行政主管部门开具的《一般缴款书》，向市财政部门缴纳耕地开垦费。在这过程中，利益相关者包括北京市政府以及经批准的非农业建设占用耕地的区县政府、农村集体经济组织和建设单位。

耕地开垦费必须专款专用，单独核算，专项用于耕地占补平衡的资金投入。主要包括土地开发整理项目的投资（项目支出科目按国土资源部的有关管理办法执行）、宜农后备土地资源的调查和评价费用、土地开发整理专项规划编制研究费用、实施耕地占补平衡所需设备购置、图件、数据库的更新和维护等费用。

5）征地事务管理费

市、区县国土资源部门向征地单位收取征地事务管理费，标准为征地总费用的1.5%。

6）防洪费

凡在本市行政区域内征用土地、划拨土地和通过出让方式取得国有土地使用权（简称批租）新建扩建、改建工程项目以及使用土地从事非农业生产的单位和个人，均须依照本规定缴纳防洪工程建设维护管理费（简称防洪费）。能源、交通等重点项目免缴防洪费。

城近郊区征收的防洪费，全部上缴市财政；远郊区、县征收的防洪费，50%上缴市财政，其余50%由区、县人民政府安排用于本区、县防洪工程的建设和维护管理。上缴市财政的防洪费，由市计划委员会根据防洪费收入和防洪工程需要，统筹安排，市财政局按计划拨款。

综上所述，耕地征用过程中，来源于土地出让金的征地补偿费主要用于补偿被征地的农村集体经济组织和失地农民，青苗和地上附着物补偿费用于补偿青苗和地上附着物的所有者；上缴北京市财政的新增建设用地有偿使用费可以用作耕地和基本农田保护资金使用；上缴北京市财政的耕地开垦费专项用于耕地占补平衡的资金投入。

13.3.1.2　土地一级开发及储备过程分析

土地储备开发项目原则上应达到"七通一平"（即场地外通上水、通下水、通雨水、通电、通热、通气、通路及场地内平整）的开发条件才可纳入区土地储备库进行入市交易，但也可视项目的具体情况，达到"三通一平"（即场地外通电、通上水、通路及场地内平整）以上的开发条件，即可纳入区土地储备库进行入市交易。

北京市国土资源局委托土地开发单位对新征收农用地进行开发，向委托开发单位支付土地开发费或管理费。一级开发企业利润率最高不超过最终审定开发成本的8%，开发储备过程中的管理费用不高于土地储备开发成本的2%。

土地一级开发及储备，是必要的开发配套，达到建设用地要求，国土资源管理部分必须支付的相关开发成本，是实现土地出让的必须环节。这个过程中支付的开发成本和管理费用是土地出让的成本。

13.3.1.3　国有土地使用权出让过程分析

完成一级开发的土地，可以进入土地市场进行交易。北京市国土资源局将国有土地使用权出让给申请使用土地者，向其收取土地出让金；申请使用土地者须缴纳国有土地使用权出让契税。

市国土局会同市发展和改革委员会（简称市发改委）等有关部门确定土地出让价格。申请使用土地者支付国有土地使用权出让金，扣除征地过程、土地一级开发和储备过程中的税费。

申请使用土地者缴纳的国有土地使用权出让契税为出让总额的3%~5%。

国有土地使用权出让总价款全额纳入地方预算，缴入地方国库，实行"收支两条线"。土地出让总价款必须首先按规定足额安排支付土地补偿费、安置补助费、地上附着物和青苗补偿费、拆迁补偿费以及补助被征地农民社会保障所需资金的不足，其余资金应逐步提高用于农业土地开发和农村基础设施建设的比重，以及用于廉租住房建设和完善国有土地使用功能的配套设施建设。土地出让金纯收益的15%以上用于农业土地开发。

在土地出让过程中，形成的土地收益，全额纳入地方预算，其中可以使用土地出让金的15%用于农业土地开发；而在土地出让金中，明显缺少对耕地保护的资金使用以及对区域耕地保护进行转移支付的费用。这种资金的使用分配过程，造成区县不能共享土地收益的部分，造成地方政府建设用地需求高涨，为实施耕地保护政策增加了难度。

耕地转用过程中的收益分配情况如图 13-3 所示。

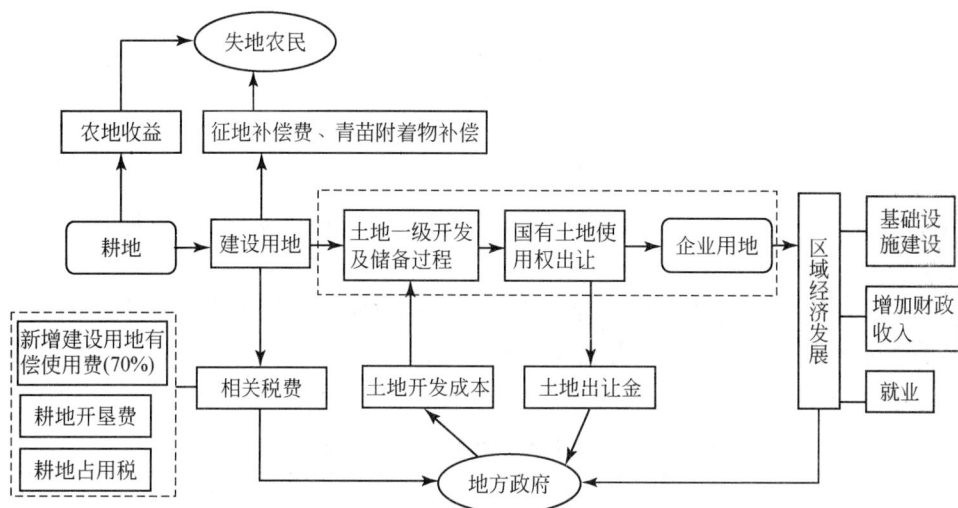

图 13-3　耕地转用过程中的收益分配

13.3.2　耕地转用过程中区县政府的收益分析

土地收益一般可以分为工业用地收益、住宅用地收益和商业用地收益，受区位条件的限制，耕地很少会转用为商业用地，因而，这里不测算商业用地给区县政府带来的直接收益。下面通过测算区县政府出让工业用地和住宅用地的土地纯收益，分析耕地如果转为建设用地能给区县政府带来的收益。

13.3.2.1　耕地转工业用地的政府收益测算

耕地转为工业用地，不仅仅给地方政府带来直接的土地出让收益，还能带来巨大的间接收益，如推动第二、第三产业发展，吸纳就业，增加地方税收等。这里采用不同的方法，分区县估算工业用地的直接收益和间接收益。

1）工业用地直接收益测算

（1）以成本法测算工业用地出让直接纯收益。下面采用成本法，以工业用地出让价格，减去征地、开发和出让过程中发生的成本、税费，得到政府出让工业用地的直接收益。土地净收益计算公式如下：

$$A = P - (C_{征地} + C_{开发} + T + C_{管理}) \tag{13-1}$$

式中，A 为政府土地出让净收益；P 为土地出让总价①；$C_{征地}$ 为征地补偿费②；$C_{开发}$ 为土地开发成本③；T 为从征地到出让的环节中发生的税费④；$C_{管理}$ 为征地到出让的环节中发生的管理费⑤。

根据式（13-1）测算出工业用地出让 50 年的净收益，然后折算到每年得到工业用地出让的年纯收益，折算式（13-2）。

$$a = A \times r \times \frac{(1 + r)^{50}}{(1 + r)^{50} - 1} \tag{13-2}$$

式中，a 为年土地出让纯收益；A 为总土地出让纯收益；r 为土地还原率，取 8%；

计算结果显示（表13-4），各区县政府平均每年因出让工业用地可获得的直接收益差异很大，近郊区县普遍比远郊、山区的要高；其中获益最大的为海淀区，为9258 元/亩·年，最小的为平谷区，为583 元/亩·年。

表13-4 不同区县工业用地土地出让纯收益测算

区县	总出让纯收益/(元/平方米)	年纯收益/(元/平方米)	年纯收益/(元/亩)	区县	总出让纯收益/(元/平方米)	年纯收益/(元/平方米)	年纯收益/(元/亩)
朝阳区	146	12	7 966	昌平区	24	2	1 323
海淀区	170	14	9 258	门头沟区	34	3	1 870
丰台区	170	14	9 245	房山区	17	1	948
石景山区	167	14	9 107	平谷区	11	1	583
大兴区	22	2	1 182	怀柔区	51	4	2 799
顺义区	50	4	2 748	密云县	19	2	1 047
通州区	20	2	1 100	延庆县	21	2	1 143

① 土地出让总价依据《全国工业用地出让价最低标准》（国土资发〔2006〕307 号）进行测算，朝阳区、丰台区、海淀区、石景山区为 720 元/平方米；通州区为 384 元/平方米；大兴区、昌平区、顺义区为 336 元/平方米；门头沟区、房山区为 288 元/平方米；怀柔区为 252 元/平方米；密云县、平谷区、延庆县为 204 元/平方米。

② 根据 2004 年北京市国土资源局《北京市征地补偿费最低保护标准》，取各区县乡镇补偿费最低保护标准的算术平均值代表区县的征地补偿费，其中青苗费和地上附着物的补偿费未计入。

③ 根据北京市开发整理储备项目的土地开发成的样点值进行测算。

④ 征地到出让的环节中发生的税费包括新增建设用地有偿使用费、耕地占用税、耕地开垦费、防洪费、土地出让契税，征收标准见附表1。

⑤ 管理费包括征地事务管理费和出让事务管理费，其中征地事务管理费取征地总费用的 1.5%，出让事务管理费取土地出让总价款的 1.5%。

（2）按毛地价60%征收出让金测算土地出让纯收益。《北京市人民政府关于调整本市出让国有土地使用权基准地价的通知》（京政发［2002］32号）中规定："凡在四环路道路中心线以外地区的，其土地出让金应按毛地价的60%征收。"从北京市耕地资源空间分布来看，耕地都在四环以外，可按照毛地价的60%估算耕地转用为工业用地的过程中政府所获得的土地纯收益。

估算的过程如下：按照2002年北京市各区县楼面毛地价的平均值①，进行期日②修正，再用容积率③转换为地面毛地价。北京市各区县政府2006年征收耕地，以工业用地出让取得的土地出让金为28～337元/平方米。最后通过式（13-2）将50年工业用地出让纯收益还原为每年土地出让纯收益。

计算结果显示（表13-5），通过该方法计算的各区县年土地出让纯收益普遍大于成本法的测算结果。各区县政府平均每年因出让工业用地可获得的直接收益的空间差异与成本法一致。其中获益最大的为朝阳区、海淀区、丰台区和石景山区，为18 372元/亩·年；最小的为平谷区、密云县和延庆县，为1531元/亩·年。

表13-5　2006年工业用地出让金

区县	2002年平均楼面毛地价 /（元/平方米）	2006年平均楼面毛地价 /（元/平方米）	2006年土地出让 纯收益/（元/平方米）	年土地纯收益 /（元/亩）
朝阳区	480	562	337	18 372
海淀区	480	562	337	18 372
丰台区	480	562	337	18 372
石景山区	480	562	337	18 372
大兴区	180	211	126	6 889
顺义区	180	211	126	6 889
通州区	247.5	290	174	9 473
昌平区	180	211	126	6 889
门头沟区	130	152	91	4 976

---

① 朝阳区、丰台区、海淀区、石景山区的楼面毛地价（工业用地）为430～530元/平方米；通州区为195～300元/平方米；大兴区、昌平区和顺义区为135～225元/平方米；门头沟区和房山区为100～160元/平方米；怀柔区为60～100元/平方米；密云县、平谷区和延庆县为20～60元/平方米。

② 中国城市地价动态监测体统公布的北京市地价指数基期为2000年。2002年基准地价修正到2006年，用2006年地价指数除以2002年地价指数，得修正系数为1.17。http://www.landvalue.com.cn/web_public/State_ LandPrice_ Exponent. aspx。

③ 《北京市基准地价表》中工业用地平均容积率为1；《北京市城市建设节约用地标准（试行）》（2008年）规定中心城区外，工业用地容积率为0.8～2.0，此处取容积率为1；容积率修正系数为1。

续表

区县	2002 年平均楼面毛地价 /(元/平方米)	2006 年平均楼面毛地价 /(元/平方米)	2006 年土地出让 纯收益/(元/平方米)	年土地纯收益 /(元/亩)
房山区	130	152	91	4 976
平谷区	40	47	28	1 531
怀柔区	80	94	56	3 062
密云县	40	47	28	1 531
延庆县	40	47	28	1 531

2) 工业用地的间接收益

出让工业用地能够给政府带来一定的收益，但增加地方税收、吸纳就业人口等这些间接收益更大。而实际上，地方政府为了获得巨大的间接收益，往往以极低的价格出让工业用地，甚至是以零地价出让，以吸引工业投资。能够直接增加地方财政收入的，主要是工业用地的间接收益税收这一项。

该部分以北京市 28 个市级和国家级开发区为例，采用 2006 年地均税收反映耕地转为建设用地后给地方政府带来的间接收益。工业用地能够给地方政府带来的间接收益测算结果见表 13-6。可见，仅仅是税收一项，就能给区县政府带来巨大的收益。其中，海淀区最大，为 581 176 元/亩；通州区最小，为 24 486 元/亩。

表 13-6 2006 年各区县开发区地均税收

区县	样本数	最大值 /(元/亩)	最小值 /(元/亩)	平均值 /(元/亩)	区县	样本数	最大值 /(元/亩)	最小值 /(元/亩)	平均值 /(元/亩)
朝阳区	1	26 009	26 009	26 009	昌平区	2	170 187	16 075	93 131
海淀区	1	581 176	581 176	581 176	门头沟	1	307 636	307 636	307 636
丰台区	1	396 414	396 414	396 414	房山区	2	376 345	610	188 478
石景山	1	105 738	105 738	105 738	平谷区	2	101 978	34 299	68 138
大兴区	4	149 543	1 874	58 353	怀柔区	1	65 306	65 306	65 306
顺义区	3	1 049 146	4 546	407 148	密云县	1	92 061	92 061	92 061
通州区	2	48 183	788	24 486	延庆县	2	181 910	55 026	118 468

3) 工业用地收益

由此通过以上两部分的估算，得到工业用地能够给区县政府带来的收益（表

13-7)。其中，对于各区县政府征收耕地，以工业用地出让而获得的土地纯收益，其中直接收益采用成本法测算的结果。

表 13-7 各区县工业用地收益

区县	直接收益/(元/亩)	间接收益/(元/亩)	工业用地收益/(元/亩)	区县	直接收益/(元/亩)	间接收益/(元/亩)	工业用地收益/(元/亩)
朝阳区	7 966	26 009	33 975	昌平区	948	93 131	94 079
海淀区	9 258	581 176	590 434	门头沟区	1 870	307 636	309 506
丰台区	9 245	396 414	405 659	房山区	1 323	188 478	189 801
石景山区	9 107	105 738	114 845	平谷区	583	68 138	68 721
大兴区	1 182	58 353	59 535	怀柔区	2 799	65 306	68 105
顺义区	2 748	407 148	409 896	密云县	1 047	92 061	93 108
通州区	1 100	24 486	25 586	延庆县	1 143	118 468	119 611

13.3.2.2 耕地转住宅用地的政府收益

耕地如果转为住宅用地，能够给区县政府带来直接收益，在此采用两种方法测算耕地转为住宅用地的直接收益。

1）以剩余法和成本法测算住宅用地纯收益

（1）数据来源。每区县搜集房地产项目样本为 3~5 个，全市合计 50 个房地产项目样本，样本空间分布如图 13-4 所示。获取各区县房地产项目位置、总建筑面积、容积率、开盘年份、入住年份、2008 年（或 2006 年、2007 年）楼面均价等[①]信息。

每区县搜集 3~5 个土地整理储备项目，全市合计为 50 个样本，获取土地整理储备项目的面积、征地费、拆迁补偿费和市政配套费用等信息。

（2）计算公式。采用 2008 年（或者 2006 年、2007 年）住房价格，用剩余法测算土地出让价格，再用成本法测算北京市各区县出让住宅用地而获取的土地纯收益。

土地出让收益可表达为

$$A_{地} = P_{地} - C_{征地} - C_{拆迁} - C_{开发} - T - V \tag{13-3}$$

---

① 房地产项目数据资料来源于搜房房地产网 http：//bj. soufun. com/、焦点房地产网 http：// house. focus. cn/和购房者网 http：//house. bj. goufang. com/。

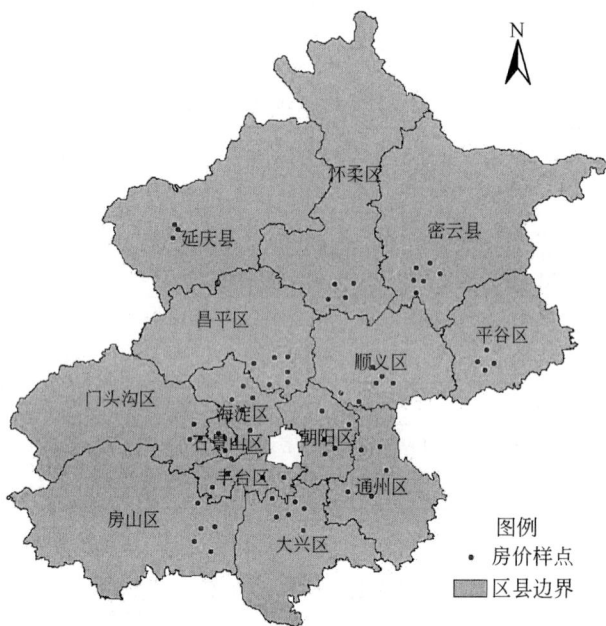

图 13-4 住宅价格样本分布图

式中，$A_{地}$ 为政府土地出让收益；$P_{地}$ 为土地价格；$C_{征地}$ 为征地成本；$C_{开发}$ 为土地开发成本；T 为土地开发、出让过程中的税费，包括新增建设用地有偿使用费、耕地占用税、耕地开垦费、防洪费、管理费、出让契税等①；V 为土地增值。

$$P_{地} = P_{房地} - C_{房} - C_{管} - I - T - C_{销售} - V_1 \qquad (13\text{-}4)$$

式中，$P_{地}$ 为样点的土地价格；$P_{房地}$ 为房地产价格，即样本的楼面房价；$C_{房}$ 为房屋建造成本；$C_{管}$ 为管理费用；$C_{销售}$ 为销售税费，取 8%；I 为房地产开发销售过程中的预付资金的利息；T 为房地产开发销售过程中的税金；V_1 为房地产利润，取房价的 30%。

（3）相关参数。①房屋建安费。2006 年 7 月在北京市建委造价处出版的《北京造价信息》中，公布了两种建筑物——全现浇板式住宅楼和砖混民居楼（经济适用房）的工程造价，全现浇结构板式住宅楼建安工程造价为 1564 元/平方米，混合结构住宅楼建筑成本为 900 元/平方米；北京造价网 2008 年 6 月 19 日整理的 6 个住宅造价案例：四环内全现浇结构塔楼建安费为 1220 元/平方米，

---

① 新增建设用地有偿使用费、耕地占用税、耕地开垦费、防洪费的收取标准，见附表 1；土地出让契税：取出让地价的 3%。

四环外混合结构住宅楼建安费为 815 元/平方米，四环外框剪结构住宅楼建安费为 1871 元/平方米，四环内全现浇结构板式住宅楼建安费为 1383 元/平方米，四环外全现浇结构板式小高层住宅楼建安费为 1360 元/平方米，四环内全现浇结构住宅楼建安费为 1442 元/平方米①。8 个住宅造价案例，去掉最大值和最小值，取平均值为 1312 元/平方米（楼面）。②建筑公共设施配套费，取 10%。③专业费，取建筑物建造成本的 5%。④不可预见费，取前三项费用的 5%。⑤管理费，取前三项费用的 3%。⑥贷款利率，取 7.56%。⑦土地增值率，取 7%。

（4）测算结果。剔除最大值和最小值，计算各个区县的住宅用地的平均土地出让价格（70 年）见表 13-8。各区县土地出让价格的分布基本上符合这样一个规律：近郊区县的土地出让价格最高，其次是大兴区、顺义区和通州区，山区的区县相对较低。

表 13-8　各区县住宅用地平均土地价格　　　单位：元/平方米

区县	样本数	最大值	最小值	平均值	区县	样本数	最大值	最小值	平均值
朝阳区	4	9 046	5 851	7 799	昌平区	4	7 270	937	3 623
海淀区	3	9 561	6 504	7 711	门头沟区	2	3 190	526	1 858
丰台区	3	7 346	3 283	5 661	房山区	5	5 876	163	2 129
石景山区	3	7 812	4 850	5 863	平谷区	3	2 560	1 084	1 586
大兴区	5	9 792	705	3 642	怀柔区	4	1 881	1 296	1 560
顺义区	5	3 601	1 518	2 471	密云县	3	2 609	770	1 438
通州区	5	6 285	1 499	4 034	延庆县	1	1 179	1 179	1 179

根据 50 个征用耕地的土地开发整理储备项目样本，测算出征地补偿费、新增建设用地有偿使用费、耕地占用税、耕地开垦费、开发成本、管理费、出让契税等土地出让的成本费用。剔除最大值和最小值，最后得到每个区县住宅用地平均土地出让成本费用。门头沟区和平谷区没有样本，用山区区县样本的平均值 585 元/平方米替代。

总体上，住宅用地平均土地出让成本费用的分布规律与土地出让价格的规律一致，近郊区县最高，其次是远郊平原的大兴区、通州区和顺义区，山区区县土地出让成本费用最低。

根据土地出让价格与土地出让的费用，计算 70 年住宅用地土地出让纯收益，再修正为每年的土地纯收益。计算结果表明，近郊区县每年的住宅用地出让纯收

---

① 数据资料来源：http://www.bjzj.net/BJCostWeb/Zszb/。

益最高，其中朝阳区的约 23.3 万元/亩；最低的是山区，其中最低的延庆县约为 2.0 万元/亩（表 13-9）。

表 13-9　各区县住宅用地出让纯收益

区县	土地出让总价 /（元/平方米）	土地出让费用 /（元/平方米）	土地出让纯收益 /（元/平方米）	年土地出让纯收益 /（元/亩）
朝阳区	7 799	2 809	4 990	232 967
海淀区	7 711	2 885	4 827	225 351
丰台区	5 661	2 305	3 356	156 692
石景山区	5 863	2 941	2 922	136 438
大兴区	3 642	1 659	1 984	92 613
顺义区	2 471	1 115	1 357	63 340
通州区	4 034	1 929	2 105	98 289
昌平区	3 623	1 829	1 794	83 744
门头沟区	1 858	706	1 152	53 796
房山区	2 129	767	1 363	63 624
平谷区	1 586	706	880	41 071
怀柔区	1 560	653	907	42 328
密云县	1 438	658	780	36 404
延庆县	1 179	745	434	20 249

2）按毛地价的 60% 征收出让金

根据《北京市人民政府关于调整本市出让国有土地使用权基准地价的通知》（京政发 [2002] 32 号）规定，采用基准地价公布的楼面毛地价，估算耕地转用为居住用地的过程中政府获取的土地纯收益。

（1）相关参数。相关参数如下：①北京市基准地价级别与楼面毛地价（住宅用地）。北京市基准地价级别与楼面毛地价（住宅用地）见表 13-10。②容积率。《北京市基准地价表》中住宅用地一至六级的平均容积率为 2，七至十级的平均容积率为 1；《北京市城市建设节约用地标准（试行）》（2008 年）规定住宅用地容积率为 1.6~2.8，此处取容积率为 2。③地价指数。2000~2006 年北京市地价指数见表 13-11。

中国城市地价动态监测体统公布的北京市地价指数基期为 2000 年。2002 年基准地价修正到 2006 年，用 2006 年地价指数除以 2002 年地价指数，得修正系数为 1.20。

表 13-10　北京市基准地价级别与楼面毛地价（住宅用地）表

土地等别	区县范围	楼面毛地价/（元/平方米）
5级	朝阳区、丰台区、海淀区、石景山区	300~680
6级	通州区、大兴区、昌平区、顺义区、门头沟区	150~350
7级	怀柔区、房山区	120~280
8级	密云县、平谷区、延庆县	100~220

表 13-11　2000~2006 年北京市地价指数表

年份	2006	2005	2004	2003	2002	2001	2000
居住用途	126	116	111	107	105	102	100

资料来源：http://www.landvalue.com.cn/web_public/State_LandPrice_Exponent.aspx

（2）计算结果。取楼面毛地价的平均值，并进行容积率、期日修正，用容积率转换为地面毛地价。各区县政府 2006 年征收耕地，以工业用地出让取得的土地出让金为 230~706 元/平方米（表 13-12）。

表 13-12　2006 年住宅用地土地出让金

区县	2002 年平均楼面毛地价/（元/平方米）	2006 年平均地面毛地价/（元/平方米）	2006 年土地出让金/（元/平方米）	年土地纯收益/（元/亩）
朝阳区	490	1 176	706	37 651
海淀区	490	1 176	706	37 651
丰台区	490	1 176	706	37 651
石景山区	490	1 176	706	37 651
大兴区	250	600	360	19 210
顺义区	250	600	360	19 210
通州区	250	600	360	19 210
昌平区	200	480	288	15 368
门头沟区	250	600	360	19 210
房山区	250	600	360	19 210
平谷区	200	480	288	15 368
怀柔区	160	384	230	12 294
密云县	160	384	230	12 294
延庆县	160	384	230	12 294

3）住宅用地的直接收益

各区县政府征收耕地，以住宅用地出让获得的土地纯收益（土地出让金），取剩余法估算的结果。2002 年公布的基准地价相对较低。根据北京市土地整理储备中心公布的 2006 年土地招牌挂交易情况，住宅用地出让总价平均为 5601 元/平方米。

13.4 集体土地流转过程中乡镇府和村集体的收益分析

农村自发开发建设占用农地现象普遍存在，农村居民点用地快速扩增，毁田建房、变相开发的现象日益增多。大量集体土地包括部分耕地以农村建设用地名义进入土地隐形交易市场。其中，工业用地以联营等为名，行转让、出租之实，住宅用地则是通过房屋出租或私自转让进行交易。

将集体耕地出租、转让让给投资者用于经营都市农业，或用于开发，如开发成高尔夫球场、住宅小区、建工业厂房等，都可以为集体经济组织带来一定的经济收入。集体经济组织和乡镇政府一般将农民承包的土地进行返租，按农业用地的租金支付给农民，然后再出租给外来的投资者，也有集体经济组织将未分包给农户的大片集体耕地出租转让出去。下面通过测算都市型现代农业园区的租金和以集体工业厂房出租的情况为基础，分两种情况来分析在集体土地流转中乡镇政府和村民委员会的获益情况。

13.4.1 基于都市型现代农业租金测算耕地流转中的收益

本研究选择都市农业园区调研中的样本，分析村集体获取的租金收益。调研数据显示，都市农业园区租金平均为 513 元/亩·年。规模较大的园区，或者出租时间较长的，收取的租金相对较低。其中，投资主体为公司，园区类型为综合服务型农业的，综合发展种植、观光采摘、休闲娱乐、餐饮住宿，园区占地规模都比较大，最小为 235 亩，最大为 1100 亩；园区租金平均为 552 元/亩·年（表13-13）。

表 13-13　都市型现代农业园区样点说明表

园区编号	用地单位性质	园区类型	占地规模/亩	土地租金/(元/亩·年)
11011502	集体	观光采摘型农业	106	500
11011106	集体	观光采摘型农业	500	200
11011402	集体	综合服务型农业	1 200	700

续表

园区编号	用地单位性质	园区类型	占地规模/亩	土地租金/(元/亩·年)
11011701	个体	精品设施型农业	2	952
11011702	个体	精品设施型农业	7	130
11011303	个体	精品设施型农业	40	3 000
11011508	个体	综合服务型农业	100	300
11011101	公司	观光采摘型农业	23	220
11010906	公司	观光采摘型农业	100	350
11011302	公司	观光采摘型农业	100	500
11011501	公司	综合服务型农业	235	1 000
11011509	公司	综合服务型农业	260	350
B11011309	公司	综合服务型农业	300	1 000
11011304	公司	精品设施型农业	400	500
11010802	公司	综合服务型农业	580	180
11011505	公司	综合服务型农业	600	600
11010901	公司	综合服务型农业	1 000	500
11010903	公司	观光采摘型农业	1 000	100
B11022906	公司	综合服务型农业	1 100	600
11011406	事业单位	观光采摘型农业	500	800

13.4.2 耕地向集体建设用地流转中的获益情况分析

13.4.2.1 数据来源

搜集调查集体厂房出租的数据样本共 69 个，样本空间分布如图 13-5 所示。样本数据内容包括厂房所在区县、位置、建筑总面积、土地面积、出租年份、厂房租金等①。

13.4.2.2 计算方法和公式

以集体厂房出租获得的租金收入调查数据为基础，采用租金剥离法，首先测算集体建设用地的土地纯收益，然后从这部分土地纯收益中除去支付给农户的土

---

① 资料来源：北京厂房信息网 http：//www.bjcfw.cn/；北京厂房网 http：//www.bjcf.cn/；北京厂房出租网 http：//www.dc88.cn/。

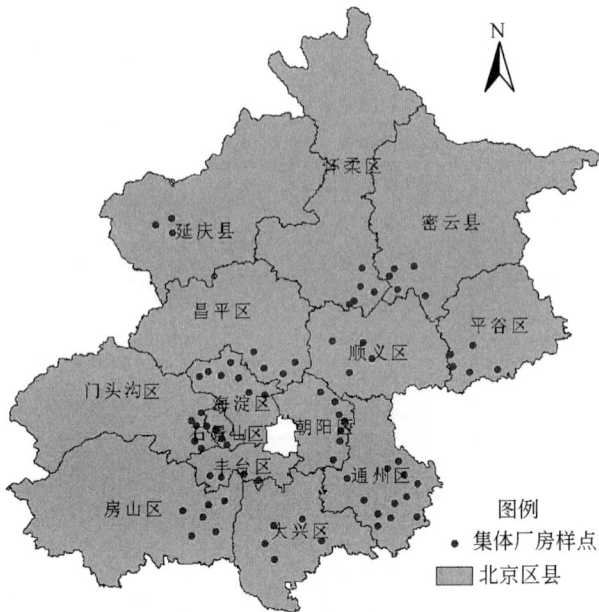

图 13-5 集体厂房出租样点分布图

地租金以及相关管理和维护费用，剩余部分即为耕地向集体建设用地流转中获益情况，也可称为在耕地向集体建设用地流转中村集体和乡镇政府所获得的土地租金部分。计算公式如下：

$$A_{地} = A_{房地} - (A + D + C_{修} + C_{管}) \qquad (13\text{-}5)$$

$$D = \frac{C \times (1 - \gamma)}{n_{耐用}} \qquad (13\text{-}6)$$

式中，$A_{地}$ 为土地租金纯收益；$A_{房地}$ 为厂房租金；A 为集体支付给农民的土地租金[①]；D 为年折旧额；$C_{修}$ 为维修费[②]；$C_{管}$ 为管理费[③]；C 为房屋重置价[④]；γ 为残值

---

① 集体支付给农民的土地租金约为 1000 元/亩。
② 维修费按建筑物造价的 1.5%~2%，此处取 1.5%。
③ 管理费根据 2002 年起实施的《城镇土地估价规程》，以年租金额的 3% 计算。
④ 房屋重置价以房策天下 http：//www.swotbbs.com/ 和北京造价网 http：//www.bjzj.net/BJCostWeb/Zszb/ 中相关数据进行估算，混凝土框架/单层类厂房为 922 元/平方米，混凝土框架/双层类厂房为 1013 元/平方米，轻钢/单层类厂房为 963 元/平方米；钢结构轻型厂房为 934 元/平方米。此处以案例的平均值 958 元/平方米进行估算。

率[①]; $n_{耐用}$ 为房屋耐用年限[②]。

13.4.2.3 测算结果

根据式(13-5)、式(13-6)和参数,计算样本点的土地纯收益。剔除最大值和最小值,耕地向集体建设用地流转中集体和乡镇政府获益的分区县计算结果见表13-14。

表 13-14 耕地向集体建设用地流转中的集体获取收益测算   单位:元/亩

区县	样本数	最大值	最小值	平均值	区县	样本数	最大值	最小值	平均值
朝阳区	5	64 262	5 095	38 839	昌平区	3	8 754	6 318	7 546
海淀区	3	46 275	4 424	19 772	门头沟区	5	5 151	1 608	3 641
丰台区	4	42 790	18 804	29 225	房山区	5	13 705	1 330	9 563
石景山区	7	54 638	369	20 556	平谷区	3	11 283	7 395	9 888
顺义区	5	25 274	3 452	11 953	怀柔区	4	12 531	1 437	6 290
通州区	10	29 850	6 416	14 739	密云县	4	17 910	130	8 040
大兴区	5	26 581	2 813	12 227	延庆县	4	12 038	757	5 919

区位条件和基础设施对工业的发展影响很大,各个区县的工业用地土地租金的差异也很明显,因而不同区县的集体从耕地流转为建设用地中的获益情况也有较大差异,获益水平最高的是朝阳区,为 38 839 元/亩;最低的是门头沟区,为3641 元/亩。

从表 13-15 可知各区县耕地收益(包括农业补贴)为 305 ~ 1203 元/亩。因此,虽然相对于国有建设用地的投入,集体建设用地的投入较小,所获得的土地纯收益也较少,但仍然比耕地的收益要大得多。将集体耕地出租给公司或者其他经营主体,发展都市型现代农业,获得的租金在 130 ~ 3000 元/亩。由此可见,村集体或乡镇政府将耕地转为建设用地,盖厂房出租给企业,从中获取的直接收益是相对高的。

---

① 残值率:根据《中华人民共和国企业所得税暂行条例实施细则》第三十一条第(三)点第 2 款规定,固定资产在计算折旧前,应当估计残值,从固定资产原价中减除,残值比例在原价的 5% 以内。此处残值率定为 5%。

② 耐用年限:根据《企业所得税税前扣除办法》第二十五条规定,除另有规定者外,固定资产计提折旧的最低年限以房屋、建筑物为 20 年。根据国家的有关规定,钢筋混凝土结构住宅的耐用年限为 60 年,砖混结构住宅的耐用年限为 50 年。此处,耐用年限取 50 年。

13.5 耕地保护补偿标准测算技术

下面依据调研数据在对农户不同耕地利用方式下（包括林果业、农业观光园、设施农业等）的收益以及耕地流转为集体建设用地村集体和乡镇政府的收益进行了测算。综合考虑不同利用方式的可实现程度和村集体、乡镇政府获取耕地流转收益的风险程度，认为需要对农户在基本农田限制林果业发展和耕地限制农业观光园的发展的收益损失进行适当补偿。此外，为了减少基层违法用地现象的发生，应该适当考虑给予基层政府一定的耕地保护经济补偿。

13.5.1 根据农民、集体和乡镇耕地保护收益损失测算补偿标准

13.5.1.1 基于果树收益与粮食作物收益差值的补偿标准测算（简称补偿标准1）

因基本农田保护区内限制将耕地转作果园或挖鱼塘，假设农户损失的收益水平为果园这种利用方式的获利水平。根据调研，大多数的农户仍选择种植粮食作物，粮食作物占农户家庭农作物总播种面积的比例，北京市平均为73.1%。所以假设基本农田保护区内的农户耕地利用现状为粮食作物。测算结果为：农民因保护耕地的收益损失水平为783元/亩·年。

13.5.1.2 基于农业观光园收益与耕地平均收益差值的补偿标准测算（简称补偿标准2）

农业观光园获益水平较高，但其需要配备一定的附属设施用地，如停车场、办公用地、观光道路等，有些需要硬化，对耕地的生产功能造成一定影响。因此在耕地和基本农田上发展农业观光园受严格限制，集中连片的基本农田重点保护区域严格禁止发展农业观光园，农民在一定程度上损失了获取相对高收益的机会。所以，考虑以此为基础对农民因保护耕地而给予其一定的经济补偿。测算结果为：农民因保护耕地的收益损失水平为3154元/亩·年。

13.5.1.3 基于集体和乡镇政府耕地保护收益损失的补偿标准测算（简称补偿标准3）

将集体耕地出租、转让给投资者用于经营农业观光园，或用于开发，如开发成住宅小区、建工业厂房等，都可以为集体经济组织带来一定的经济收入。以集体

工业厂房出租的收益情况为基础①，测算集体建设用地与耕地收益的差值。测算结果为：集体经济组织和乡镇政府因保护耕地的收益损失水平为 13 511 元/亩·年。

13.5.1.4 小结

对北京市耕地保护经济补偿标准的测算结果，进行汇总（表 13-15）。从补偿标准 1 到补偿标准 3，补偿标准的金额逐渐增高。但补偿标准 2 在实际中对于整个农民群体来说不能完全实现，这受到较多因素的限制。发展农业观光园的农民只是其中的部分群体，农业观光园的获益水平在很大程度上受到耕地所在区位、经营者管理水平等影响；所以，根据补偿标准 2 对耕地进行普遍性的补偿有些欠妥。发展林果业对于农民来说则相对容易实现，以补偿标准 1 来作为农民因耕地保护而造成的收益损失更合理。补偿标准 3 测算的是集体建设用地收益和耕地收益的差值，按这个标准对村集体和乡镇政府进行补偿，补偿面积应为北京市规划期内可能违法转用为工业用地的基本农田面积。由于耕地区位的限制，并不是所有耕地都能转为建设用地并能够给基层政府带来收益，所以对于北京市域内耕地进行敏感度分析，来测算可能违法转用为工业用地并同时能够带来较好收益的耕地面积，北京市规划期内可能违法转用为工业用地的基本农田面积为 2.87万亩。但国家对于耕地转用为建设用地已有严格的限制，且对违法用地的监察力度越来越大，因此在未来年份将耕地转变为集体建设用地流入隐形市场的可能性会降低。村集体和乡镇政府在未来年份可以实现的这部分收益总额与当年违法用地的累积总量紧密相关，而这个数量无法准确估计；所以未考虑根据补偿标准 3来确定北京市耕地保护经济补偿标准。

表 13-15　耕地保护经济补偿标准测算汇总表　单位：元/亩·年

序号	限制收益水平	允许收益水平	两者之差	理论测算基础
补偿标准 1	果树收益	粮食收益	783	基本农田的利用限制－限制发展林果业
	1 202	419		
补偿标准 2	农业观光园收益	耕地平均收益	3 154	耕地利用限制－限制发展农业观光园
	3 800	646		
补偿标准 3	集体建设用地收益	耕地平均收益	13 511	集体建设用地收益与耕地收益的差值
	14 157	646		

---

① 工业厂房租金等数据来源：北京厂房信息网 http：//www. bjcfw. cn/、北京厂房网 http：//www. bjcf. cn/、北京厂房出租网 http：//www. dc88. cn/等。

13.5.2 根据北京市国土资源局启动资金限制来确定补偿标准

目前北京市国土资源局可以用于耕地保护经济补偿的资金，2004～2008 年用于农业土地开发的土地出让金共为 19.1 亿元，2006～2008 年新增建设用地有偿使用费上缴地方财政的部分为 25.5 亿元，资金合计为 44.6 亿元①，可以作为北京市耕地保护经济补偿项目的启动资金。

将启动资金的 10% 作为北京市国土资源局的资金储备，以备未来政策实施年份出现特殊情况时使用。假设政策实施的初步阶段为 3 年，则年均可使用的补偿资金约为 13.4 亿元。如果重点保护集中连片的基本农田（含后备基本农田），补偿标准为 838 元/亩·年；如果重点保护基本农田（含后备基本农田），补偿标准为 447 元/亩·年；如果按照 2008 年现状耕地面积进行全面保护，补偿标准为 386 元/亩·年；如果按照 2020 年规划的耕地保有量进行全面保护，补偿标准为 419 元/亩·年（表 13-16）。

表 13-16　根据北京市国土资源局启动资金限制的补偿标准测算结果

补偿方案	补偿面积/万亩	补偿资金/亿元	补偿标准/(元/亩·年)
重点保护集中连片的基本农田（含后备基本农田）	160	13.4	838
重点保护基本农田（含后备基本农田）	300	13.4	447
全面保护（2008 年现状耕地面积）	347.53	13.4	386
全面保护（2020 年规划耕地保有量）	320	13.4	419

13.5.3 北京市耕地保护经济补偿标准的最终确定

（1）根据经济的可行性，在政策实施的初期可以以果树收益和粮食收益的差值 783 元值 783 元/亩·年的一定比例进行补偿。

（2）根据北京市国土资源局启动资金限制测算的补偿标准，如果全面补偿，补偿标准为 400 元/亩·年左右；如果重点补偿基本农田 300 万亩（含后备基本农田），补偿标准为 450 元/亩·年左右。

（3）参考实地调研中农民对耕地补偿标准的期望，相当比例的农民对耕地

———————
① 数据来源：北京市国土资源局。

补偿标准的期望在 100 元/亩·年以上。

（4）参考城市居民对耕地补偿标准的看法，城市居民认为耕地补偿标准也应该在 100 元/亩·年以上。

（5）参考其他地区的标准。成都市的耕地补偿标准为：基本农田 400 元/亩·年；一般耕地 300 元/亩·年。

耕地保护补偿标准的确定既要考虑基层及农户收益损失，又要考虑耕地保护补偿资金的持续发放。综合考虑最终确定北京市耕地保护经济补偿的标准为一般耕地 350 元亩·年，基本农田 450 元亩·年。

13.5.4　耕地保护经济补偿标准分区调整建议

1）分区的依据和原则

（1）发挥优势，保护优质耕地的原则。因地制宜地确定耕地在空间上的配置比例和重点区域。将现有耕地资源富足、种植业优势比较突出的平原区县城市重点发展区域以外的耕地作为重点保护对象，设立永久性的基本农田保护区标志，以保证北京市稀缺的优质耕地资源的不至丧失。

（2）集中与分散相结合原则。在自然和社会经济的综合作用下，耕地在时间、空间上都处于动态变化之中。耕地多分布于东南大平原，土壤以潮土为主，耕性好、土层厚、地势平坦、集中连片、水肥充足、产出能力高，是耕地中的保护重点。同时，对于深山、浅山区及北京市中心城周边的区县，也应从区域人民的生存保障和生态环境需求入手，在不对生态环境造成不良影响的前提下，适当保留现有条件较好的耕地，做到耕地的大集中与小分散相结合。实现经济效益、社会效益和生态效益的最佳结合。

（3）与城市规划衔接的原则。与《北京城市总体规划（2004—2020 年）》相协调，将耕地利用与保护和生态建设有机结合，将保护耕地的生产功能与北京市建设"宜居城市"的目标相结合。

（4）综合分析和可持续发展的原则。要在系统分析各区域自然、社会经济条件和生态适宜性的基础上，采用先进技术手段，使耕地布局达到最佳综合效果。耕地布局不仅要考虑种植业在空间上的科学分布，还应考虑其对未来生产力布局、土地利用方式的永续性乃至后代生存发展权的影响。

2）分区经济补偿标准的确定方法

将北京市划分为近郊基本农田保护区、远郊基本农田保护区、山区基本农田保护区，以农民为补偿对象来确定补偿标准，补偿内容包含两部分：农民耕地保护外部性补贴和农民耕地保护机会成本损失补偿。分区补偿标准的确定原则为：山区基本农田保护区耕地保护外部性补贴最高，远郊其次，近郊最低；近郊基本农田保护区农民耕地保护机会成本损失补偿最高，远郊其次，山区最低。表 13-17 为依据分区补偿标准的确定原则制定的补偿调整系数。

表 13-17 耕地保护补偿分区调整系数表

分区	外部性补贴调整系数	机会成本损失补偿调整系数
近郊基本农田保护区	1.0 ~ 1.1	0.90 ~ 1.00
远郊基本农田保护区	1.1 ~ 1.2	0.85 ~ 0.90
山区基本农田保护区	1.2 ~ 1.3	0.80 ~ 0.85

14 耕地保护补偿资金需求测算技术和资金分配技术

本章旨在构建耕地保护补偿资金需求测算技术和资金分配技术，以北京市为例，分别按照高补偿标准方案（无资金约束且补偿对象为所有耕地利益相关者，方案1）、低补偿标准方案（最低资金约束且补偿对象为农民，方案2）和中补偿标准方案（中等资金约束且补偿对象为农民和村集体，方案3）对耕地补偿资金需求和资金分配进行了测算。

14.1 耕地保护补偿资金的需求测算

14.1.1 高补偿标准方案：无资金约束+补偿对象为所有耕地利益相关者

13.3小节和13.4小节中已测算出地方政府耕地保护的收益损失补偿，即单位耕地面积的补偿额度；但由于发展机会的限制，并不是所有耕地都能转为建设用地，并带来如此高的收益。因此，对于不同利益主体的补偿数量应以潜在的耕地转用量为基础。

14.1.1.1 高补偿标准方案确定的思路

无资金约束，补偿对象为所有耕地利益相关者，即补偿对象为区县政府、乡镇政府和农民。高补偿标准方案的耕地保护经济补偿资金主要包括两部分：一部分是区县政府和乡镇政府的耕地保护的收益总损失补偿；另一部分是农民耕地保护的补偿总资金。

14.1.1.2 测算的前提条件

区县和乡镇政府是地方土地利用的管理者，负有上级分配的耕地和基本农田保护的责任，而土地往往会是地方政府借以发展地方经济、增加地方财政的主要手段。目前基层政府因趋利行而导致违法占用耕地的现象越来越多，土地执法力度需加大。但为了更好地让基层政府执行耕地保护任务，提高政府进行耕地保护的积极主动性，需要适当考虑他们正常的财政收入的需求，对耕地保护工作进行一定的经济补偿，同时进一步严格土地执法，对违法违规占用耕地行为进行严惩，加大他们的违法成本。

14.1.1.3　高补偿标准方案所需资金测算

1）区县政府和乡镇政府耕地保护补偿总资金测算

根据工业用地、住宅用地、集体工业用地与耕地的收益之差，以及基于基本农田敏感度评价估算出来的 2020 年可能发生耕地转用为建设用地的基本农田面积数，估算出 2020 年各个区县的耕地保护的收益损失总额（表 14-1）。结果表明，2020 年各个区县进行耕地保护的收益损失总额为 243.4 亿元。而要提高区县政府、乡镇政府和村集体保护耕地的积极性，需要对他们的损失进行一定补偿。

表 14-1　2020 年区县和乡镇政府保护耕地的收益损失总额

区县	2020 年可能成为开发区的耕地面积/亩	工业用地与耕地收益差/（万元/亩）	2020 年可能成为住宅用地的耕地面积/万亩	住宅用地与耕地收益差/（万元/亩）	2020 年可能成为工业用地的耕地面积/亩	集体工业用地与耕地收益差/（万元/亩）	收益损失/亿元
朝阳区	4 975	3.3	4.2	23.2	295	3.8	100.4
海淀区	3 426	59.0	1.2	22.5	4 802	1.9	47.2
丰台区	1 477	40.5	0.6	15.6	2 073	2.9	15.4
石景山区	0	11.4	0.0	13.6	0	2.0	0.0
大兴区	1 502	5.9	0.7	9.2	2 727	1.1	7.2
顺义区	2 061	40.9	0.5	6.3	2 836	1.4	11.9
通州区	2 391	2.5	2.5	9.7	5 083	1.1	25.7
昌平区	2 702	9.4	2.3	8.3	1 704	0.7	21.7
门头沟区	390	30.9	0.0	5.3	103	0.3	1.4
房山区	2 274	18.9	0.3	6.3	4 621	0.9	6.9
平谷区	865	6.8	0.4	4.0	2 165	0.9	2.6
怀柔区	0	6.8	0.0	4.2	0	0.6	0.0
密云县	216	9.3	0.2	3.6	707	0.8	0.9
延庆县	816	11.9	0.5	2.0	1 622	0.6	2.1
合计	23 095		13.4		28 738		243.5

2）农民耕地保护补偿总资金

根据 2020 年规划确定的基本农田保有量 300 万亩，扣除可能转用为建设用地的基本农田面积数，还有 281.3 万亩的基本农田保持耕地的利用方式，其总的耕地资源价值为 95.8 亿元。这部分耕地价值应当得到补偿（表 14-2）。

表 14-2　农民的耕地保护补偿资金的需求测算表

区县	2020 年规划基本农田面积/万亩	2020 年农民补偿的基本农田面积数/万亩	耕地资源价值/（元/亩）	2020 年农民耕地保护补偿资金/亿元
朝阳区	4.9	0.1	2 846.7	0.0
海淀区	2.7	0.7	2 506.7	0.2
丰台区	1.5	0.6	2 506.7	0.1
石景山区	0	0.0	0.0	0.0
大兴区	54.5	53.4	4 026.7	21.5
顺义区	41.8	40.8	4 800.0	19.6
通州区	45.2	41.9	3 706.7	15.5
昌平区	16.1	13.4	2 440.0	3.3
门头沟区	1.7	1.6	2 493.3	0.4
房山区	33.8	32.8	2 780.0	9.1
平谷区	15.3	14.5	3 840.0	5.6
怀柔区	13.1	13.1	2 666.7	3.5
密云县	30.4	30.1	2 446.7	7.4
延庆县	39.1	38.3	2 506.7	9.6
合计	300.1	281.3		95.8

3）高补偿标准方案耕地保护补偿资金总需求

在高补偿标准方案中，对区县政府、乡镇政府、村集体和农民这些利益相关者都进行耕地保护的经济补偿，总资金需求为 339.1 亿元（表 14-3）。所有补偿资金分摊到 300 万亩的基本农田上，每亩需要补偿 11 300 元。

表 14-3　高补偿方案补偿资金总需求表　　　　　　　单位：亿元

区县	2020 年各利益主体收益损失	2020 年农民耕地保护补偿资金	总的耕地保护补偿资金
朝阳区	100.4	0.0	100.4

续表

区县	2020 年各利益主体收益损失	2020 年农民耕地保护补偿资金	总的耕地保护补偿资金
海淀区	47.2	0.2	47.4
丰台区	15.4	0.1	15.5
石景山区	0.0	0.0	0.0
大兴区	7.2	21.5	28.7
顺义区	11.9	19.6	31.5
通州区	25.7	15.5	41.2
昌平区	21.7	3.3	25.0
门头沟区	1.4	0.4	1.8
房山区	6.9	9.1	16.0
平谷区	2.6	5.6	8.1
怀柔区	0.0	3.5	3.5
密云县	0.9	7.4	8.3
延庆县	2.1	9.6	11.7
合计	243.4	95.8	339.1

14.1.1.4 耕地保护补偿资金的分配

在进行耕地保护过程中，主要涉及区县政府、乡镇政府、村集体和农户等相关利益主体。区县政府是本区域内耕地保护的主要责任者，乡镇政府和村集体是本辖区内耕地保护的二级管理者和责任者，而农民是耕地保护的直接贡献者，这些利益相关者的行为对本辖区内耕地和基本农田保有量任务的完成都有着非常重要的影响和作用。

因此，可以尝试按照以下比例来实现耕地保护基金在区县政府、乡镇和村级政府和农户之间的分配：区县政府30%、乡镇及村30%、农户40%。

14.1.2 中补偿标准方案：中等资金约束+补偿对象为农民和村集体

14.1.2.1 方案确定的思路和原则

由于高补偿标准的方案补偿对象设定为所有的利益相关者，但区县政府和乡镇政府本身作为公共管理者负有保护耕地的职责和义务，所以在资金受到约束的情况下，暂不考虑对其进行耕地保护方面的补偿。

农民是耕地保护的微观个体，对其进行耕地保护的补偿是必然的。村集体作为耕地所有权的拥有者，也是需要补偿的对象。所以在中等资金约束的情况下，补偿对象设定为农民和村集体。

中等补偿标准方案的资金来源设定为新增建设用地有偿使用费和一定比例的土地出让金。

14.1.2.2　中等补偿标准方案的资金需求测算

根据《北京市 2007 年至 2010 年土地供应中期计划》，在 2007～2010 年土地供应总量中，基础设施用地为 10 700 公顷；工矿仓储用地为 4400 公顷；科技、教育、文化、卫生、体育和行政办公用地为 1400 公顷；住宅用地为 6400 公顷；商业服务用地为 1300 公顷。基础设施用地、工矿仓储用地、住宅用地的供地比例为 50∶20∶30。

由于受区位条件的限制，耕地大部分转为基础设施用地、工矿仓储用地、住宅用地，而很少转为科技、教育、文化、卫生、体育和行政办公用地与商业服务用地。假设 2006～2020 年，北京市新增建设占用耕地大部分转为基础设施用地、工矿仓储用地、住宅用地，而且供地比例仍然为 5∶2∶3。由此，可以估算出 2006～2020 年，北京市可以征收 2359.61 亿元的出让金，平均每年为 157.31 亿元（表 14-4）。

表 14-4　2006～2020 年北京市征收土地出让金

区县	2006～2020 年新增建设占用农地 /万亩	工业用地出让收益 /(万元/亩)	住宅用地出让收益 /(万元/亩)	2006～2020 年土地出让金 /亿元	年均土地出让收益 /亿元
朝阳区	3.33	9.75	332.81	338.97	22.60
海淀区	3.93	11.33	321.93	388.46	25.90
丰台区	2.81	11.31	223.85	195.06	13.00
石景山区	2.90	11.14	194.91	176.03	11.74
大兴区	7.98	1.45	132.30	319.04	21.27
顺义区	6.79	3.36	90.49	188.89	12.59
通州区	7.59	1.35	140.41	321.76	21.45
昌平区	5.27	1.16	119.63	190.36	12.69
门头沟区	0.83	2.29	76.85	19.52	1.30

续表

区县	2006~2020年新增建设占用农地/万亩	工业用地出让收益/(万元/亩)	住宅用地出让收益/(万元/亩)	2006~2020年土地出让金/亿元	年均土地出让收益/亿元
房山区	4.15	1.62	90.89	114.50	7.63
平谷区	1.81	0.71	58.67	32.12	2.14
怀柔区	1.96	3.42	60.47	36.90	2.46
密云县	1.86	1.28	52.01	29.50	1.97
延庆县	0.95	1.40	28.93	8.51	0.57
合计	52.16			2 359.62	157.31

本方案按照2006~2020年北京市征收的新增建设用地有偿使用费（242.87亿元）与土地出让金的9%（212.37亿元）进行补偿，耕地保护补偿资金总共为455.24亿元，平均每年为30.35亿元（表14-5），基本农田补偿为1000元/亩·年。

表14-5 中低补偿方案资金测算表　　　　单位：亿元

区县	2006~2020年新增建设用地有偿使用费	2006~2020年土地出让金	2006~2020年出让金的9%	2006~2020年补偿总金额	年均补偿金额
朝阳区	26.64	338.97	30.51	57.15	3.81
海淀区	31.44	388.46	34.96	66.40	4.43
丰台区	22.48	195.06	17.56	40.04	2.67
石景山区	23.2	176.03	15.84	39.04	2.60
大兴区	29.79	319.04	28.71	58.50	3.90
顺义区	25.35	188.89	17.00	42.35	2.82
通州区	32.39	321.76	28.96	61.35	4.09
昌平区	19.68	190.36	17.13	36.81	2.45
门头沟区	2.66	19.52	1.76	4.42	0.29
房山区	13.28	114.50	10.31	23.59	1.57
平谷区	4.1	32.12	2.89	6.99	0.47
怀柔区	5.49	36.90	3.32	8.81	0.59
密云县	4.22	29.50	2.65	6.87	0.46
延庆县	2.15	8.51	0.77	2.92	0.19
合计	242.87	2 359.61	212.37	455.24	30.35

14.1.3 低补偿标准方案：最低资金约束+补偿对象为农民

14.1.3.1 方案确定的思路和原则

耕地保护补偿资金受到一定的约束，可能来源为新增建设用地使用费以及部分土地出让金。本书仅以新增建设用地使用费作为耕地保护补偿资金的最低资金约束来确定低补偿标准方案。

农民是耕地的直接利用者，是耕地保护外部效益的生产者，对国家粮食安全和区域的生态安全有至关重要的作用。而且目前农民的耕地收益较低，所以耕地保护补偿在最低资金约束的情况下，补偿对象毋庸置疑地应该确定为农民。

14.1.3.2 低补偿标准方案的资金测算

首先估算出 2006～2020 年北京市征收的新增建设用地土地有偿使用费为 242.87 亿元，每年纳入北京市财政的有 11.33 亿元。见表 14-6。根据《2006—2020 年北京市土地利用总体规划》，2020 年北京市基本农田 300 万亩（含后备基本农田），北京市每年可以支付的补偿资金为 11.33 亿元，基本农田的最低标准为 378 元/亩·年。

表 14-6　最低补偿方案资金测算表

区县	2006～2020 年新增建设占用农用地/万亩	新增建设用地有偿使用费标准/(元/平方米)	2006～2020 年新增建设用地有偿使用费/亿元	年均新增建设用地有偿使用费/亿元	北京市年均新增建设用地有偿使用费/亿元
朝阳区	3.33	120	26.64	1.78	1.24
海淀区	3.93	120	31.44	2.10	1.47
丰台区	2.81	120	22.48	1.50	1.05
石景山区	2.9	120	23.20	1.55	1.08
大兴区	7.98	56	29.79	1.99	1.39
顺义区	6.79	56	25.35	1.69	1.18
通州区	7.59	64	32.39	2.16	1.51
昌平区	5.27	56	19.68	1.31	0.92
门头沟区	0.83	48	2.66	0.18	0.12
房山区	4.15	48	13.28	0.89	0.62
平谷区	1.81	34	4.10	0.27	0.19

区县	2006~2020年新增建设占用农用地/万亩	新增建设用地有偿使用费标准/(元/平方米)	2006~2020年新增建设用地有偿使用费/亿元	年均新增建设用地有偿使用费/亿元	北京市年均新增建设用地有偿使用费/亿元
怀柔区	1.96	42	5.49	0.37	0.26
密云县	1.86	34	4.22	0.28	0.20
延庆县	0.95	34	2.15	0.14	0.10
合计	52.16		242.87	16.21	11.33

14.2 方案对比分析

分别将不同耕地保护经济补偿标准的方案进行对比分析。

方案1的补偿标准最高，为11 300元/亩·年，总资金每年需要339.3亿元，耕地的各利益相关者都可以获取到基本符合他们需求的耕地保护补偿资金。此方案适用于区域经济发展的高水平阶段，资金来源非常充足的情况。

方案2的补偿标准介于方案1和方案3之间，为1000元/亩·年，总资金每年需要30.35亿元，补偿对象为农民和村集体。此方案适用于区域已有一定的资金基础并且将来资金来源也相对较多的阶段。

方案3的补偿标准最低，为378元/亩·年，总资金每年需要11.3亿元，补偿对象仅为农民。这个方案适用于耕地保护经济补偿的初期资金受到一定限制的时期。

综上所述，北京市目前在土地出让金和新增建设用地有偿使用费等这些可能用于耕地保护补偿的资金已有一定的资金积淀，但也并未达到可以基本满足各方利益相关者的需求，所以建议北京市目前选择方案3的补偿标准来实施耕地保护经济补偿。

15 都市型现代农业用地及其附属设施用地控制技术

本章以北京市为例,以都市型现代农业用地调研为基础,构建了都市型现代农业用地及其附属设施用地的控制技术,提出了都市型现代农业用地的类型划分方法,界定了不同都市型现代农业用地的附属设施用地性质;提出了基于耕地保护的都市型现代农业用地的控制技术体系,在土地质量评价的基础上提出了都市型现代农业用地的空间分区标准;提出了北京市都市型现代农业用地规模及其附属设施用地控制的标准。

15.1 都市型现代农业用地在土地利用与管理中存在的问题

发展都市型现代农业,从发挥耕地生产功能、生态功能和生活功能的角度出发,需要增加相关附属设施用地。而由于缺乏相关研究,都市农业用地的概念、类型划分等模糊不清,都市型现代农业用地利用规模与附属设施用地比例缺乏相应的控制标准,导致在发展过程中,很多项目在无序、失控的状态下发展,在促进区域农村增收的同时,也为北京市的耕地利用与保护产生了不利影响。

1) 都市型现代农业园区中所需附属设施用地缺乏统一的标准

虽然都市型现代农业的定位已明确,但其管理和实施的细则还没有规范。由于大量的园区建设是近些年涌现的,而许多项目需要配套建设一些附属设施,如办公用地、道路、公共厕所、仓库等,但附属设施用地的比例却没有一个明确的规定和依据,只是有些区县在审批项目时参照绿化隔离带可以有 3% ~ 5% 的建设用地指标的规定。

由于缺乏统一的指标规定,一些投资商出于对利润的追求,希望多建些休闲娱乐、餐饮、客房、会议等设施,出现了投资商在耕地上大肆进行建设,将耕地变为建设用地的倾向严重,从而造成本末倒置,有违都市型现代农业发展的初衷。

2) 现有某些园区附属设施用地比例过高

建设附属设施是为了促进都市型现代农业项目的良好运转和发展,是项目必要和必需的设施需求，如园区内需合理配备小公共厕所、道路等，但附属设施比例应控制在一定的范围内。实际调研中发现，很多开发项目存在附属设施用地比例偏高的问题。附属设施用地比例大于7%的样本数占总样本数的32.86%，附属设施用地比例大于12%的为14.29%，甚至个别项目超出30%（表15-1）。而这些附属设施比例高的园区多是修建了垂钓园、跑马场、餐厅娱乐以及会议度假等附属设施，还有进一步扩大附属设施用地比例的趋势。显然，在耕地和园地上建设过高的附属设施用地，已经改变了耕地的农业用地形态，已经转变为建设用地。

表 15-1　调查样本附属设施比例分析表

附属设施比例范围	≤3%	3%~5%	5%~7%	7%~12%	>12%	总和
样本个数/个	19	18	10	13	10	70
所占比例/%	27.14	25.71	14.29	18.57	14.29	100

注：3%~5%表示>3%且≤5%，以此类推

3) 都市农业用地附属设施建筑形态不符合耕地保护的要求

在调查中发现，很多都市农业项目在发展过程中，不仅附属设施用地比例过高，而且很多附属设施已经进行了硬化，这种硬化已经破坏了耕地的耕作土层，破坏了耕地的生产能力，要进行恢复已经很难。

对调查样本进行分析发现（表15-2），有44.29%的都市农业用地项目对其附属设施进行了硬化，硬化的附属设施包括道路、办公用地、停车场等，这严重破坏了耕地的生产能力，不符合耕地保护的要求。

表 15-2　附属设施硬化状况

硬化设施面积占总设施面积比/%	0~5	5~20	20~50	50~70	70~90	90~100	100
样本数/个	3	1	5	12	7	11	31
样本数所占比例/%	4.29	1.43	7.14	17.14	10.00	15.71	44.29

注：0~5表示>0且≤5%，以此类推

附属设施用地存在的问题主要表现在：①道路过宽，过度硬化现象严重。很多园区主路大多在6米左右，支路在4米左右，甚至1~2米的生产路也都硬化了。②园区的停车场多采用了硬化的做法。③公共厕所的建设追求高档，建设标准类同于市区内的公共厕所。

4) 占用耕地和基本农田搞"非农建设"问题

有些项目特别是度假村，在没有申请办理转用建设用地审批手续的情况下，

大行"非农"建设，将大量的耕地和基本农田转变为"建设用地"。这与种植项目中种植用地的利用现状形成鲜明的对比。

　　5）都市型现代农业园区附属设施用地审批程序有待完善

　　目前，都市农业缺乏全国性或地区性的统一技术标准（仅天津市出台了《天津市设施农业用地管理暂行办法》），其中对都市农业项目用地管理涉及的用地规模、建设布局、集约节约、空间结构是否合理等方面，都缺乏明确的制度、标准或规范。

　　都市农业项目的审批是由农委负责，而各级国土部门由于缺乏相关用地规模控制和标准的研究，缺乏对这类项目附属设施用地的比例标准和利用要求，没有对都市农业用地进行审批，造成区县国土部门缺乏相应项目审批依据。

15.2　都市型现代农业用地类型及其附属设施用地类型的划分技术

15.2.1　都市型现代农业用地类型的划分

15.2.1.1　都市型现代农业用地与都市型现代农业的关系

　　都市型现代农业的内涵决定了都市型现代农业用地的内容，即涵盖到现有土地利用分类系统中的用地类型，都市型现代农业用地是都市型现代农业的资源载体，土地的自然条件，如坡度、土壤类型等影响和制约着都市型现代农业的发展。

　　都市型现代农业用地功能与都市型现代农业的功能存在一致性，都市型现代农业用地的附属设施用地控制条件影响和制约着都市型现代农业的发展类型和模式。

15.2.1.2　都市型现代农业用地的类型划分

　　都市型现代农业的发展模式影响了都市型现代农业用地的利用状况及其附属设施用地的类型和用地规模。以都市型现代农业类型的用地需求为依据，对都市型现代农业用地用地类型划分。京政农发［2005］66号文《指导意见》，在第三部分"都市型现代农业的发展布局和主要模式"中，划分的都市型现代农业类型有景观农业、会展农业、高科技示范园、旅游休闲观光园区、精品农业园区、农产品交易市场、配送中心、产品农业、加工农业、特色唯一性农产品培育、山区民俗游和生态旅游 12 种。

我们认为都市型现代农业用地可划分为 6 种类型，具体描述如下（表 15-3）。

表 15-3   都市型现代农业用地类型、都市型现代农业类型的对照关系

都市型现代农业用地类型	都市型现代农业类型
生态景观农业用地	大田种植农业
设施精品农业用地	精品农业园区、产品农业、特色唯一性农产品培育
观光采摘农业用地	高科技示范园、旅游休闲观光园区
综合服务农业用地	高科技示范园、旅游休闲观光园区
休闲度假农业用地	休闲度假农业
民俗生态农业用地①	山区民俗游和生态游
建设用地②	景观农业、会展农业、农产品交易市场、配送中心、加工农业

①民俗生态农业用地，依托农村居民点发展

②建设用地不属于本课题研究内容，但为了和《指导意见》中的 12 种都市现代农业对应，而在此作为一类列出

（1）生态景观农业用地，指在经济快速发展的影响下，其粮食等农产品生产功能得到弱化，而其生态功能和景观功能得到体现且强化的种植农业用地；包括大田种植农业和景观农业。

（2）设施精品农业用地，指采取了较为先进的技术和设备设施，知识、技术和资本较为密集，科研要素投入逐步加大，主要培育果蔬、花卉、反季节和有机农产品等的种植农业和示范农业用地。设施精品农业用地发展农业类型为产品型农业，农业利用种植业为主体，其附属设施包括大棚、温室、小规模的仓储加工和临建等附属设施用地；包括精品农业园区、产品农业、特色唯一性农产品培育。

（3）观光采摘农业用地，指通过吸引游客进行观光、休闲、采摘等参与农业生产的活动方式，来实现土地的生产功能和生态功能，农业生产功能是这类用地的主要功能和形式。为了满足参与式休闲的需要，附属设施用地包括厕所、餐厅、停车场、观光、休闲、接待等建设用地类型；包括高科技示范园和旅游休闲观光园区。

（4）综合服务农业用地，指通过吸引游客进行观光、休闲、住宿等参与农业生产的活动方式，来实现土地的生产功能和生态功能，农业生产功能是这类用地的主要功能和形式。为了满足参与式休闲的需要，附属设施用地不仅包括厕所、餐厅、停车场、观光、休闲、接待等建设用地类型，还包括会议、小规模的住宿等建设用地类型；包括高科技示范园和旅游休闲观光园区。

（5）休闲度假农业用地，指满足都市人群对土地生态、景观功能的需要，

通过提供餐饮、会议、娱乐休闲等休闲度假服务设施，发挥土地的生产功能。休闲度假农业用地以土地生态功能为主导，建设用地成为园区的主导用地类型，在整体用地性质上已经属于建设用地。

(6) 民俗生态农业用地，主要围绕名、优、特等农产品，依托乡村农家乐、民俗游而开展，多为旅游性质的观光采摘和体验农业；包括山区民俗游和生态游(《指导意见》)。

(7) 建设用地类型。对于首都都市型现代农业发展提出的景观农业、会展农业、农产品交易市场、配送中心、加工农业等都市型现代农业发展类型用地界定为建设用地类型。此类用地类型不是本项目研究内容，但为了和《指导意见》中的 12 种都市型现代农业对应，而在此作为一类列出。

15.2.2 都市型现代农业附属设施的内容和用地性质

15.2.2.1 都市型现代农业附属设施用地的内容

不同类型都市型现代农业有着不同的附属设施用地要求。例如，设施精品农业用地除需要耕地作为主体满足生产功能需要外，还需要增加温室、大棚、耳房等附属设施用地，以满足设施农业发展高新技术和大量资金投入的需要；观光采摘农业用地的主体农用地类型是果园，为了满足生产和人类观光的需要，除要求水渠、道路等生产设施用地外，还要配备停车场、观光、休闲、餐厅等建设用地形态的附属设施用地。依据都市型现代农业用地类型划分的特征，确定了都市型现代农业的具体附属设施内容，见表 15-4。

表 15-4   都市型现代农业附属设施内容

用地类型	附属设施内容
生态景观农业用地	灌渠、排水渠、生产道路和田间道路、防风林、田坎等
设施精品农业用地	道路、公共厕所、内部住宿、仓储库房、耳房、温室、大棚等
观光采摘农业用地	道路、公共厕所、办公、内部住宿、仓储库房、接待售票处、沟渠、停车场等
综合服务农业用地	道路、公共厕所、办公、内部住宿、仓储库房、接待售票处、沟渠水面、停车场、餐饮卖场设施、娱乐休闲等
休闲度假农业用地	道路、公共厕所、办公、内部住宿、仓储库房、接待售票处、沟渠水面、停车场、餐饮卖场设施、娱乐休闲、会议等
民俗生态农业用地	道路、河渠、公共厕所、其他附属设施借助农村居民点等建设用地

15.2.2.2 都市型现代农业用地及其附属设施用地性质界定

按照附属设施用地是否破坏耕作层、是否为永久性建筑，将都市型现代农业用地分为两大部分：农业生产用地和附属配套设施用地，附属配套设施用地又分为农用地配套设施用地和建设用地配套设施用地（表 15-5）。

表 15-5　都市型现代农业用地及其附属设用地的性质

都市农业用地的性质	农业生产用地		直接用于种植、养殖、提供初级农副产品的土地	包括直接用于经营性养殖的畜禽舍、种植大棚或水产养殖舍、农科试验基地、排灌渠、机耕路和园区内宽度小于 2 米的田间道路道路等
	附属配套设施用地	附属农用地设施	直接服务于农业生产的田间道路、地面未固化的建筑（构筑）物等附属设施用地	宽度>2 米（含 2 米）并<4 米的田间道路用地；依附于大棚、温室且单体占地面积不超过 15 平方米、高度<3 米的简易看护房、耳房、农机具、厕所等仓储用地。其他的非永久构筑物、未破坏耕作层的都市农业附属设施用地；砖钢结构的日光温室
		附属设施建设用地	用于农产品加工、交易、研发及餐饮、住宿、会议等配套设施用地	宽度>4 米（含 4 米）的硬化道路用地；地表固化，单体占地面积超过 15 平方米（含 15 平方米）且高度>3 米的建筑（构筑物）；钢架大棚等地标固化的设施用地

另外，出于耕地保护的考虑，对温室大棚用地应区别对待，原则上农业生产用地中只允许最原始的种植大棚；对于砖钢结构的日光温室，原则上不划入农业生产用地范围，而计入附属农用地的范围；不鼓励在都市型现代农业园区内修建钢架大棚等地表固化的设施用地，如果有，建议计入附属建设用地范围。

15.3　都市型现代农业用地分区控制技术

15.3.1　基于耕地数量、质量、形态的保护功能区划分

15.3.1.1　耕地保护功能区的划分原则

1）重点保护基本农田的原则

一方面，充分利用现有的耕地资源和生态资源优势，大力发展都市型现代农

业，在依托发展第一产业的基础上，大力发展第二、第三产业，增加农业的附加值，为实现增收服务；另一方面，也要重点保护好基本农田，重点保护基本农田还应划定外围缓冲区来达到保护优质耕地的目的。

2）市域内合理布局原则——分散与集中

北京市耕地多分布于东南大平原上，土壤以潮土为主，耕性好、土层厚、地势平坦、集中连片、水肥充足、产出能力高，是耕地中的保护重点。同时，对于深山、浅山区及北京中心城周边的区县，也应从区域农民的生存保障和生态环境需求入手，在不对生态环境造成不良影响的前提下，适当保留现有条件较好的耕地，做到耕地的大集中与小分散相结合。因此，首都都市型现代农业用地耕地空间分区要合理布局。

3）与土地利用规划衔接的原则

要与北京市土地利用规划的相关耕地规划相衔接，来划分空间分区。

4）综合分析和可持续发展的原则

要在系统分析各区域自然、社会经济条件和生态适宜性的基础上，采用计算机和地理信息技术等手段，使空间布局达到最佳综合效果。

15.3.2 基于观光休闲农业的土地质量评价及空间分区

基于观光休闲农业的土地质量评价指标包括土壤质量指标、地形地貌指标、景观指标和土壤健康指标。本研究按照确定的各指标的权重，对土地质量进行评价，土地质量指数范围为 [69.168，93.841]，并用土地质量指数进行土地质量的表征，指数越高说明土地质量越好，并得到了北京市土地质量指数空间分布图（图 15-1）。由图 15-1 可以看出，土地质量较好的地区相对集中在南部和东南部平原地区以及延庆盆地，而西部和北部山地丘陵地区土地质量则相对较差。

观光休闲农业用地的发展首先建立在耕地质量的基础上，为了便于空间管制实施的可行性，将土地质量指数从行政村单元汇总到乡镇单元上，乡镇单元的土地质量指数取其行政村单元的平均值，并按照 (0，75]、(75，85]、(85，90]、(90，100] 进行划分，得到乡镇土地质量的分级，并划定了基于耕地保护的观光休闲农业用地控制分区，分别是鼓励发展区、允许发展区、严格控制区和禁止发展区（图 15-2）。

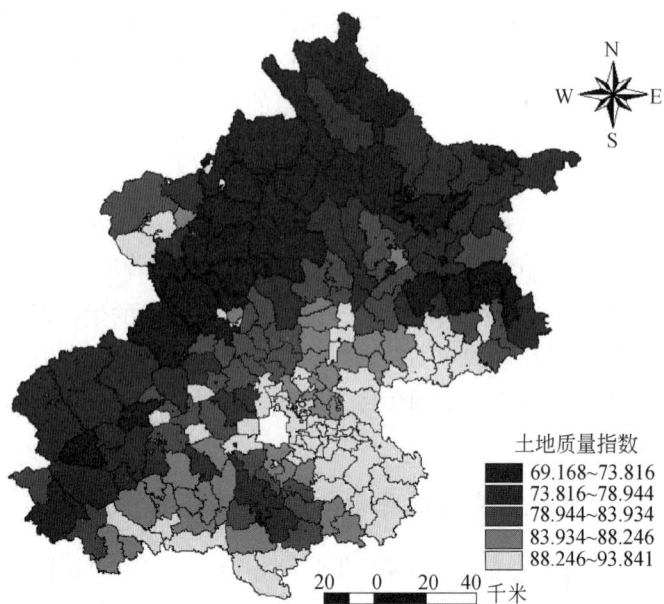

图 15-1 北京市土地质量指数分布图

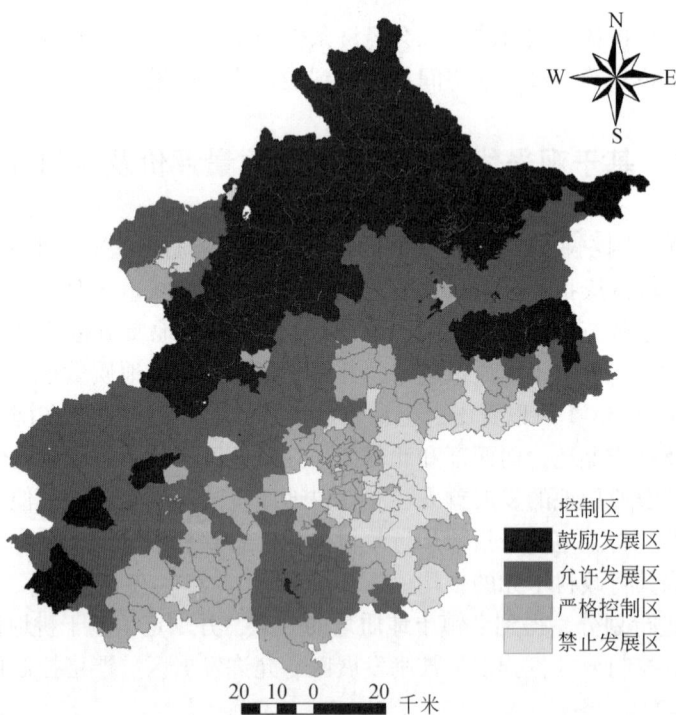

图 15-2 北京市基于耕地保护的观光休闲农业用地控制分区图

15.3.3 都市型现代农业用地的耕地空间分区

都市型现代农业用地的耕地空间分区立足于耕地保护。都市型现代农业发展的资源载体是耕地，为了保护和维持都市型现代农业的第一生产性，必须让都市型现代农业用地依然保持农用地的形态，尤其是耕地。如果耕地形态得到了破坏，则都市型现代农业也失去了载体。因此，对都市型现代农业用地进行分区，应该基于耕地保护，保护好耕地，也就是保护好了都市型现代农业的发展空间。

15.3.3.1 核心区

结合北京市土地利用总体规划中北京市耕地空间布局、耕地保护专题耕地空间布局，基于耕地的数量、质量，重点保护优质耕地、基本农田，确定了耕地保护空间分区核心区。

15.3.3.2 缓冲区

结合《北京市农村工作委员会关于加快发展都市型现代农业的指导意见》（京政农发［2005］66 号）提出五个圈层中的近郊农业发展圈、远郊平原农业发展圈，在首都都市型现代农业用地耕地功能空间分区的核心区的基础上，确定了不同区域核心区分别做 5 千米和 10 千米的缓冲区。《指导意见》提出的都市农业发展圈以景观农业和会展农业（《意见》划分类型）为主，主要是四个城区和部分城近郊区，重点发展城市绿地、园林景观、楼宇居室美化以及农产品展示交易等，其用地性质多为建设用地。综合以上，本研究确定了首都都市型现代农业用地耕地空间分区缓冲区。

15.3.3.3 廊道区

都市型现代农业区别于过去传统农业的一个重要特征就是人的参与程度比较高。依据景观生态学原理，道路、河流作为一种廊道和连接不同斑块之间的介质，其作用是打破内部生境，为外界干预提供了通道。在都市型现代农业发展过程中，道路在提高人参与程度方面起到最大的作用。依据北京市的主要干道，包括六环、国道、高速等，以 1500 米作为缓冲距离，确定了首都都市型现代农业用地耕地空间分区廊道区。

15.3.3.4 都市型现代农业用地耕地空间分区

综合以上所述，确定了首都都市型现代农业用地耕地空间分区（图 15-3），并做出了划分，包括核心区、缓冲区、一般区和廊道区。

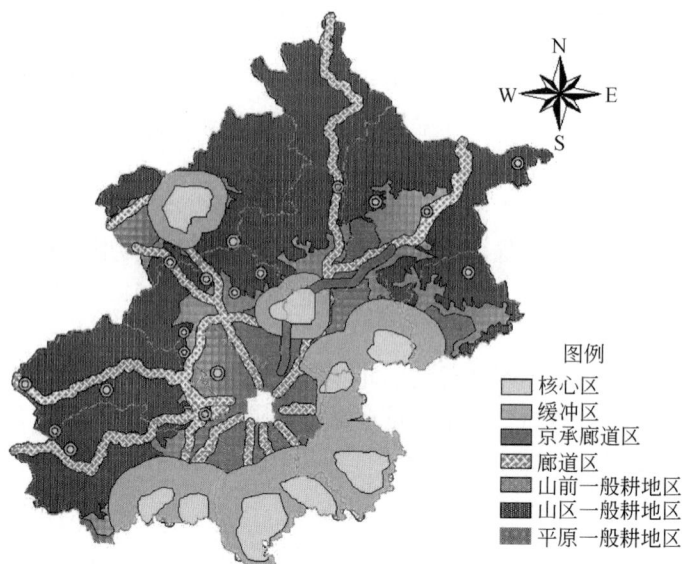

图例
- 核心区
- 缓冲区
- 京承廊道区
- 廊道区
- 山前一般耕地区
- 山区一般耕地区
- 平原一般耕地区

图 15-3　耕地保护空间分区图

15.3.3.5　综合考虑地形地貌条件的都市型现代农业耕地空间分区

北京市处于华北平原与太行山脉、燕山山脉的交接部位。东南部为平原，属于华北平原的西北边缘区；西部是山地，为太行山脉的东北余脉；北部、东北部同样是山地，为燕山山脉的西段支脉。结合北京市的地形地貌特点，对一般耕地区做出了平原、山前和山区的划分，从而最终确定首都都市型现代农业用地耕地空间分区（图 15-4）。

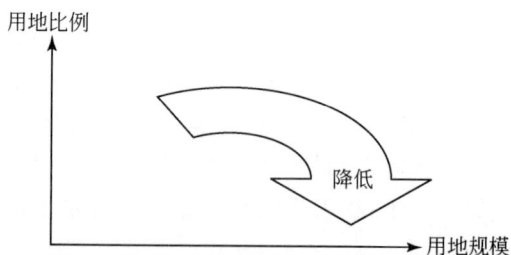

图 15-4　用地规模与附属设施用地比例关系

需要说明的是，这里确定的"都市型现代农业用地耕地空间分区核心区"

概念是从耕地数量、质量保护和用途管制的角度出发提出的，为重点保护区域，耕地为重点。此外，一般耕地区区别于一般耕地概念，一般耕地区和其他区同样包含基本农田。

15.4　都市型现代农业用地控制规模和附属设施用地控制标准

15.4.1　标准确定的原则和依据

都市型现代农业用地规模和附属设施用地的控制标准是在北京市耕地保护空间功能分区划定的基础上，运用数理统计学手段进行调查数据的分析和处理，对不同类型的都市型现代农业用地类型、规模和附属设施用地比例进行归纳总结，并以都市农业项目的投资经营方对附属设施用地的需求分析以及传统耕地利用中配套附属设施用地的比例标准为依据，综合考量后最终确定的。

15.4.1.1　附属设施用地比例与规模的关系分析

对都市型现代农业用地规模及附属设施用地比例的关系分析表明，附属设施用地比例与都市农业用地规模大致呈负相关的关系，即都市农业用地用地规模越大所需附属设施用地的比例越低（图 15-5）。并且从耕地保护的角度出发，农业附属设施用地应该在一定程度上满足利用需求，以达到耕地资源的集约节约利用要求。

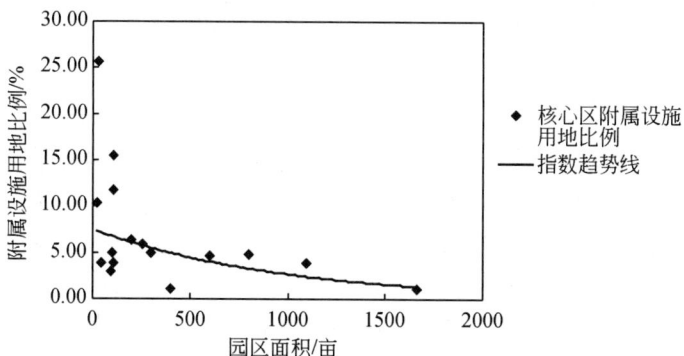

图 15-5　核心区附属设施用地比例与园区规模的关系

15.4.1.2 不同空间分区附属设施用地要求

1) 核心区

核心区附属设施用地比例现状情况如下（表 15-6 和图 15-6），其中最小为 1.02%，最大为 25.65%。62.5% 的样本附属设施用地比例小于 5%，75% 的样本小于 7%；大于 5% 的样本是综合服务农业、休闲度假农业和民俗生态农业；其中附属设施比例最大的样本是民俗生态农业。

表 15-6　核心区附属设施用地比例分级

附属设施用地比例	1%~3%	3%~5%	5%~7%	7%~9%	>9%	总计
样本数（个）	3	7	2	—	4	16
占所有样本比例（%）	18.75	43.75	12.50	—	25.00	100.00

注：1%~3% 表示>1% 且≤3%，以此类推，下同

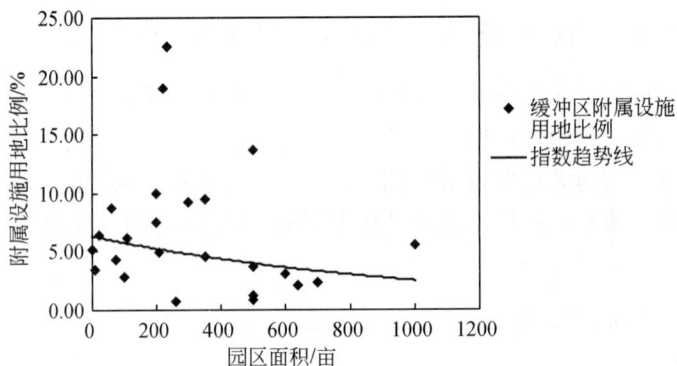

图 15-6　缓冲区附属设施用地比例与园区规模的关系

附属设施用地比例与都市型现代农业占地规模成负相关的关系，即随着占地规模的增大，都市型现代农业附属设施用地比例逐渐减小。需要说明的是，部分小规模的农业园区用地，其附属设施比例也比较小，这是因为小规模用地多为个体农户，其资本投入能力有限，硬化形态的附属设施少，已建附属设施基本为多用途设施。例如，基本为住宿和仓储两类，仓储不仅储藏其农产品，还作为其农具、设备的库房；住宿多为接待、住宿、餐饮等融为一体。

2) 缓冲区

缓冲区的园区附属设施用地比例最小为 0.69%，最大为 22.57%（表 15-7

和图 15-6）。50% 的样本附属设施用地比例小于 5%，66.67% 的样本附属设施用地比例小于 7%。12 个附属设施用地比例大于 5% 的样本中，有 6 个是综合服务农业。比例最大的园区是休闲度假农业。

表 15-7 缓冲区附属设施用地比例分级

附属设施用地比例	≤1%	1%~3%	3%~5%	5%~7%	7%~9%	>9%	总计
样本数/个	2	4	6	4	2	6	24
占所有样本比例/%	8.33	16.67	25.00	16.67	8.33	25.00	100.00

3）廊道区

廊道区的园区附属设施用地比例最小为 1.31%，最大为 50.35%（表 15-8 和图 15-7）。26.67% 的样本附属设施用地比例小于 3%，46.67% 的样本附属设施用地比例小于 5%，60% 的样本附属设施用地比例小于 7%。4 个附属设施用地比例大于 5% 的样本，分别属于观光采摘农业、综合服务农业、休闲度假农业和民俗生态农业。

表 15-8 廊道区附属设施用地比例分级

附属设施用地比例	1%~3%	3%~5%	5%~7%	7%~9%	>9%	总计
样本数/个	4	3	2	1	5	15
占所有样本比例/%	26.67	20.00	13.33	6.67	33.33	100.00

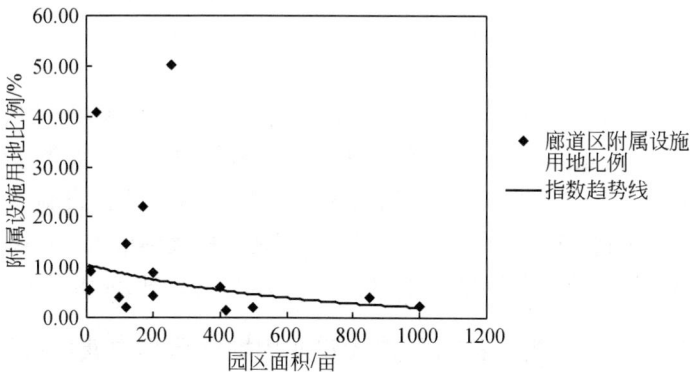

图 15-7 廊道区附属设施用地比例与园区规模的关系

4) 一般保护区

一般保护区的园区附属设施用地比例最小为 0.58%，最大为 13.05%（表 15-9 和图 15-8）。53.34% 的样本附属设施用地比例小于 5%。7 个附属设施用地比例大于 5% 的样本，分别属于综合服务农业、休闲度假农业和民俗生态农业；比例最大的园区属于休闲度假农业。

表 15-9　一般保护区附属设施用地比例分级

附属设施用地比例	≤1%	1%~3%	3%~5%	5%~7%	7%~9%	>9%	总计
样本数/个	2	4	2	2	2	3	15
占所有样本比例/%	13.33	26.67	13.33	13.33	13.33	20.00	100.00

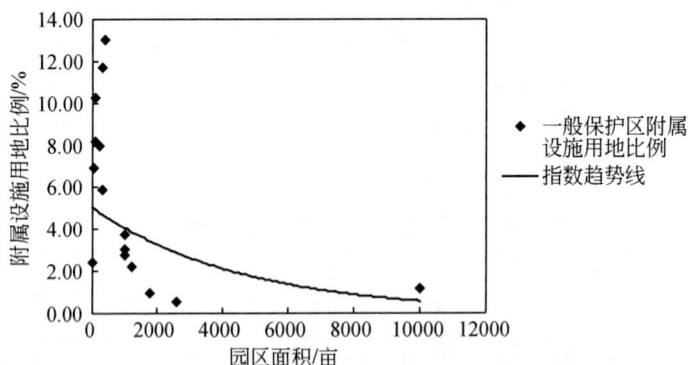

图 15-8　一般保护区附属设施用地比例与园区规模的关系

5) 小结

不同空间分区下，耕地保护的要求和标准都不同，核心区>缓冲区>景观廊道区>一般耕地区。因此，在不同的功能区内都市型现代农业的发展类型限制和附属设施用地要求与此大致呈现相反的变化。不同空间分区下的附属设施用地要求的设计思路是从核心区到一般耕地区，其附属设施用地比例逐渐增大，如图 15-9 所示。同一功能区不同类型项目附属设施用地比例关系示意图如图 15-10 所示。

15.4.1.3　不同类型都市型现代农业用地规模与附属设施用地分析

1) 设施精品农业

设施精品农业的附属设施用地比例最大为 9.30%，最小为 0.69%（表 15-10）。

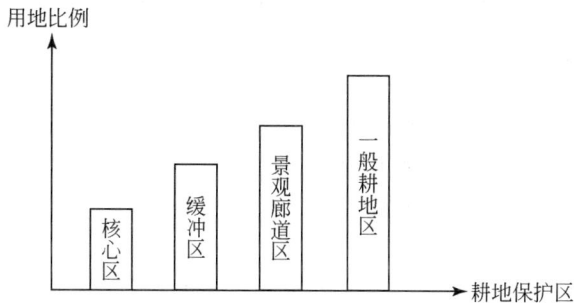

图 15-9　空间分区与附属设施用地比例关系示意图

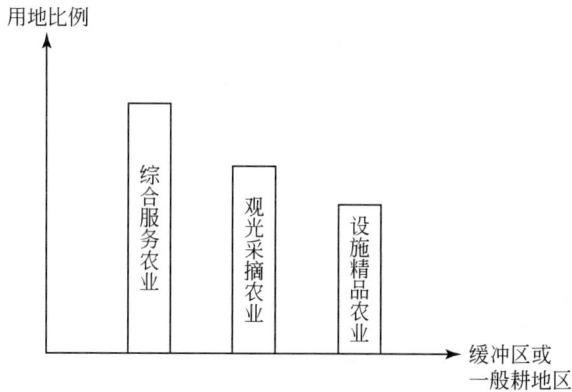

图 15-10　同一功能区不同类型项目附属设施用地比例关系示意图

55.56% 的样本附属设施用地比例小于 3%，77.78% 的样本小于 5%。附属设施用地比例的算术平均值为 3.20%，其中硬化为 1.79%，非硬化为 1.41%。

2）观光采摘农业

观光采摘农业的附属设施用地比例最大为 14.55%，最小为 0.58%（表 15-10）。45% 的样本附属设施用地比例小于 3%，70% 的样本小于 5%。附属设施用地比例的算术平均值为 4.39%，其中硬化为 3.39%，非硬化为 1.00%。

3）综合服务农业

综合服务农业的附属设施用地比例最大为 40.75%，最小为 1.13%（表 15-10）。15.38% 的样本附属设施用地比例小于 3%，46.16% 的样本附属设施用地比例小于 5%，61.54% 的样本附属设施用地比例小于 7%。附属设施用地比例的算术平均值为7.59%，其中硬化为6.18%，非硬化为1.41%。

4）休闲度假农业

休闲度假农业的附属设施用地比例最大达到50.35%，最小为3.03%（表15-10）。仅有2个园区附属设施用地比例小于5%，80%的样本附属设施用地比例大于9%。附属设施用地比例的算术平均值为15.35%，其中硬化为14.03%，非硬化为1.32%。

表 15-10　不同类型都市型现代农业附属设施用地比例

都市农业用地类型	附属设施用地比例	≤1%	1%~3%	3%~5%	5%~7%	7%~9%	>9%	合计
设施精品农业	样本数/个	1	4	2	1	—	1	9
	所占比例/%	11.11	44.45	22.22	11.11	—	11.11	100
观光采摘农业	样本数/个	3	6	5	4	—	2	20
	所占比例/%	15	30	25	20	—	10	100
综合服务农业	样本数/个	—	4	8	4	5	5	26
	所占比例/%	—	15.38	30.78	15.38	19.23	19.23	100.00
休闲度假农业	样本数/个	—	—	2	—	—	8	10
	所占比例/%	—	—	20	—	—	80	100

5）综合比较

不同都市型现代农业的附属设施用地比例的算术平均值（图15-11），按照设施精品农业、观光采摘农业、综合服务农业、休闲度假农业的顺序依次增大。

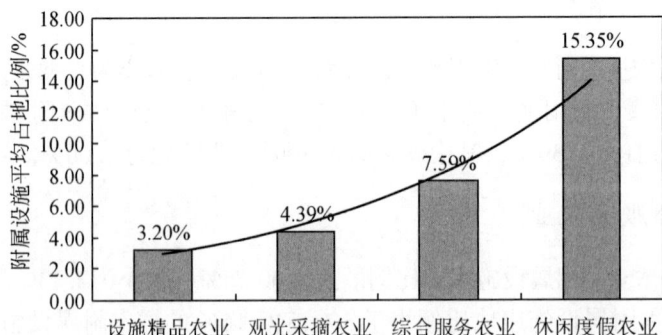

图 15-11　不同都市型现代农业附属设施用地比例平均值比较

15.4.1.4　都市农业项目的投资经营方对附属设施用地需求分析

作为首都，北京市的经济发展迅速，人均收入高，人口文化素质高，消费结构层次多，需求变化快、消费质量高且多元化，要求农业为居民提供多元化的服务，产生的都市型现代农业用地需求会呈现增长和多元化的趋势。

在实地调研中（表15-11），47.1%的被调查者回答：需要加强附属设施的建设，包括道路、河渠、餐饮设施、公共厕所、接待售票处、住宿、停车场及其他。由附属设施的需求类型来看，主要为接待游客的附属设施，如餐饮、住宿、道路和停车场等，为发展第三产业服务的，针对农业生产的却很少。

表15-11　需要加强建设的附属设施类型及样本比例

附属设施类型	道路	河渠	餐饮设施	公共厕所	接待售票处	住宿	停车场	其他
样本数/个	10	1	19	5	6	14	8	12
所占比例/%	30	3	58	15	18	42	24	36

对于"附属设施用地所占比例为多少"的问题，有26个被调查者给予了回答，占总样本数的37.1%。这其中，有66.7%的被调查者给出的比例值在10%以下。从都市型现代农业项目的投资经营方来看，即使他们有增加附属设施用地的需求，但多数认为在一定比例内就可以。所以从这点来考虑，北京市都市农业项目附属设施用地比例应该限制在10%以下（图15-12）。

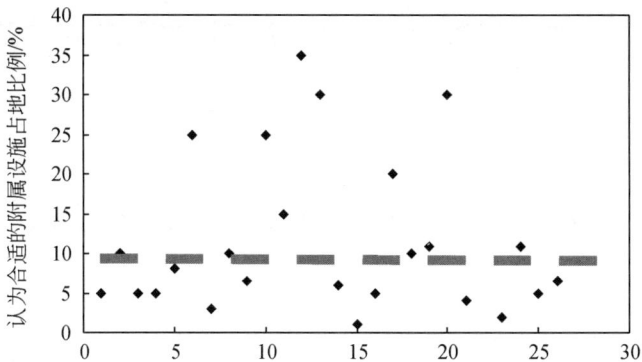

图15-12　附属设施需求比例

15.4.1.5　传统耕地利用的附属设施用地比例标准

都市型现代农业作为一种新的农业类型，其附属设施用地比例的确定是都市型现代农业用地管理和利用的难点。而传统的耕地利用中，也存在相应的配套设施用地，其标准可以作为都市型现代农业附属设施用地比例标准确定的重要依据。

传统耕地中基于发挥耕地生产功能的需求，进行田、水、路、林、渠的综合配套，以满足耕地中灌溉、排水和生产道路以及防止病虫害发生进行防护林的建设，耕地中对于耕地的组织形式、田间排灌系统、道路、防护林等都有要求。作为传统农地的附属设施则包括了田、水、路、林、渠等。一般要求田间道路占地面积控制为土地总面积的 1.5%～2%，防护林为 1.5%～3.5%，沟渠一般也为 1.5%～2%。所以，传统农区的沟、路、林和渠等附属设施一般要求所占比例为 4.5%～7.5%。但是在一些干旱地区、山地丘陵区或者盐碱地区，可能沟渠比例会较大，而在西北多风地区，防护林的要求较高，比平原区在防护林行数方面有更多要求，则比例会更大。

杨晓艳等以延庆县为例做了传统农地耕地景观分析，农地附属设施包括道路和沟渠，田坎在平耕区均<2 米，坡耕区为 2～4 米，而防护林为单行，所以平耕区附属设施用地只包括道路和沟渠，坡耕区包括道路、沟渠和田坎。因此，其得出传统农区的附属用地所占比例的置信区间：平耕区为 6.14%±0.47%，坡耕区为 9.95%±0.53%。并依据有关的土地开发整理标准和田块规划设计标准结合研究区域延庆县实际情况，做出了该地区的耕地整理后的平耕区和坡耕区的耕地景观规划，如图 15-13 所示。

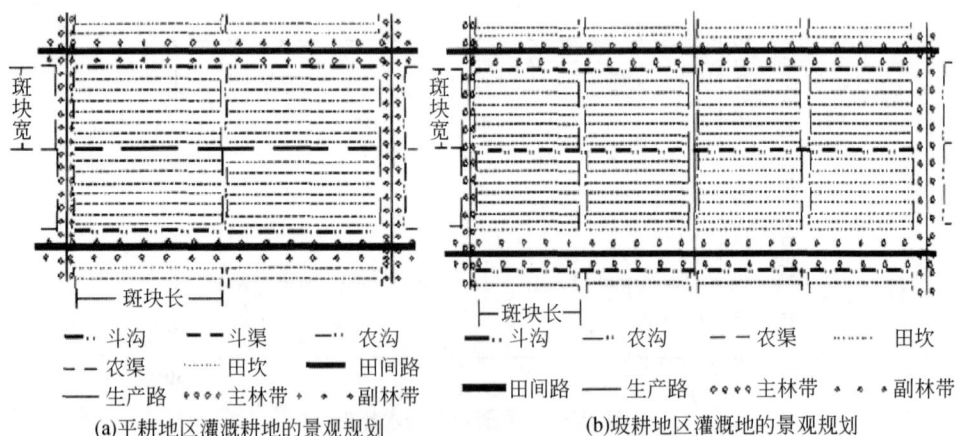

(a)平耕地区灌溉耕地的景观规划   (b)坡耕地区灌溉地的景观规划

图 15-13 耕地整理后平耕区和坡耕区规划

整理后平耕区在低、中、高三个水平下附属设施用地占耕地的比例为 3.71%～5.96%；坡耕区附属设施用地占耕地的比例为 5.38%～9.13%。

耕地规划的目的是为了发挥耕地的基本功能即生产功能，所以附属设施如道路、沟渠和防护林都是为了这一目的而设计。因此，附属设施必须能够充分发挥功效而又占地尽可能的少。

15.4.2 都市型现代农业用地规模和附属设施用地标准确定

15.4.2.1 不同都市型现代农业用地附属设施用地标准确定

1）生态景观农业附属设施用地标准

生态景观农业主要指大田作物，人的参与程度低，附属设施用地主要是传统的水、路、林、渠。对于生态景观农业的附属设施用地的比例要遵循土地开发整理的要求，对于其他附属设施用地则禁止建设在生态景观农业用地中。

2）设施精品农业附属设施用地标准

设施精品农业园区，道路、办公场所及内部员工住宿是必需的附属设施。配套的道路、办公场所及内部员工住宿、公共厕所和仓储库房这些附属设施的园区，是典型的设施精品农业园区。在我们调查到的设施精品农业园区的样本中，根据各都市型现代农业类型的附属设施内容，确定了设施精品农业的典型样本共8个。这8个园区的附属设施用地比例为1%~4%，附属设施的主要部分是道路和办公及内部住宿设施。

根据都市型现代农业类型的附属设施内容，确定了设施精品农业的典型样本，并进行指数模拟（图15-14），$y = 0.0459e^{-0.003x}$，$R^2 = 0.7632$，内插获取附属设施比例数值。附属设施用地比例最高值确定为4.59%，即 [0，4.59%]。

3）观光采摘农业附属设施用地标准

观光采摘农业园区接待游客观赏园区，到种植区采摘瓜果，人的参与程度提高，就必须有公共厕所、长廊、凉亭之类的休息休闲场所。规模大的园区，游客数量大，其中不乏自驾车的游客，就需要多建道路和停车场；产量大的园区还必须保障采摘下来的瓜果有储藏的库房。典型的观光采摘农业园区有办公及内部员工住宿、道路、停车场、售票处、休闲场所、公共厕所和仓库。根据都市型现代农业类型的附属设施内容，确定了观光采摘农业的典型样本。

典型的观光采摘农业园区附属设施用地比例大部分为2%~6%，占大部分的主要是道路、停车场和办公住宿设施。

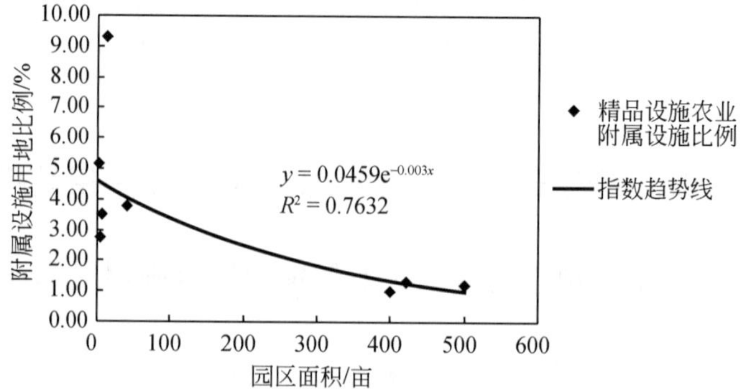

图 15-14　典型设施精品农业附属设施用地标准模拟曲线

根据都市型现代农业类型的附属设施内容，确定了观光采摘农业的典型样本，并进行指数模拟（图 15-15），$y = 0.0571\mathrm{e}^{-0.0009x}$，$R^2 = 0.6291$，内插获取附属设施比例数值。附属设施用地比例最高值确定为 5.71%，即 $[0, 5.71\%]$。

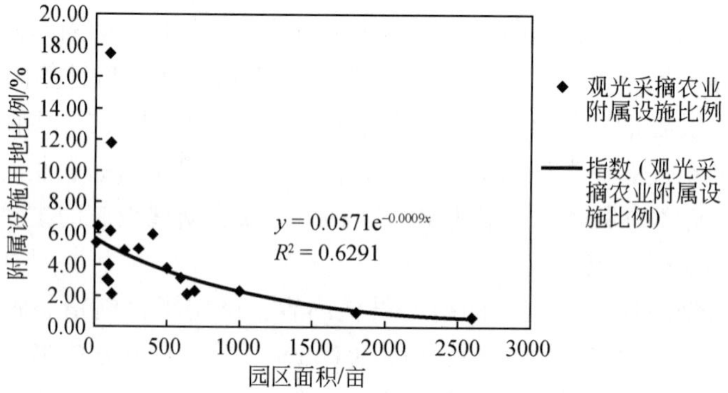

图 15-15　典型观光采摘农业附属设施用地标准模拟曲线

4）综合服务农业附属设施用地标准

综合服务农业园区，人的参与程度更高，游客可以观赏园区景观、采摘瓜果、休闲娱乐、品尝园区独特的饭菜、住宿等。典型综合服务农业园区的附属设施比较齐全，有道路、停车场、接待售票处、休闲场所设施、餐饮卖场设施、公共厕所、仓储库房、办公内部住宿设施、与设施和鱼池水面等。根据都市型现代农业类型的附属设施内容，确定了综合服务农业的典型样本。典型的综合服务农业园区附属设施用地比例为 1%～10%，占大部分的主要是道路、停车场、休闲场所、办公住宿设施和鱼池水面。

根据都市型现代农业类型的附属设施内容，确定了观光采摘农业的典型样本，并进行指数模拟（图15-16），$y = 0.079e^{-0.0009x}$，$R^2 = 0.5783$，内插获取附属设施比例数值。附属设施用地比例最高值确定为7.90%，即 [0，7.90%]。

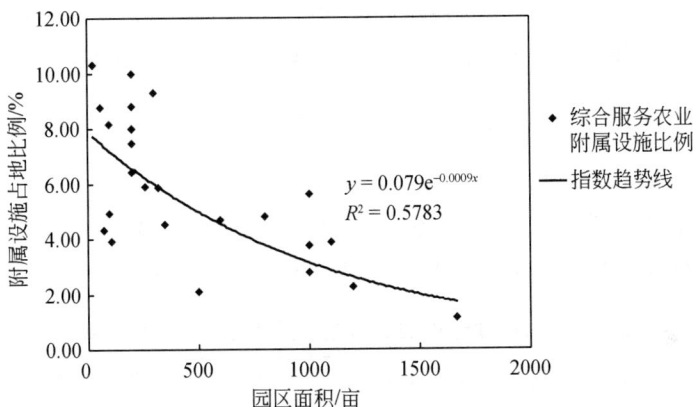

图 15-16　典型综合服务农业附属设施用地标准模拟曲线

5）休闲度假农业附属设施用地标准

休闲度假农业园区，主导的服务是休闲娱乐和餐饮住宿，农业种植这一部分已经成了园区的附属功能，是为了与城市中的宾馆饭店区别开来，瓜果采摘也成了休闲娱乐和餐饮住宿服务的配套服务。典型的休闲度假农业园区的附属设施包括道路、停车场、办公及内部住宿、娱乐休闲场所、餐饮卖场、住宿会议设施。由于其附属设施比例较大，且不再以第一产业为主，所以禁止在耕地中发展，而是鼓励其利用建设用地发展。因此，休闲度假农业附属设施用地标准不做规定。

15.4.2.2　不同用地规模都市型现代农业用地附属设施控制标准

根据都市农业用地的调研情况及其发展现状，确定了都市农业用地的规模划分为（0，200）、[200，500）、[500，∞）共3个层次。根据研究中确定修正后的样本进行的指数模型，内插相继得到各都市农业类型的附属设施用地标准的阈值（表15-12）。

1）设施精品农业用地规模及其附属设施用地标准

根据典型样本进行指数模拟，$y = 0.0459e^{-0.003x}$，$R^2 = 0.7632$，内插获取附属设施比例数值（表15-12）。按照（0，200）、[200，500）、[500，∞）划分规模，指数模拟分别为（0，4.59%]、（0，2.25%]、（0，1.02%]。

2）观光采摘农业用地规模及其附属设施用地标准

根据典型样本进行指数模拟，$y = 0.0571\mathrm{e}^{-0.0009x}$，$R^2 = 0.6291$，内插获取附属设施比例数值（表 15-12）。按照（0，200）、[200，500）、[500，∞）划分规模，指数模拟分别为（0，5.71%]、（0，4.47%]、（0，3.64%]。

3）综合服务农业用地规模及其附属设施用地标准

根据典型样本进行指数模拟，$y = 0.079\mathrm{e}^{-0.0009x}$，$R^2 = 0.5783$，内插获取附属设施比例数值（表 15-12）。按照（0，200）、[200，500）、[500，∞）划分规模，指数模拟分别为（0，7.90%]、（0，6.60%]、（0，5.04%]。

表 15-12 综合服务农业用地规模及其附属设施用地标准

不同都市型现代农业用地类型	规模 s（亩）	$s<200$	$200 \leqslant s<500$	$s \geqslant 500$
设施精品农业	比例 p（%）	$p \leqslant 4.59$	$p \leqslant 2.25$	$p \leqslant 1.02$
观光采摘农业	比例 p（%）	$p \leqslant 5.71$	$p \leqslant 4.47$	$p \leqslant 3.64$
综合服务农业	比例 p（%）	$p \leqslant 7.90$	$p \leqslant 6.60$	$p \leqslant 5.04$

15.4.2.3 不同用地类型都市型现代农业用地规模和附属设施用地标准

依据保护耕地和基本农田的原则，耕地和非耕地、基本农田和非基本农田要差别管理，同一类型都市型现代农业用地及其附属设施用地的标准在其他用地、一般耕地和基本农田不同地类下，附属设施用地比例的控制标准应该越来越严格。

此外，用地规模在各保护区中也要限制，因此最终确定的都市型现代农业用地规模和附属设施用地标准见表 15-13。

表 15-13 不同用地类型都市型现代农业用地规模和附属设施用地标准

	基本农田保护区	一般农用地/亩		
		（0，200）	[200，500）	[500，∞）
生态景观农业		遵循土地整理要求		
设施精品农业		≤4.59%	≤2.25%	≤1.02%
观光采摘农业	禁止发展	≤5.71%	≤4.47%	≤3.64%
综合服务农业		≤7.90%	≤6.60%	≤5.04%

续表

	基本农田保护区	一般农用地/亩		
		(0，200)	[200，500)	[500，∞)
休闲度假农业	禁止发展			
民俗生态农业	依托农村居民点发展，不做规定			

注：①园地和林地同耕地要求；②生态景观农业遵循土地整理项目要求；③休闲度假农业禁止在基本农田和一般耕地中发展，鼓励其在建设用地中发展；④民俗生态农业依托居民点，不作出规定；⑤从综合服务到设施精品农业，附属设施用地比例降低；⑥园区规模越大，附属设施用地比例越小

参 考 文 献

蔡运龙，霍雅勤.2006.中国耕地价值重建方法与案例研究.地理学报.（10）：84-92.

陈凯.2001.农户经济学.北京：中国农业大学出版社.

陈茜，段建南，孔祥斌，等.2012.北京市基本农田保护区内耕地数量提升潜力研究.水土保持研究，19（3）：200-203.

陈文波，赵丽红，叶明珠，等.2006.省级基本农田数量确定与指标分解方法初探.中国土地科学，20（6）：45-51.

董涛，孔祥斌，谭敏，等.2010.大都市边缘区基本农田功能特点及划定方法.中国土地科学，24（12）：32-37.

范文洋.2009.大都市郊区基本农田规划研究——以北京市大兴区为例.保定：河北农业大学.

范文洋，孔祥斌，门明新.2009.北京市大兴区耕地资源稳定性评价.中国土地科学，23（4）：48-53.

范文洋，孔祥斌，门明新，等.2009.城市快速扩展区耕地资源安全评价研究——以北京市大兴区为例.中国农业科技导报，11（2）：106-113.

耿志阔，张俊梅，许皞，等.2007.基于农用地分等定级的耕地入选基本农田定量方法研究——以河北省卢龙县为例.安徽农业科学，35（3）：844-845.

胡兆量.1997.中国区域经济差异及其对策.北京：清华大学出版社.

姜广辉，张凤荣，孔祥斌.2006.北京山区建设用地扩展空间分异分析.地理研究，25（5）：906-912.

姜广辉，孔祥斌，张凤荣.2008.耕地保护经济补偿机制分析//中国土地学会.2008年中国土地学会学术年会论文集.合肥.

姜广辉，孔祥斌，张凤荣.2009.耕地保护经济补偿机制分析.中国土地科学，23（7）：24-27.

姜广辉，张凤荣，孔祥斌.2009.北京山区农村居民点整理用地转换方向模拟.农业工程学报，25（2）：214-220.

姜广辉，张凤荣，孔祥斌，等.2011.耕地多功能的层次性及其多功能保护.中国土地科学，25（8）：42-47.

姜广辉，张凤荣，吴建寨，等.2006.北京山区建设用地扩展及其与耕地变化关系研究.农业工程学报，22（10）：88-93.

孔祥斌.2009-7.基本农田划定与布局调整带来的五大转变.中国国土资源报，第5版.

孔祥斌.2011.粮食安全：不能忽视耕地的作用——对茅于轼先生的"18亿亩红线与粮食安全无关"的回应.中国土地，6：57-60.

孔祥斌.2012-9-17.粮食生产"立地提效"不是梦——高标准基本农田建设技术需求探讨.中国国土资源报.

孔祥斌.2012-9-20.高标准基本农田建设技术需求探讨.中国国土资源报.

孔祥斌，林晶．2008.农用地分等中产量比系数确定的研究．资源与产业，10（5）：78-82.

孔祥斌，孙宪海，王瑾．2008.大都市城乡交错带新农村居民点建设与发展模式研究．国土资源科技管理，25（2）：45-49.

孔祥斌，靳京，刘怡．2008.基于农用地利用等别的基本农田保护区划定．农业工程学报，24（10）：46-50.

孔祥斌，林晶，王健．2009.产量比系数对农用地分等的影响．农业工程学报，25（1）：237-243.

孔祥斌，刘灵伟，秦静．2008.基于农户土地利用行为的北京大兴区耕地质量评价．地理学报，63（8）：856-868.

孔祥斌，苏强，孙宪海．2008.基于社会保障功能的耕地保有量测算．资源开发与市场，24（4）：299-302.

孔祥斌，张凤荣，姜光辉．2005.国外农用地保护对北京市耕地保护的启示．中国土地科学，19（5）：51-54.

孔祥斌，张凤荣，李玉兰，等．2005.区域土地利用与产业结构变化互动关系研究．资源科学，27（2）：60-62.

孔祥斌，张凤荣，齐伟．2004.基于农户利用目标的集约化农区土地利用驱动机制分析．地理科学进展，23（3）：52-55.

孔祥斌，张凤荣，王茹．2008.大都市区域耕地利用与保护．北京：中国大地出版社．

李翠珍，孔祥斌．2007.都市型现代农业用地利用与管理的探讨——以北京市为例//中国土地学会．2007年中国土地学会年会论文集．长沙．

李翠珍，孔祥斌，孙宪海．2008.北京市耕地资源价值体系及价值估算方法．地理学报，63（3）：321-329.

李芳柏，廖宗文．1996.试论我国有机无机肥料的配合施用．土壤与环境，5（3）：167-172.

李赓，吴次芳，曹顺爱．2006.划定基本农田指标体系的研究．农机化研究，8：46-48.

李琳，赵晶，张青璞，等．2012.大都市区域耕地资源价值时空变化规律——以北京市为例．今日科苑，（6）：116.

李月娇，杨小唤，程传周，等．2012.近几年来中国耕地占补的空间分异特征．资源科学，34（9）：1671-1680.

林晶．2007.耕地占补平衡按等级折算中产量比系数研究——以上海市崇明县为例．北京：中国农业大学．

刘希林，张松林．1992.泥石流危险区划中相对分布密度的数学模型．灾害学，7（3）：8-10.

刘怡．2007.大都市区域耕地保护研究——以北京市房山区为例．北京：中国农业大学．

浦朝阳，崔兰英．1994.贯彻落实北京城市总体规划，确保绿化隔离地区的绿化建设．北京规划建设，（6）：11.

齐伟，张凤荣，牛振国，等．2003.土壤质量时空变化一体化评价方法及其应用．土壤通报，34（1）：1-5.

宋伟，张凤荣，姜广辉，等．2006.自然限制性条件下天津市农村居民点整理潜力估算．农业工程学报, (9): 89-93.

谭敏. 2010. 基于生态安全的大都市边缘区村镇土地资源利用预警研究. 长沙: 湖南农业大学.

谭敏, 孔祥斌, 段建南, 等. 2010. 基于生态安全角度的城镇村建设用地空间预警. 中国土地科学, 24 (2): 31-37.

唐宽金, 郑新奇, 姚金明, 等. 2008. 基于粮食生产能力的基本农田保护区规划方法研究. 地域研究与开发, 27 (6): 105-111.

王洪波, 程锋, 张中帆, 等. 2011. 中国耕地等别分异特性及其对耕地保护的影响. 农业工程学报, 27 (11): 1-8.

王健. 2008. 基于耕地保护的观光休闲农业用地控制研究. 北京: 中国农业大学.

王万茂, 李边疆. 2006. 基本农田分级保护政策体系构想. 南京农业大学学报 (社会科学版), 6 (1): 1-5.

吴群, 温修春, 唐焱, 等. 2004. 模型法在农用地基准地价评估中的应用——以江苏省泰兴市为例. 资源科学, 26 (5): 68-73.

武兆坤. 2012. 北京市基本农田保护区耕地破碎度评价及耕地等别提升潜力研究. 北京: 中国农业大学.

姚慧敏, 张莉琴, 张凤荣, 等. 2004. 农用地分等中的土地利用系数计算. 资源科学, 26 (4): 90-95.

臧俊梅, 王万茂, 李边疆. 2007. 我国基本农田保护制度的政策评价与完善研究. 中国人口·资源与环境, 17 (2): 105-110.

张春山, 张业成, 张立海. 2004. 中国崩塌、滑坡、泥石流灾害危险性评价. 地质力学学报, 10 (1): 27-32.

张迪. 2002. 现阶段我国后备耕地资源供给能力分析. 北京: 中国农业大学.

张迪, 张凤荣, 安萍莉, 等. 2004. 中国现阶段后备耕地资源经济供给能力分析. 资源科学, 26 (5): 46-52.

张凤荣, 安萍莉, 孔祥斌. 2005. 北京市土地利用总体规划中的耕地和基本农田保护规划之我见. 中国土地科学, 19 (1): 11-16.

张凤荣, 孔祥斌, 安萍莉. 2006. 耕地概念与新一轮土地规划耕地保护区划定. 中国土地, (1): 15-16.

张凤荣, 徐艳, 安萍莉, 等. 2006. 农用地分等成果在土地利用总体规划中的应用探讨. 中国土地科学, 20 (6): 22-25.

张凤荣, 郧文聚, 孔祥斌. 2002. 对农用地分等定级规程土地利用系数的探讨. 中国土地科学, 16 (1): 16-19.

张凤荣, 张晋科, 张琳, 等. 2005. 大都市区土地利用总体规划应将基本农田作为城市绿化隔离带. 广东土地科学, 3: 4-6.

张凤荣, 张军连, 张迪, 等. 2000. 生态退耕与耕地总量动态平衡关系初探. 中国土地, (12): 33-35.

张桃林，潘剑君，赵其国 . 1999. 土壤质量研究进展与方向 . 土壤，（1）：1-7.

张颖 . 2008. 基于发展权的耕地补偿研究 . 北京：中国农业大学 .

赵晶 . 2009. 土壤资源功能价值评价研究——以北京市大兴区为例 . 北京：中国农业大学 .

朱平 . 2007. 区域水资源预警方法研究 . 扬州：扬州大学 .

宗跃光 . 1999. 城市景观生态规划中的廊道效应研究——以北京市区为例 . 生态学报，19（2）：145.

邹温鹏 . 2012. 新兴矿产资源区永久性基本农田划定研究——以滦县为例 . 长沙：湖南农业大学 .

附 录

附表 1 耕地转为建设用地过程中的税费说明表

税费项目	批准文号	税费标准	征收单位	用途
土地补偿费	土地管理法,市政府 [2004] 148 号令	征地补偿费最低保护标准	土地所有者和使用者	农村居民生产生活
安置补助费	土地管理法,市政府 [2004] 148 号令	征地补偿费最低保护标准	集体经济组织农民	农村居民生产生活
青苗补偿费	土地管理法,市政府 [2004] 148 号令	青苗补偿按照 1 季产值计算,但多年生的农作物青苗按照 1 年产值计算	青苗所有者	农村居民生产生活
附着物补偿费	土地管理法,市政府 [2004] 148 号令	按有关规定标准补偿	附着物所有者	农村居民生产生活
新增建设用地有偿使用费	财综 [2006] 48 号	朝阳区、丰台区、海淀区、石景山区为 120 元/平方米;通州区为 64 元/平方米;昌平区、顺义区、大兴区为 56 元/平方米;房山区、门头沟区为 48 元/平方米;怀柔区为 42 元/平方米;密云县、延庆县、平谷区为 34 元/平方米	市财政部门	30% 上缴中央财政,70% 上缴市级财政;用于基本农田建设和保护、土地整理、耕地开发
耕地占用税	国务院令 [2007] 511 号、财政部、国家税务总局令 [2008] 49 号	平均税额为 40 元/平方米;经济技术开发区和经济发达且人均耕地特别少的地区,适用税额可以适当提高,但是提高的部分最高不得超过当地适用税额的 50%;占用基本农田的,应当在当地适用税额的基础上提高 50%	地方税务局	

续表

税费项目	批准文号	税费标准	征收单位	用途
耕地开垦费	京政办发〔2002〕51号	朝阳区、海淀区、丰台区、石景山区一般耕地为30万元/公顷，基本农田为37.5万元/公顷；顺义区、昌平区、通州区、大兴区一般耕地为27万元/公顷，基本农田为33万元/公顷；房山区、门头沟区、怀柔区、平谷区和密云县、延庆县一般耕地为22.5万元/公顷，基本农田为27万元/公顷	市财政部门	土地开发整理项目的投资；宜农后备土地资源的调查和评价费用；土地开发整理专项规划编制研究费用；实施耕地占补平衡所需设备购置、图件、数据库的更新和维护等费用
征地事务管理费	京价（收）〔2002〕063号	征地补偿总额的1.5%	市国土资源局	
防洪费	市政府〔1994〕21号令	20元/平方米	市国土资源局	
出让契税	国务院令〔1997〕第224号	按出让总额的3%～5%	地方税务局	
出让金		市国土资源局会同市发改委等有关部门确定土地出让价格	市国土资源局	支付土地补偿费、安置补助费、地上附着物和青苗补偿费、拆迁补偿费以及补助被征地农民社会保障所需资金的不足，其余资金应逐步提高用于农业土地开发和农村基础设施建设的比重，以及用于廉租住房建设和完善国有土地使用功能的配套设施建设